Journalistische Praxis

Reihe herausgegeben von
Gabriele Hooffacker, Leipzig, Deutschland

Gründungsherausgeber
Walther von La Roche, München, Deutschland

Der Name ist Programm: Die Reihe Journalistische Praxis bietet ausschließlich praxisorientierte Lehrbücher für Berufe rund um Journalismus und Medien. Praktiker aus Redaktionen und aus der Journalistenausbildung zeigen, wie's geht, geben Tipps und Ratschläge. Alle Bände sind Leitfäden für die Praxis – keine Bücher über ein Medium, sondern für die Arbeit in und mit einem Medium. Walther von La Roche begründete die Reihe 1975 mit der „Einführung in den praktischen Journalismus" (heute: „La Roches Einführung in den praktischen Journalismus"). Seit 2013 erscheinen die Bücher bei SpringerVS.

Die gelben Bücher mit ihren Webauftritten geben allen, die journalistisch tätig sind oder sein wollen, ein realistisches Bild von den Anforderungen redaktionellen Arbeitens und zeigen, wie man sie bewältigt. Lehrbücher wie „Recherchieren", „Informantenschutz", „Frei sprechen" oder „Interviews führen" konzentrieren sich auf Tätigkeiten, die in mehreren journalistischen Berufsfeldern gefordert sind. Andere Bände führen in das professionelle Arbeiten bei einem Medium ein (die Klassiker zu Radio-, Fernseh- oder Online-Journalismus). Es gibt Bücher zu journalistischen Techniken („VR-Journalismus", „Mobiler Journalismus" oder „Social Media für Journalisten"), und zu Berufsfeldern wie Pressearbeit und Corporate Media („Pressearbeit praktisch") oder redaktionellem Arbeiten für Unternehmen oder Institutionen („Gebrauchstexte schreiben").

Jeden Band zeichnet ein gründliches Lektorat und sorgfältige Überprüfung der Inhalte, Themen und Ratschläge aus. Sie werden regelmäßig überarbeitet und aktualisiert, oft in weiten Teilen neu geschrieben, um der rasanten Entwicklung in Journalismus und Medien Rechnung zu tragen. Viele Bände liegen inzwischen in der dritten, vierten, achten oder noch höheren Auflagen vor wie La Roches „Einführung" selbst. Allen Bänden gemeinsam ist der gelbe Einband. Deshalb ist die Reihe unter Lehrenden, Studierenden und angehenden Journalistinnen und Journalisten auch als „Gelbe Reihe" bekannt.

Philipp Eins

Podcasts im Journalismus
Eine Einführung für die Praxis

Unter Mitarbeit von Franziska Walser

Philipp Eins
Berlin, Deutschland

ISSN 2524-3128　　　　　　ISSN 2524-3136 (electronic)
Journalistische Praxis
ISBN 978-3-658-34268-5　　ISBN 978-3-658-34269-2 (eBook)
https://doi.org/10.1007/978-3-658-34269-2

Die Deutsche Nationalbibliothek verzeichnet diese Publikation in der Deutschen Nationalbibliografie; detaillierte bibliografische Daten sind im Internet über http://dnb.d-nb.de abrufbar.

Springer VS
© Der/die Herausgeber bzw. der/die Autor(en), exklusiv lizenziert an Springer Fachmedien Wiesbaden GmbH, ein Teil von Springer Nature 2022
Das Werk einschließlich aller seiner Teile ist urheberrechtlich geschützt. Jede Verwertung, die nicht ausdrücklich vom Urheberrechtsgesetz zugelassen ist, bedarf der vorherigen Zustimmung des Verlags. Das gilt insbesondere für Vervielfältigungen, Bearbeitungen, Übersetzungen, Mikroverfilmungen und die Einspeicherung und Verarbeitung in elektronischen Systemen.
Die Wiedergabe von allgemein beschreibenden Bezeichnungen, Marken, Unternehmensnamen etc. in diesem Werk bedeutet nicht, dass diese frei durch jedermann benutzt werden dürfen. Die Berechtigung zur Benutzung unterliegt, auch ohne gesonderten Hinweis hierzu, den Regeln des Markenrechts. Die Rechte des jeweiligen Zeicheninhabers sind zu beachten.
Der Verlag, die Autoren und die Herausgeber gehen davon aus, dass die Angaben und Informationen in diesem Werk zum Zeitpunkt der Veröffentlichung vollständig und korrekt sind. Weder der Verlag, noch die Autoren oder die Herausgeber übernehmen, ausdrücklich oder implizit, Gewähr für den Inhalt des Werkes, etwaige Fehler oder Äußerungen. Der Verlag bleibt im Hinblick auf geografische Zuordnungen und Gebietsbezeichnungen in veröffentlichten Karten und Institutionsadressen neutral.

Lektorat/Planung: Barbara Emig-Roller
Springer VS ist ein Imprint der eingetragenen Gesellschaft Springer Fachmedien Wiesbaden GmbH und ist ein Teil von Springer Nature.
Die Anschrift der Gesellschaft ist: Abraham-Lincoln-Str. 46, 65189 Wiesbaden, Germany

Inhaltsverzeichnis

1 **Einleitung. Warum Podcasting?** 1
   1.1 Podcasts gehen in die Tiefe 2
   1.2 Podcasts begleiten uns durch den Tag 3
   1.3 Podcasts erzeugen Intimität 4

2 **Grundlagen** 7
   2.1 Was ist ein Podcast? Eine Annäherung 7
   2.2 Kurze Mediengeschichte des Podcastings 9
   2.3 Der Weg zum Massenmedium 12
   2.4 Was Radio und Podcasts unterscheidet 14
   2.5 Podcasting und Brechts Radiotheorie. Wie jeder zum
        Sender werden kann 19
   2.6 Der Podcast als journalistisches Medium 20

3 **Podcast-Formate** 27
   3.1 Mehr als labern: das Talkformat 28
   3.2 News, Talk und Unterhaltung: der Magazin-Podcast 33
   3.3 Ausgefeilte Dramaturgie: der Storytelling-Podcast 35
   3.4 Fiktion Podcasts und andere Formate 41
   3.5 User-Interaktion 42
   3.6 Aufbau von Podcastformaten 43

4 **Konzeption von Podcasts** 59
   4.1 Alleinstellungsmerkmal, Zielgruppen und Umsetzung 59
   4.2 Personas zur Zielgruppenbestimmung 63

4.3	Prominenz von Moderatoren einsetzen	65
4.4	Pitch, Playbook und Contentplan	66

5 Storytelling im Podcast ... 75
- 5.1 Auf der Suche nach einem Helden ... 76
- 5.2 Ohne Handlung keine Story ... 78
- 5.3 Jede Story braucht einen Ort ... 81
- 5.4 Vom Thema zur Geschichte – wie wir Storys finden ... 82
- 5.5 Gut erzählt – Beispiele für Storytelling im Podcast ... 84
- 5.6 Auditives Erzählen – Einsatz von Geräuschen und Musik ... 89

6 Strategien und Erlösmodelle ... 99
- 6.1 Podcasting für freie Medienschaffende ... 99
- 6.2 Erlösmodelle für unabhängige Produktionen ... 101
- 6.3 Podcasting in Verlagen ... 104
- 6.4 Erlösmodelle für Verlagspodcasts ... 106
- 6.5 Podcasting im Rundfunk ... 108
- 6.6 Plattformstrategien von ARD und Deutschlandradio ... 111

7 Technische Ausrüstung für die Audioaufnahme ... 117
- 7.1 Studio, Konferenzraum oder auf der Straße – Aufnahmeorte für Podcasts ... 117
- 7.2 Aufnahmegeräte und mobile Recorder ... 120
- 7.3 Podcastmikrofone ... 122
- 7.4 Pro Audio Zubehör ... 124
- 7.5 Remote Recording und Tape-Sync ... 125

8 Moderieren und Sprechen vor dem Mikrofon ... 131
- 8.1 Die richtige Vorbereitung ... 131
- 8.2 Schreiben fürs Hören ... 133
- 8.3 Skript und Leitfaden ... 135
- 8.4 Während des Interviews ... 137

9 Postproduktion und Audioschnitt ... 143
- 9.1 Die Software Audacity und Hindenburg ... 143
- 9.2 Aufnahmen kürzen – Arbeiten mit einer Spur ... 146
- 9.3 Multitrack Editing – Schneiden mit mehreren Spuren ... 148
- 9.4 Die Masteringtools Auphonic und iZotope RX ... 150
- 9.5 Export Ihrer Produktion als MP3 ... 151
- 9.6 All-in-One Podcast Tools ... 152

10	**Podcasting und Medienrecht**	157
	10.1 Pflichtangaben für Podcast und Website	157
	10.2 Musik im Podcast – Gema-Lizenzen und Alternativen	160
	10.3 Persönlichkeitsrechte und Zitatrecht	162
	10.4 Podcasting und Werbung	163
11	**Verbreitung und Marketing**	169
	11.1 Podcast-Hosting mit Wordpress und Plug-ins	171
	11.2 Hostingservice mit Podigee und Co.	173
	11.3 Kleintexte, Shownotes und Kapitelmarken	175
	11.4 Wie man den Erfolg eines Podcasts misst	178
	11.5 Community Building und Marketing	180
12	**Tipps aus der Praxis: Dos and Don'ts**	189
	12.1 Vor der Aufnahme	189
	12.2 Während der Aufnahme	190
	12.3 Nach der Aufnahme	190
	12.4 Bei der Veröffentlichung	191
Literatur		193

Über den Autor

Philipp Eins arbeitet seit 15 Jahren als Journalist und Trainer in Berlin. Mit dem Label EINS.STUDIO entwickelt er Podcasts und digitale Formate, in Workshops gibt er seine Erfahrungen an Medienschaffende und Kommunikationsfachkräfte weiter. Davor hat Philipp Eins mehrere Jahre in den Redaktionen von Deutschlandfunk Kultur und Tagesspiegel gearbeitet. An der Hochschule für Technik und Wirtschaft Berlin war er Lehrbeauftragter für Wirtschaftskommunikation. Er ist Absolvent der Reportageschule Reutlingen und des Masterstudiums Online Radio an der Martin-Luther-Universität Halle-Wittenberg.

Einleitung. Warum Podcasting? 1

Der ehemalige Bundeskanzler Gerhard Schröder sagte einst salopp, er brauche zum Regieren nur „Bild, BamS und Glotze". Das war Ende der 90er, im letzten Jahrhundert also. Und genauso altbacken klingt der kantige Spruch inzwischen auch. Die Digitalisierung hat Medien und Politik verändert. Ohne Kampagne auf Facebook kein Wahlkampf, ohne Bildstrecke auf Instagram keine Lokalreportage.

Nun hat ein weiteres Medium die Smartphones erobert und versetzt Redaktionen in Aufruhr: Podcasts, also Audioshows fürs Internet. Sie setzen in den USA schon seit ein paar Jahren das klassische Radio gehörig unter Druck. Einige meinen sogar, sie könnten schon bald die Rundfunkapparate vom Küchentisch ins Museum verbannen.

Shows wie das Magazin „This American Life" erreichen jede Woche zwei Millionen Nutzer übers Radio – und weitere 2,8 Millionen laden sich den Podcast herunter, Tendenz steigend. Manager und Finanzanalysten vertrauen längst auf etablierte Podcasts wie „Planet Money" oder „Marketplace", die feste Größen im Wirtschaftsjournalismus geworden sind. Nachrichtenformate wie „The Daily" von der New York Times sind trotz hohem Produktionsaufwand profitabel und spülen Geld in die leeren Kassen der Verlage. Mehr als 500.000 Podcasts in mehr als 100 Sprachen listet Apple in seinem Katalog, wie das US-Medienmagazin Variety berichtete.

Auch Deutschland hat das Podcast-Fieber erfasst. Verlage und Rundfunksender, Streamingdienste und freie Produzenten drängen mit ihren Inhalten auf Audioplattformen und Streamingdienste. Im „Verbrechen"-Podcast der Zeit erzählt Gerichtsreporterin Sabine Rückert von ihren spektakulären Fällen. In Nachrichtenformaten wie „Der Tag" geben Korrespondenten des Deutschlandfunks in lockerem Plauderton Einblicke ins Innenleben der Politik. Auch „Spiegel" und „Süddeutsche" haben längst eigene News-Formate zum Hören. Mit zunehmender Professionalisierung entstehen auch Storytelling-Formate mit aufwendiger Dramaturgie.

Und selbst der Altkanzler setzt mittlerweile nicht mehr auf „Bild" und „BamS", sondern aufs gesprochene Wort. In seinem Podcast „Agenda" ließ sich Gerhard Schröder bis zu Beginn des Kriegs in der Ukraine von Ex-Regierungssprecher Béla Anda zu Themen der Tagespolitik befragen.

Bei dem Trubel mag überraschen, dass es Podcasts schon mehr als ein Jahrzehnt lang gibt. 2005 kamen die ersten Audioshows für den iPod heraus, dem digitalen Walkman von Apple, dem die Podcasts ihren Namen verdanken. Waren die Hörer zunächst hartgesottene Fans aus der Tech-Szene, erreichen Podcasts seit wenigen Jahren ein größeres Publikum.

55 Prozent der US-Amerikaner haben einer Nielsen-Studie zufolge schon mal einen Podcast gehört. Das sind ganze 155 Millionen Menschen allein in den USA. 37 Prozent gaben an, vergangenen Monat eingeschaltet zu haben. 24 Prozent hören Podcasts wöchentlich – Tendenz steigend. Und auch in Deutschland versprechen die Podcaststatistiken eine goldene Zukunft der Audioformate. 38 Prozent der Bundesbürger hören gelegentlich Podcasts. Vor fünf Jahren waren es nur 14 Prozent.

Einige Fragen beschäftigen alle, die sich mit dem Medium befassen. Was ist das Geheimnis des Podcastings? Was bannt die Hörerinnen und Hörer so sehr, dass sie die Zeit vergessen, bei laufendem Motor im Fahrzeug sitzen bleiben, um die letzten Minuten einer mehrstündigen Episode bis zum Schluss verfolgen zu können?

1.1 Podcasts gehen in die Tiefe

Eines fällt bei Podcasts auf im Vergleich zu anderen digitalen Formaten: ihre Länge. Während Videos in sozialen Netzwerken oder Texte auf Websites kurz und knapp daherkommen, überzeugen Podcasts durch Tiefe und Ausführlichkeit.

Wir erfahren Hintergründe und Analysen bei journalistischen Formaten wie der „Lage der Nation", einem Nachrichtenpodcast von Philip Banse und Ulf Buermeyer, die in rund 90 Minuten die politische Woche Revue passieren lassen. Aber auch Comedyformate wie „Fest & Flauschig" mit Olli Schulz und Jan Böhmermann liefern in bis zu zwei Stunden pro Ausgabe mehr als den schnellen Gag. Menschen und ihre Lebensgeschichten kommen uns nahe, zum Beispiel in Talks wie „Hotel Matze". In den mehrstündigen Shows plaudert Moderator Matze Hielscher mit seinen Gästen über Erfolge und Misserfolge. Es entstehen persönliche, tiefe Einblicke in große und kleine Fragen des Lebens: Was treibt die Menschen an, worüber lachen sie und wie sieht ihr Alltag aus?

Videos gehen mehr in die Breite. Mit einem Videopost werden viele Nutzerinnen und Nutzer auf einmal erreicht. Der Aufbau von Communitys und Reichweiten mit Podcasts ist mühsamer. Dafür gewinnt man mit den Audioshows Premiumuser. „Podcasthörer sind die Informations-Elite", erklärte der Marketingexperte Ingo Stoll in einem Interview. So steigt die Podcast-Nutzung zwar über alle Gruppen hinweg, am deutlichsten aber bei den unter 30-Jährigen und Personen mit formal hohem Bildungsabschluss. Rund 46 Prozent der Audiofans sind Akademiker oder haben promoviert.

Die Wunschformate zeigen ein hohes Bedürfnis nach Information. 62 Prozent der Hörerinnen und Hörer wollen sich mittels Podcasts über Nachrichten und Hintergründe aus Wirtschaft und Politik informieren. Die Hälfte interessiert sich für Wissenschaft und Gesundheit. Danach folgen Unterhaltung und Comedy, Musik und Kultur, Gesellschaft und Familie.

Podcasting lebt von dem, was wir als Journalistinnen und Journalisten besonders gut können: Informationen sammeln, Geschichten erzählen, Hintergründe erklären. Es ist ein Format für alle, die offen sind für die Welt und mit Tiefgang unterhalten werden wollen.

1.2 Podcasts begleiten uns durch den Tag

Podcasts sind konkurrenzlos. Diese Behauptung klingt wie eine Provokation. Zugegeben – das ist sie auch. Ich möchte hier nicht Medien gegeneinander ausspielen, Podcasts höher werten als Texte oder einen Fernsehbeitrag. Mir geht es um die Nutzungssituation.

Podcasts lassen sich während der Autofahrt oder der Hausarbeit hören. Aber auch während des Joggens im Park oder beim abendlichen Kochen in der Küche. Situationen, in denen wir schlecht lesen oder Videos schauen können. Hier haben Podcasts und das Radio ein Alleinstellungsmerkmal: Sie sind ein Begleitmedium. Radio und Podcasts werden also genutzt, während wir einer anderen Beschäftigung nachgehen.

Vor 40 Jahren schrieb der britische Musikproduzent, Musiker und Komponist Trevor Horn den viel zitierten Hit „Video killed the Radio Star", mit dem der US-amerikanische Musiksender MTV am 1. August 1981 an den Start ging. Und tatsächlich stand die Frage im Raum: Wozu noch Radio, wenn es doch Fernsehen gibt? Wenn man Musik nicht nur hören, sondern zugleich Konzerte und Musikvideos sehen kann? Die Tage des Radios galten als gezählt. Und doch war das Medium nicht totzukriegen. Das Radio entwickelte sich weiter.

Blicken wir kurz in die Geschichte. Als das Radio Anfang des vorherigen Jahrhunderts erstmals in den Äther sendete, waren die Empfangsgeräte klobig, schwer und unhandlich. Die kastenförmigen Apparate befanden sich meist im Wohnzimmer, im Mittelpunkt der Aufmerksamkeit. Die Übertragungen von Nachrichtensendungen oder Konzerten am Abend waren ein Höhepunkt des Familienlebens, vergleichbar mit einem Besuch im Theater oder Tierpark. Radio war in seiner ersten Entwicklungsstufe ein gemeinschaftlich genutztes Medium.

In den 1950er-Jahren übernahmen die Fernsehgeräte zunehmend den Platz und die Bedeutung des Radios als zentrales Nachrichten- und Unterhaltungsmedium in den Abendstunden. Die Empfangsgeräte fürs Radio dagegen wurden mobil. Über Transistorradios und Autoradios war der Empfang nun auch außerhalb der Wohnzimmer problemlos möglich. Radio wurde seither auch in den Morgenstunden gehört, zum Beispiel im Badezimmer oder auf dem Weg zur Arbeit.

Durch seine technische Transformation verwandelte sich das Radio zu einem Tagesbegleitmedium, und auch die Programme änderten sich. Nachrichten, Verkehrsfunk und Musik waren auf langen Autofahrten immer mit dabei. Zwischen 1968 und 2000 verdoppelte sich die Hördauer pro Kopf in Deutschland von 99 auf 209 Minuten täglich.

Auch von Podcasts wissen wir, dass sie vor allem mobil genutzt werden. 79 Prozent der Userinnen und User geben an, die Audios per App auf dem Smartphone zu hören. Nur 36 Prozent greifen zu Laptop oder Computer. Die Smartphones sind also die neuen Radiogeräte. Mit dem unschlagbaren Vorteil, dass sich die User mit Podcasts ihr eigenes Programm zusammenstellen können, unabhängig von Sendezeiten und Sendegebieten.

1.3 Podcasts erzeugen Intimität

Nicht zuletzt leben Podcasts von den Menschen hinter dem Mikrofon, ihren Geschichten – und ihren Stimmen. Diese Beobachtung ist zugleich eine Empfehlung an alle, die sich mit der Konzeption von Audioformaten befassen. Podcasts sollten nicht nur der reinen Faktenvermittlung dienen.

Der Podcast „Verbrechen" von der „Zeit" kommt beinahe ohne akustische Gestaltung aus. Außer einer Intromusik gibt es lediglich den Talk zwischen Reporterin Sabine Rückert aus der Zeit-Chefredaktion und Andreas Sentker, dem Leiter des Wissensressorts. Keine weiteren Jingle, keine Einspieler, keine technischen Raffinessen. Nur die detaillierte, dichte Erzählung der Reporterin vor dem Mikrofon zieht uns in ihren Bann. Stimmen haben eine akustische Strahlkraft. Der antike Dichter Horaz beschrieb in seiner „Ars Poetika" bereits vor mehr als 2000 Jahren zum Unterschied von Hören und Sehen:

„Etwas wird auf der Bühne entweder vollbracht oder wird als Vollbrachtes berichtet. Schwächer erregt die Aufmerksamkeit, was seinen Weg durch das Ohr nimmt, als was

1.3 Podcasts erzeugen Intimität

vor die verlässlichen Augen gebracht wird und der Zuschauer selbst sich vermittelt; doch wirst du nicht, was besser im Innern sich abspielen sollte, auf die Bühne bringen, wirst vieles den Augen entziehen, was dann die Beredsamkeit allen verkündet." (Horaz zit. in Kleinsteuber 2012)

Akustische Mittel sind für uns Menschen seit jeher eines der bedeutendsten Werkzeuge zur Kommunikation. Schon vor unserer Geburt nehmen wir Geräusche wahr. Als Säugling prägen uns die Stimmen unserer Umwelt. Selbst bei schlechter Telefonqualität können wir uns wohlbekannte Stimmen von Freunden oder der Familie erkennen. Auch fremde Stimmen lösen Emotionen in uns aus. Wen wir sprechen hören, den lernen wir unmittelbar und authentisch kennen. Eine Stimme kann Vertrauen schaffen oder Misstrauen schüren.

Das alles gilt auch für Radiomoderatoren und Podcast-Hosts. Die Radiotheoretiker Hugh Chignell und Andrew Chrisell haben sich näher damit befasst. Sie beschreiben Radio als ein intimes Medium, das die Menschen durch seine Omnipräsenz auch in sehr privaten Momenten begleitet und ihnen nahekommt. Einige von uns wachen vielleicht schon morgens mit der Stimme einer Radiomoderatorin auf. Sie spricht zu uns, während wir unter die Dusche steigen, uns Kaffee brühen. Selbst auf dem Weg zur Arbeit ist sie dabei. Die Stimmen von Moderatorinnen und Moderatoren gehören nach einer gewissen Zeit zu unserem Leben.

Die britischen Medienwissenschaftler Martin Spinelli und Lance Dann wollen die Beobachtungen der Radiotheoretiker auch fürs Podcasting verstanden wissen. In ihrem Buch „Podcasting. The Audio Media Revolution" prägten sie den Begriff der „Podcast Intimacy". Host und Interviewpartner schaffen in Verbindung zu ihren Hörern ein Moment der Intimität, wenn sie im Studiogespräch ihre persönlichen Ansichten und Gefühle offenbaren. So beschreibt es auch die Moderatorin Minh-Khai Phan-Thi, die in ihrem „Anderssein"-Podcast prominente Gäste mit Migrationsgeschichte trifft:

„Die meisten Prominenten, die bei mir im Podcast sind, sind sehr erfahrene TV-Leute. Und das merke ich bei mir selber auch: Wenn ich im Studio bin und das Rotlicht geht an, dann veränderst du deine gesamte Haltung. Podcasting hat etwas Intimes. Man kommt so, wie man ist, kann ungeschminkt rein und manche vergessen tatsächlich, dass sie mitten in den Aufnahmen stecken. Und das ist eigentlich der Zeitpunkt, wo es spannend wird." (Minh-Khai Phan-Thi zit. im Agenda-Podcast 2020)

Über den Menschen und seine Geschichten kommen wir zu den Hintergründen und Fakten. In einem Podcast können wir eine Persönlichkeit von einer ganz anderen Seite kennenlernen. Natürlich gibt es auch Nachrichtenformate, bei denen der Host eine untergeordnete Rolle spielt. Erfolgreiche News-Podcasts wie „The Daily" von der „New York Times" aber erzählen immer auch Geschichten, statt nur Nachrichten zu referieren. Dafür stellen die Producer ihren Host Michael Barbaro mit seiner charakteristischen, mittlerweile vielerorts in den USA bekannten Stimme in den Mittelpunkt der Show. Rund vier Millionen Hörerinnen und Hörer täglich belegen den Erfolg. Und auch Umfragen bestätigen die Bedeutung von „Podcast Intimacy": Einer Online-Befragung des US-Medienunternehmens Team Whistle zufolge empfinden 83 Prozent der Podcasthörer bis 34 Jahre, dass die Hosts ihrer Lieblingsshows so etwas wie gute Freunde geworden sind.

Grundlagen 2

Bevor wir uns die Formate, Strategien und das weitere Rüstzeug für erfolgreiches Podcasting im Journalismus genauer anschauen, lade ich Sie ein zu einer kurzen Rundreise durch die Grundlagen des Podcastings. Der Begriff wird meist beiläufig verwendet, und jeder hat wohl eine ungefähre Vorstellung, was sich dahinter verbirgt. Was aber sind Podcasts ganz genau? Wie unterscheiden sie sich von klassischen Radiosendungen? Und wie sind sie entstanden? Diesen Fragen möchte ich hier nachgehen.

2.1 Was ist ein Podcast? Eine Annäherung

Nehmen wir das Wort Podcasting zunächst einmal sprachlich auseinander. Podcasting ist eine Schöpfung aus zwei Begriffen: dem pod (play on demand) und damit verbundenen iPod, Apples digitalem Musikplayer. Und dem englischen „Broadcast", also dem Rundfunk. Der Ausdruck soll erstmals in einem Artikel des britischen „Guradian" von Februar 2004 aufgetaucht sein. Der Journalist und Technik-Blogger Ben Hammersley versuchte, das damals neue Phänomen der digitalen Radioshows zu beschreiben, die plötzlich im Netz auftauchten – und schwankte zwischen Audioblogging, Podcasting und GuerilliaMedia.

Der Begriff Podcasting setzte sich durch und steht für eine technische Definition des Mediums. Podcasts sind digitale Sendungen zum Abspeichern, Mitnehmen und mobilen Konsumieren. Darauf aufbauend haben sich weitere Eigenschaften von Podcasts herausgebildet.

> **Übersicht**
> - Podcasts sind seriell angelegt. Sie bestehen aus mehreren Episoden, die in regelmäßigen zeitlichen Abständen erscheinen und sich aufeinander beziehen.
> - Podcasts lassen sich abonnieren. Die einzelnen Episoden werden über Podcast Clients – auch Podcatcher genannt – gefunden. Das sind heute Apps wie Apple Podcasts, Spotify, Google Podcasts, Audible, Amazon Music, Deezer oder SoundCloud. Wenn wir Podcasts folgen, laufen die Episoden in einer chronologisch angeordneten Timeline ein – ähnlich wie Beiträge auf Twitter oder Facebook.
> - Podcasts vom Webserver aus mittels RSS vertrieben. Das ist eine Abkürzung für Really Simple Syndication, ein XLR-basiertes Dateiformat. RSS-Feeds versorgen die Empfänger wie ein Nachrichtenticker mit Texten, Bildern oder eben Audios.

Vor einigen Jahren ist Ihnen vielleicht öfter auch der Begriff des Video-Podcasts oder auch Vodcast begegnet. Tatsächlich werden seit Beginn des Podcastings auch Videos per RSS-Feed vertrieben. Das Presse- und Informationsamt der Bundesregierung setzt noch immer auf dieses Medium, wenngleich sich für die Distribution von Webvideos soziale Netzwerke wie YouTube, Instagram, Facebook oder TikTok klar durchgesetzt haben. Im Folgenden verwende ich den Begriff Podcast also ausschließlich für Audioformate.

Wirklich trennscharf kann eine Definition von Podcasts nicht sein. Denn die Podcastlandschaft verändert sich rasend schnell. Klar ist aber, dass episodische Produktion und der Vertrieb über RSS-Feeds noch immer grundlegend fürs Podcasting sind. Natürlich – Sie können Podcasts auch auf klassischen Websites finden und abspielen. Gehört werden sie aber überwiegend auf den entsprechenden Apps, den Podcatchern. Eine Einbettung auf Websites kann es allerdings erleichtern, den Podcast zu bewerben und bekannter zu machen, da sich von Facebook und Twitter darauf verlinken lässt. Neben dem RSS-Feed werden Podcasts daher meist auch auf Websites ausgespielt (vgl. Abb. 2.1)

Über das Format lassen sich Podcasts nur schwer beschreiben. Zu vielfältig sind die Konzepte, die man mittlerweile auf dem Markt findet. Vom einfachen Talkformat über raffiniert erzählte Hörfeatures, fiktiven Serien, Comedyshows oder auch Musiksendungen – der Kreativität sind kaum Grenzen gesetzt. Das ist das Spannende am Podcasting: Hier können Sie sich frei entwickeln, ausprobieren und entdecken.

Ausspielwege

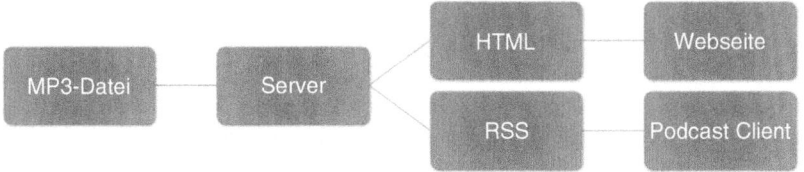

Abb. 2.1 Schematische Darstellung von Ausspielwegen von Podcasts. (Bild: Eigene Darstellung)

2.2 Kurze Mediengeschichte des Podcastings

Medienhistorisch lassen sich Podcasts auf zwei Erfinder zurückführen: Dave Winer, einen Softwareentwickler aus New York. Und Adam Curry, Radiomoderator aus Virginia. Während Winer die theoretische Vorarbeit leistete, setzte Curry Podcasting in der Praxis um.

Im Jahr 1999 entwickelte Winer das Webformat RSS für das Unternehmen Netscape. Zunächst wurde das Abonnement von Nachrichten wenig nachgefragt. Das änderte sich aber, als sich nach 2002 immer mehr Weblogs gründeten. Die Menge wurde immer unübersichtlicher, zugleich mussten die Nutzer die Seiten aktiv ansteuern, um neue Inhalte aufzuspüren. Mittels RSS aber konnten die Leserinnen und Leser ihre favorisierten Inhalte abonnieren und zentral in einem Newsreader bündeln.

Dave Winer verfeinerte seine Entwicklung und veröffentlichte am 19. August 2002 eine neue Version seines Formats: RSS 2.0. Damit war es möglich, Dateien per RSS zu verlinken. Also Bilder, Dokumente – oder eben auch Audios. Auf die Idee, das Audioblogging im größeren Stil aufzuziehen, kam zunächst niemand. Bis zum Sommer 2004.

Der ehemalige MTV-Moderator Adam Curry überlegte damals, wie er per RSS verlinkte MP3-Dateien im Netz aufspüren und in seine Musiksammlung auf Apples Portal iTunes übertragen könnte. Eine solche Software gab es nicht. Daher brachte er sich das Programmieren bei und entwickelte iPodder – den ersten Podcast Client der Welt. Es war die Geburtsstunde des Podcastings.

Die frei verfügbare Software wurde von Programmierern schnell weiterentwickelt, war bald für Windows, Mac und Linux erhältlich. Die Sendung „Daily Source Code" von Adam Curry, die er fortan per RSS versendete, wurde zu einem der ersten Podcasts der Welt. Diese Entwicklung verdeutlicht, wo das Podcasting seine Wurzeln hat: in der freien Tech-Szene. Es war die Zeit der New Economy. Jeder tüftelte an neuen technischen Entwicklungen und versuchte, sie zu Geld zu machen. Auch Adam Curry glaubte früh an das kommerzielle Potenzial des Podcastings.

Mit dem Unternehmen Apple fand sich dann auch ein Tech-Gigant, der auf den Zug aufsprang. Im Jahr 2005 integrierte der Konzern Podcasts in seinem digitalen Musikverzeichnis iTunes 4.9. Bis heute ist dessen Nachfolger, Apple Podcasts, einer der bedeutendsten Podcast Clients.

Mit der Integration in iTunes erreichten Podcasts ein breiteres Publikum. Auch in Deutschland entstanden erste Formate, zunächst aus der freien Szene. Da gab es den Podcast „Deutsch für Anfänger", mit dem man seine Sprachkenntnisse verbessern konnte. Diverse Tech-Podcasts, die über Social Software informierten. Musik-Podcasts, die Gema-freie Musik von Indie-Künstlern bekannter machten. Und vor allem Meta-Sendungen, die vom Podcasten selbst handelten. In diesen Formaten wurden Mikrofone, Aufnahmegeräte und Software für Producer vorgestellt. Vom Fachmann für Kenner, sozusagen.

Auch der öffentlich-rechtliche Rundfunk stieg ins Podcasting ein. Inhalte für Audioplattformen gab es bei der ARD genug. Die „Tagesschau" postete zum Test im Sommer 2005 einen Tonmitschnitt ihrer 20-Uhr-Ausgabe, nur ohne Bildstrecke. Schon nach sechs Tagen landete der Podcast auf Platz 1 der deutschen iTunes-Charts. Damit wurden auch etablierte Medien aufs Podcasting aufmerksam – und verschafften der Szene einen kräftigen Schub.

Im Laufe des Jahres 2005 experimentierten auch kommerzielle Verwerter wie der Hörbuchanbieter Audible bereits mit kostenpflichtigen Audiomagazinen. Neben einem kostenfreien Angebot, in dem Artikel von „Zeit" und „Handelsblatt" vertont wurden, gab es auch Bezahlprodukte. Der finanzielle Erfolg solcher Podcasts hinter der Bezahlschranke sollte jedoch erst Jahre später kommen. Zunächst blieben Podcasts grundsätzlich kostenfrei, finanzierten sich – wenn überhaupt – durch Sponsoring und Werbung.

In den folgenden Jahren ließ die anfängliche Euphorie nach, viele Formate dümpelten vor sich hin, wurden nicht fortgesetzt. Es fehlten schlichtweg das Publikum und Strategien für eine solide Finanzierung. Podcasts wurden beinahe schon wieder totgesagt. Bis im Jahr 2014 eine zweite Podcastwelle über die USA und Europa rollte.

Über die Gründe für die Renaissance des Podcastings lässt sich spekulieren. Zum einen könnte der steigende Absatz an Smartphones dazu beigetragen haben. Internet-Flats im Mobilnetz und die Einführung von Bluetooth und kabellosen Kopfhörern befeuerten später die Entwicklung. Podcasts waren immer einfacher verfügbar, direkt auf den Endgeräten, und mussten nicht mehr umständlich überspielt werden. Mit LTE gab es schnelles mobiles Internet, das auch das Streaming von Audio ermöglichte, ohne vorheriges Herunterladen der Sendungen. Mit

2.2 Kurze Mediengeschichte des Podcastings

der Einführung des Videodienstes Netflix in Deutschland und anderen europäischen Ländern manifestierten sich neue Mediennutzungsgewohnheiten. Fernsehsendungen wurden – so wie Podcasts – zunehmend übers Internet gestreamt oder heruntergeladen, weniger live geschaut. Und dann wäre da noch eine bahnbrechende neue Produktion aus den USA: der Podcast „Serial".

In „Serial" **recherchierte Radioreporterin Sara Koenig** den Mordfall an der High-School-Schülerin Hae Min Lee nach, die im Jahr 1999 erwürgt und in einem Park in Baltimore vergraben wurde. Das Gericht beschuldigte ihren Exfreund Adnan Syed, er landet im Gefängnis. Doch ob er wirklich der Täter ist, bleibt ungewiss. Syed wurde lediglich anhand von Indizien überführt, er bestritt den Mord bis zuletzt.

Sara Koenig interviewte Zeugen, Anwälte und Verdächtige. Anstatt das Material in einem einzigen Audio-Feature zu veröffentlichen, erzählte sie ihre Geschichte über zwölf Episoden. Koenig verband die spannende Erzählung einer guten Fernsehserie mit der akustischen Nähe eines Radiofeatures. Ihr Podcast fand schnell Fans auf der ganzen Welt.

Mehr als 240 Millionen Mal wurde die 2014 erschienene und durch Sponsoring des Newsletteranbieters MailChimp finanzierte erste Staffel weltweit heruntergeladen. Die zweite Staffel über den von Taliban gekidnappten US-Soldaten Bowe Bergdahl erschien 2016. Der Boom in den USA nimmt seither kein Ende.

Die Aufregung in der Branche war plötzlich wieder groß. Jeder witterte das große Geschäft, wollte seinen Teil vom Kuchen. 2015 stiegen die Musikstreamingdienste Spotify und Deezer ein. Ähnlich wie Apples iTunes distribuierten sie fremde Shows, produzierten aber zunehmend auch eigene Inhalte. Die deutsche Radiolandschaft spürte die Erschütterung schnell.

2016 warb Spotify das Talk-Duo Oli Schulz und Jan Böhmermann vom öffentlich-rechtlichen „Radio Eins" ab, die beiden Moderatoren produzieren ihre Show „Fest & Flauschig" seither exklusiv für den Streamingdienst. Ein Affront für „Radio Eins" und den Rundfunk Berlin-Brandenburg – aber auch ein deutliches Signal. Die Radiosender bekamen Konkurrenz auf dem Audiomarkt.

„Wir verstehen uns strategisch als Plattform für alle Audioinhalte, nicht nur für Musik", erklärte ein Sprecher von Spotify zur neuen Strategie des Unternehmens. Die Nutzer sollen möglichst lange in der App bleiben und nicht etwa für Podcasts die Plattform wechseln, zu Apples iTunes beispielsweise. Das Kalkül ist aufgegangen. Mittlerweile ist Spotify die meistgenutzte App zum Podcast-Hören in Deutschland – noch vor Apple Podcasts. 55 Prozent der Nutzerinnen und Nutzer gaben zuletzt an, über Spotify gestreamt zu haben.

Die Verlage entwickelten nach 2014 Audioformate, um beim Podcast-Boom dabei zu sein. Spiegel, „Zeit", sogar die Bild versuchten sich an diversen Formaten. Während in Deutschland das Podcasting-Fieber um sich griff, expandieren in den USA Produktionsfirmen wie Gimlet Media, Radiotopia oder Earwolf. Studios also, die Podcasts auf Bestellung aufnahmen und schnitten. Werbekunden pumpen immer mehr Geld in die Branche, Unternehmen schalten Spots. Satte 220 Millionen Dollar betrugen die Erlöse 2017, wie eine Studie des Interactive Advertising Bureaus und Pricewaterhouse Coopers ergab. Das war ein Plus von 85 Prozent im Vergleich zum Vorjahr.

Auch in Deutschland gründeten sich erste Produktionsstudios. Darunter auch das erste deutsche Podcast-Label Viertausendhertz, das um Nicolas Semak, Hendrik Efert, Christian Conradi und Marie Dippold in einem Kreuzberger Industriehof.

Angefangen hatte alles mit den „Mikrodilettanten", einer Spaßsendung mit Gesprächen über kunterbunte Themen wie die Erfolge der Piratenpartei, die Zivilverteidigung in der DDR und den Stress beim Weihnachtsshopping. Die Hörer waren hartgesottene Fans aus der Tech-Szene. Mit Viertausendhertz wollten Semak und seine Kollegen nun eine breitere Öffentlichkeit erreichen. Es entstanden aufwendige Porträts und Reportagen, Spaziergänge mit Musikern und Schriftstellern, auch eine Dokuserie über das Klarträumen. Mit ihren Produktionen erreichten sie schnell Abrufe im sechsstelligen Bereich.

Auch die Werbeindustrie entdeckte Podcasts in Deutschland für sich. Vermarkter wie Zebra Audio und Mit Vergnügen in Berlin oder die Online Marketing Rockstars in Hamburg brachten Produzenten und Werbeträger zusammen. Auch die ARD Sales & Services (AS&S), die als Dienstleister Radiowerbung vermarktet hat, beschäftigte sich plötzlich mit Podcasts.

Mit der zweiten Welle haben die Audioshows den ersten Schritt aus der Nische geschafft. Mit dem Erfolg des „Coronavirus-Updates" mit dem Virologen Christian Drosten sind Podcasts dann endgültig zum Massenmedium geworden.

2.3 Der Weg zum Massenmedium

Der Erfolg des Podcastings wird durch Zahlen belegt. 38 Prozent der Deutschen geben an, gelegentlich Podcasts zu hören (vgl. Abb. 2.2). Damit sind die Nutzungszahlen von der Tagesreichweite des Radios mit rund 74 Prozent noch weit entfernt. Dennoch zeigen die starken Zuwächse in den vergangenen Jahren einen beachtlichen Trend.

2.3 Der Weg zum Massenmedium

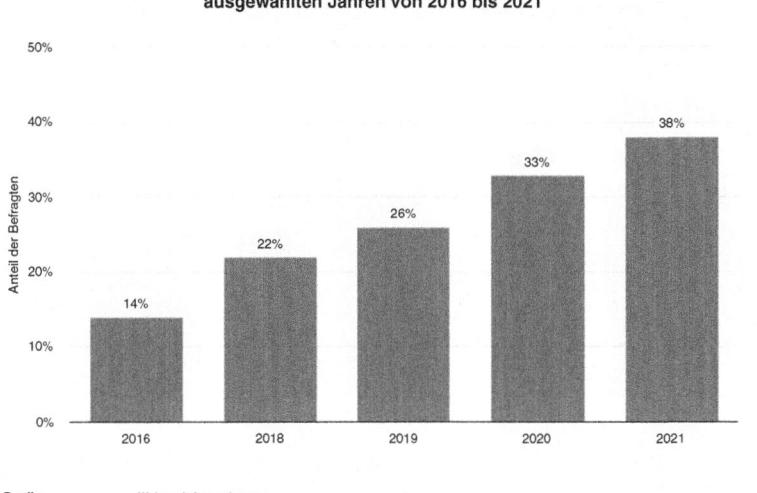

Abb. 2.2 Entwicklung der Podcastörer in Deutschland. (Bild: Statista, https://de.statista. com/statistik/daten/studie/876487/umfrage/nutzung-von-podcasts-in-deutschland/ (Abgerufen am 21. Februar 2022))

Auffällig ist der Anteil an Hörerinnen und Hörern mit hohem Bildungsabschluss. 46 Prozent aller Nutzer von Podcasts haben studiert oder gar promoviert. Und auch die junge Zielgruppe, die Musik eher per Smartphone streamt als im Radio hört, kann Podcasts etwas abgewinnen. Die Akzeptanz des Mediums ist in der Altersgruppe bis 29 Jahren am höchsten (vgl. Abb. 2.3).

Kaum jemand denkt bei diesen Zahlen noch an ein vorübergehendes Modephänomen. Podcasts sind gekommen, um zu bleiben. Das veränderte Mediennutzungsverhalten hin zum On-Demand-Audiokonsum treibt die junge Generation weiter voran. Verlierer könnte das klassische Live-Radio sein. Die Tagesreichweite ist bei der Zielgruppe bis 29 Jahre geringer als im Durchschnitt. Nur 62,2 Prozent geben an, täglich einzuschalten (vgl. Abb. 2.4).

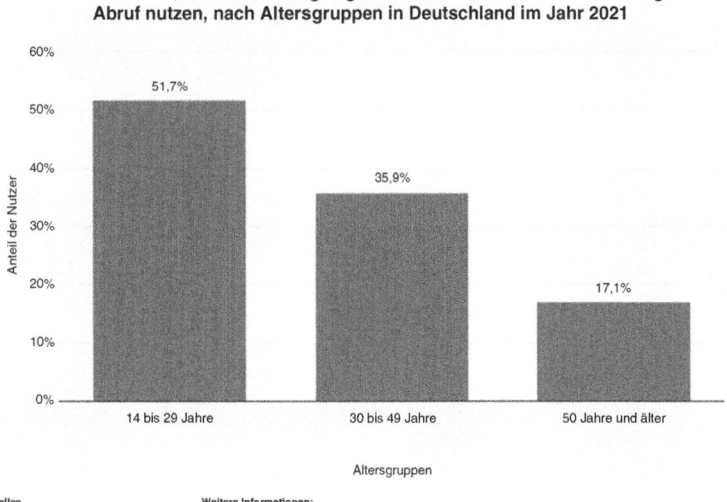

Abb. 2.3 Verbreitung von Podcasts in Deutschland nach Altersgruppen. (Bild: Statista, https://de.statista.com/statistik/daten/studie/912565/umfrage/nutzung-von-podcasts-und-audiosendungen-auf-abruf-nach-altersgruppen-in-deutschland/ (Abgerufen am 21. Februar 2022))

2.4 Was Radio und Podcasts unterscheidet

Ist Podcasting also das neue Radio? In Teilen schon. Dennoch handelt es sich um jeweils eigenständige Medien. Radio ist aus seiner historischen Entwicklung heraus ein Live-Medium, Podcast ein On-Demand-Medium. Doch die Grenzen lösen sich auf. Es gibt Podcasts wie die „Lage der Nation", die zum Teil live gesendet und später on-demand angeboten werden. Und Radiosendungen werden zwar live ausgestrahlt, sind aber mittlerweile größtenteils auch on-demand verfügbar.

Zeitversetztes, nicht-lineares Hören ist eines der Kernmerkmale von Podcasting. Das hat Vorteile. Podcasts sind jederzeit verfügbar. Aufwendige Features, die teuer produziert und dann weitestgehend ungehört im Nachtprogramm der öffentlich-rechtlichen Kulturwellen versendet werden – dieses Schicksal gehört im digitalen Zeitalter der Vergangenheit an. Es gibt aber auch Nachteile. „Liveness" gilt in der angelsächsischen Radiotheorie als einer der Bausteine zum Erfolg des Mediums. Dazu schreibt der Medienwissenschaftler Hans J. Kleinsteuber:

2.4 Was Radio und Podcasts unterscheidet 15

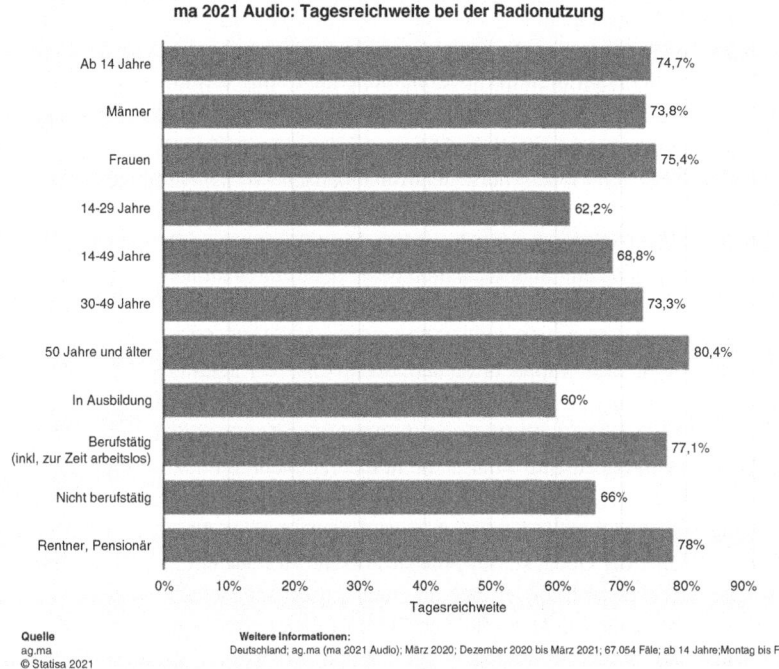

Abb. 2.4 Tagesreichweite des klassischen Live-Radios. (Bild: Statista, https://de.statista.com/statistik/daten/studie/181089/umfrage/tagesreichweite-bei-der-radionutzung/ (Abgerufen am 21. Februar 2022))

„Die Liveübertragung schafft eine Atmosphäre von Unmittelbarkeit und Spontanität. Radioleute führen deshalb auch Interviews gern live, weil dadurch eine lebendigere und weniger inszenierte Gesprächssituation entsteht." (Kleinsteuber 2012)

Das Erlebnis der Unmittelbarkeit können On-Demand-Medien schlechter herstellen. Das Mitfiebern bei einem bedeutenden Fußballspiel, die Live-Berichterstattung zur US-Wahl oder der „Tatort" am Sonntag, den im Schnitt über acht Millionen Bundesbürger auf der ARD verfolgen – es ist ein Gemeinschaftsgefühl, das die Menschen vor den Radio- und Fernsehgeräten bannt. Das alles spricht dafür, dass das lineare Programm längst nicht tot ist – ganz gleich, ob es über elektromagnetische Wellen oder per Stream verbreitet wird.

Betrachten wir einmal das Verbreitungsgebiet. Der öffentlich-rechtliche Rundfunk in Deutschland, aber auch die Public Radios in den USA haben oft ein regionales oder lokales Sendegebiet. Das hat historische Gründe. Vor der Digitalisierung wurden die Programme ausschließlich über Funk verbreitet, im Umkreis – oder auch dem aus dem Lateinischen entliehenen *Radius* – der Sendestation herum.

Hier liegt der etymologische Ursprung des Begriffs *Radio:* Es war seinem Ursprung nach ein vom Sender über elektromagnetische Wellen verbreitetes Hörmedium. Der feste Bezug zum Sendegebiet ist bis ins digitale Zeitalter hinein geblieben – auch organisatorisch. Die ARD ist mit ihren Hörfunk- und Fernsehprogrammen in regionalen Landesanstalten gegliedert. Die Stationen des National Public Radio in den USA sind ebenfalls lokal organisiert.

Programmschaffende müssen mit ihren Sendungen auf kleinem Raum eine möglichst breite Zielgruppe erreichen, wenn das Verbreitungsgebiet lokal ist. Nachrichtensendungen, Regionalmagazine und Lokalsport – damit lässt sich ein Radioprogramm gut und mit Blick auf das Verbreitungsgebiet auch sinnvoll füllen.

Anders beim Podcasting. Hier ist nicht das regionale Produkt erfolgreich, sondern die Nische. Es zeichnet Podcasts aus, dass sie digital und damit weltweit zu empfangen sind – über alle Grenzen hinweg. Auch aus wirtschaftlicher Überlegung lohnt sich daher der Gedanke, für eine spezifische Hörerschaft zu produzieren. So wäre die werberelevante Zielgruppe für einen allgemeinen lokalen Podcast in einer mittleren Kreisstadt wie Detmold mit 75.000 Einwohnern begrenzt. Dabei ist es mit Blick auf die Vertriebskosten unerheblich, ob mein Podcast in Detmold, Nordrhein-Westfalen, ganz Deutschland oder sogar Europa gehört wird. Das Internet kennt keine aufwendige Transportlogistik.

Wer also eine Nische besetzt, zum Beispiel mit einem Podcast über Pferdesport, E-Sports oder Fantasyliteratur, kann eine Zielgruppe über den gesamten deutschsprachigen Raum aufbauen. Wer seinen Podcast auf Englisch produziert, findet seine Hörerschaft sogar weltweit – ein Grund, der den Erfolg englischsprachiger Podcasts mit erklärt.

Podcaster brauchen für ihre Produktionen nur eine geringe technische Infrastruktur – auch das unterscheidet Podcasting vom Radio. Ein Laptop, ein USB-Audiointerface und Mikrofone sind für eine einfache Podcastaufnahme ausreichend (vgl. Kap. 8). Für den Vertrieb brauchen Podcasterinnen und Podcaster einen Internetanschluss und etwas Speicherplatz bei einem Webhoster, den es schon für wenige Euro pro Monat gibt. Radioanstalten müssen da ganz andere Geschütze auffahren. Studios, Schalträume, Sendetürme – das alles brauchen wir als Podcaster nicht mehr.

Auch Distributoren wie Apple und Spotify fahren gut mit Kleinstformaten und Nischenprodukten, wie es sie in der Podcastszene zuhauf gibt. Das Geschäftsmo-

2.4 Was Radio und Podcasts unterscheidet

dell der Tech-Giganten basiert teils auf dem „Long Tail", dem „langen Schwanz" an virtuellen Gütern. Nach dieser These gelten die klassischen Regeln der Betriebswirtschaft nicht mehr, wonach vor allem die Produktion und Lagerung von Produkten mit hoher Nachfrage ertragreich ist. In der digitalen Welt verdienen Unternehmen einen großen Teil ihres Umsatzes mit virtuellen Nischenprodukten, nicht mehr mit allein mit Bestsellern (vgl. Abb. 2.5). Der Grund ist einfach.

Da die Speicher- und Distributionskosten für Podcasts so gering sind, besteht für Apple ein Anreiz, ein möglichst umfassendes Sortiment anzubieten. Möglichst viele Musikerinnen und Podcaster werden aufgefordert, ihre Produkte auf Apples Plattformen hochzuladen. Dadurch wird die Zahl der angebotenen Produkte insgesamt größer. Alle Nischenpodcasts zusammen ergeben eine große Masse. Ganz praktisch hat dieser Umstand direkte Auswirkungen auf die inhaltliche Gestaltung von Podcasts. Es gibt unzählige Special-Interest-Programme, vom Angelpodcast bis hin zu Tech-Talks, die in lokalen Radiosendern eher selten zu finden sind.

Betrachten wir noch einen weiteren Unterschied zum Radio: die Programmgestaltung. Beim Live-Medium Radio gibt es technisch bedingt ein natürliches Maximum an Sendezeit, das bei 24 Stunden am Tag liegt. Diese 24 Stunden werden von den Programmmachern in kleinere Einheiten unterteilt, bis hin zu klassischen Stundensendungen. Die lassen sich wiederum in noch kleinere Abschnitte teilen. Zur vollen Stunde laufen die Nachrichten, danach beginnt das Morgenmagazin. Das wiederum besteht aus Moderationen, Live-Interviews, Musik und O-Ton-Beiträgen zu aktuellen Ereignissen. Nach gewisser Zeit kommen Werbeun-

Abb. 2.5 The Long Tail. Der grüne Bereich zeigt den Umsatz eines digitalen Konzerns mit Bestsellern, der gelbe Bereich den Umsatz mit Nischenproduktionen. (Bild: Wikipedia, https://en.wikipedia.org/wiki/Long_tail#/media/File:Long_tail.svg (Abgerufen am 21. Februar 2022))

terbrechnungen, danach geht es mit dem Magazinprogramm weiter – bis zu den nächsten Nachrichten zur vollen Stunde. Programmmacher sprechen bei einem solchen Ablaufmodell von einer Stundenuhr (vgl. Abb. 2.6).

Die Stundenuhr hat viele Vorteile für uns als Hörerinnen und Hörer. Sie bietet Orientierung, strukturiert das Programm und ganz nebenbei unseren Alltag, verschafft uns Übersicht. Zugleich verengt sie aber auch den redaktionellen Spielraum. Der Nachteil: Bestellte Beiträge fallen häufig aus dem Programm, auch wenn sie aktuell und qualitativ hochwertig sind – aber die Sendung ist irgendwann voll. Das Interview ist nach fünf Minuten beendet, auch wenn noch längst nicht alles gesagt ist.

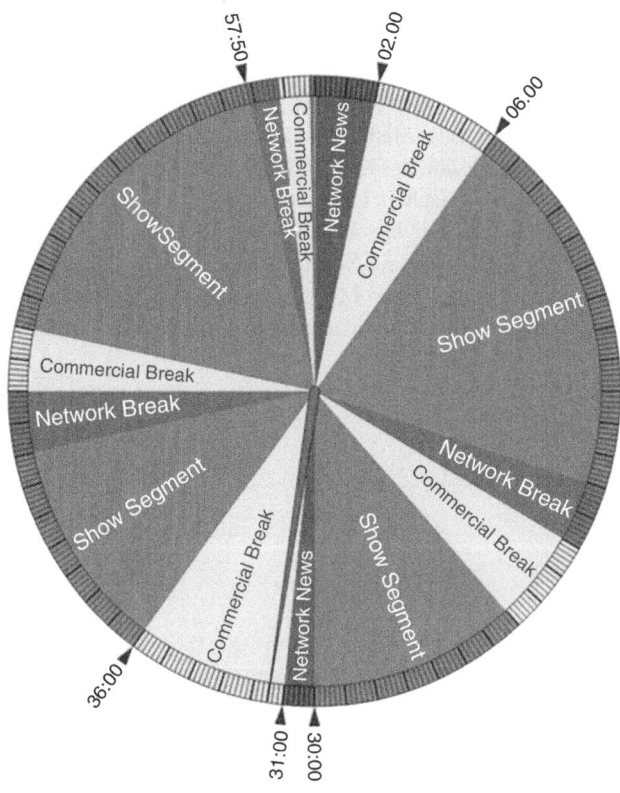

Abb. 2.6 vereinfachtes Modell einer Stundenuhr im US-Radio. (Bild: Wikipedia, https://de.wikipedia.org/wiki/Stundenuhr_(Radioprogramm)#/media/Datei:Broadcast_Clock.png (Abgerufen am 21. Februar 2022))

Beim Podcasting aber gibt es keine zeitlichen Grenzen. Es kann wirklich „alles gesagt" werden – so wie in dem gleichnamigen Talk-Podcast von „Zeit Online" und „Zeit Magazin". Darin interviewen Jochen Wegner und Christoph Amend wechselnde Gäste – teilweise über acht Stunden lang. Schluss ist erst, wenn ein vorher vereinbartes Codewort genannt wird. Der Traum vieler Interviewpartner wird wahr: Es darf grenzenlos geplaudert werden. Nur der Fernsehjournalist Ulrich Wickert hielt sich kurz, wenn auch aus Versehen. Nach zwölf Minuten verplapperte er sich und nannte das Schlusswort „Giovanni". Die Show war plötzlich vorbei.

2.5 Podcasting und Brechts Radiotheorie. Wie jeder zum Sender werden kann

Wenn wir das noch junge Medium Podcast durch die Brille des Dramatikers Bertolt Brecht betrachten, gewinnen wir noch einen anderen Eindruck: Podcasting, so könnte man meinen, hat das Radio in Brechts Sinne weiterentwickelt und demokratisiert. Brecht war nicht nur Literat, er hat sich in einigen seiner Schriften auch als Radiotheoretiker hervorgetan. In seinem Aufsatz „Der Rundfunk als Kommunikationsapparat" schlägt er bereits Anfang der 1930er-Jahre vor, den Rundfunk zu reformieren:

> „Der Rundfunk ist aus einem Distributionsapparat in einen Kommunikationsapparat zu verwandeln. Der Rundfunk wäre der denkbar großartigste Kommunikationsapparat des öffentlichen Lebens, ein ungeheures Kanalsystem, d. h. er wäre es, wenn er es verstünde, nicht nur auszusenden, sondern auch zu empfangen, also den Zuhörer nicht nur hören, sondern auch sprechen zu machen und ihn nicht zu isolieren, sondern ihn in Beziehung zu setzen. Der Rundfunk müßte demnach aus dem Lieferantentum herausgehen und den Hörer als Lieferanten organisieren." (Brecht 1932)

Brecht wollte keinen staatlichen Rundfunk wie in der Weimarer Republik der 1920er-Jahre. Die Zeit nach der Novemberrevolution 1918, die zum Sturz des deutschen Kaiserreichs führte, war von politischer Instabilität gekennzeichnet. Die Staatsführung fürchtete den Missbrauch des neuen Massenmediums Radio und setzte auf strenge Kontrolle durch die Anstalten – was es den Nazis später leicht machte, den Rundfunk für ihre Zwecke zu missbrauchen. Sie brauchten nur die Intendanten der Rundfunkanstalten auszuwechseln. Mit dem von Reichspropagandaleiter Joseph Goebbels entwickelten und massenhaft produzierten Volksempfänger wurde das Radio zu einem der wichtigsten Instrumente der NS-Propaganda.

Nach dem Schrecken des Dritten Reichs wurden die Strukturen in der Bundesrepublik gelockert. Die Hörerinnen und Hörer spielten eine größere Rolle im

Rundfunkprogramm – und wurden in Call-In-Sendungen per Telefon live in die Sendungen geholt, in denen sie zum Beispiel Fragen an Talkgäste stellen durften. **Das Medium Radio wurde in dieser Zeit ein Stück demokratischer.** Ob ein solches Programm nach Brechts Geschmack war, sei dahingestellt. Wer es bei Call-In-Sendungen ins Programm schafft, entscheidet die Redaktion. Nur die wenigsten kommen tatsächlich durch. Zudem lieferten sie nur ergänzende Fragen oder Meinungen in den Talkprogrammen, waren aber nicht programmgestaltend. Als Ausnahme wären hier Talkformate wie „Domian" im WDR-Radiosender „1 Live" zu nennen. Moderator Jürgen Domian führte durch die Sendung, die einzigen Talkgäste aber waren tatsächlich die Anrufer.

Mit der Digitalisierung der Medien aber wurde alles anders. Das Internet sendet in alle Richtungen – nicht nur aus den Redaktionen und Funkhäusern zu den Hörerinnen und Lesern, sondern auch zurück zu den Programmschaffenden. Das machen sich auch Podcaster zunutze. Martin Spinelli und Lance Dann weisen in ihrem Buch „Podcasting" darauf hin, dass der berühmte True-Crime-Podcast „Serial" aus den USA nicht wegen der Kriminalgeschichte an sich so erfolgreich war. Ein wichtiger Punkt ist, dass der Podcast in Echtzeit während der Recherche produziert wurde – und die User sich online daran beteiligen konnten. Sie spielten den Hosts Quellen zu und beeinflussten damit den Verlauf der Story. Brecht dürfte schon eher zufrieden sein.

Natürlich lassen die grenzenlosen Möglichkeiten im Web noch eine andere Interpretation in Bezug auf Brecht zu: Die Hörerinnen und Hörer dürften sich nicht nur an digitalen Formaten beteiligen. Sie können jederzeit vom Empfänger zum Sender werden. Jeder kann seinen eigenen Podcast starten. Es gibt keine technischen Hürden, die Kosten sind gering. Das wird auch am sozialen Netzwerk Clubhouse sichtbar, bei dem jeder sich an den Live-Audioshows beteiligen oder seinen eigenen Kanal aufmachen kann. Das Netz ist für alle da. Ob der eigene Podcast erfolgreich wird, steht auf einem anderen Blatt.

2.6 Der Podcast als journalistisches Medium

Podcasts müssen durch starke Inhalte und Persönlichkeiten überzeugen, um wirklich gehört zu werden. Viele Talkformate, die neu auf den Markt kommen, setzen dagegen auf zwei Zutaten: schnell und preiswert. Ein günstig produziertes Format mag manchen Verlagen in Deutschland gut passen, schließlich stehen sie unter ständigem Sparzwang. Ohne starke Persönlichkeiten und spannende Geschichten in einem Podcast fehlt jedoch ein echter Mehrwert für die Hörerinnen und Hörer.

In den USA haben das viele Verlage und Anbieter erkannt und setzen bei Podcast auf journalistische Qualität. In dem Morgenformat „The Daily" von der „New York Times" entschlüsselt der Host Michael Barbaro komplexe Hintergründe, begleitet durch ein Team von Redakteurinnen und Producern. Im Podcast „Reveal" vom Center for Investigative Reporting recherchieren Reporter schon mal verdeckt im Knast, mit verstecktem Mikrofon. Auch deutsche Verlage versuchen sich mittlerweile an investigativen Formaten, auch in Kooperation mit Streamingdiensten oder öffentlich-rechtlichen Sendern. Der Podcast ist aber oft noch ein Abfallprodukt von Recherchen für die Print-Ausgaben der Zeitungen.

Die unscharfe Trennung zwischen Journalismus und PR auf den Plattformen von Apple, Spotify und Co. ist weiteres Problem für journalistische Angebote auf dem Podcastmarkt. In den Charts der Kategorie Wirtschaft zum Beispiel reihen sich das „Morning-Briefing" vom „Handelsblatt" neben dem Branchenpodcast eines Mentaltrainers und den Firmenpodcast der Unternehmensberatung McKinsey. In allen Podcasts wollen Macherinnen und Macher die Finanzwelt erklären. Doch welches Ziel verfolgen sie? Wer finanziert die Angebote? Das ist für die User nicht immer klar zu erkennen. Den Wert von unabhängigem Journalismus zu erklären und sichtbar zu machen, wird eine bedeutende Aufgabe von Herausgebenden redaktioneller Podcastformate sein.

Checkliste: Podcasting Basics
- Ein Podcast besteht immer aus mehreren Episoden. Podcasts können außerdem über Apps per RSS abonniert werden. Ein einziges Soundfile, das auf eine Website gestellt wird, ist also noch kein Podcast. Denken Sie seriell und über einen längeren Zeitraum. Sie brauchen einen langen Atem, um sich eine Hörerschaft aufzubauen.
- Podcasts finden immer mehr Hörer in allen Altersschichten und sozialen Milieus. Am stärksten sind die Formate bei einer jungen Zielgruppe und Menschen mit hohem Bildungsabschluss gefragt. Je älter die Zielgruppe, desto weniger affin ist sie für Podcasts. Zumindest bislang.
- Wie bei anderen digitalen Medienprodukten auch eignet sich beim Podcasting der Einstieg über eine Nische. Die Distributionskosten sind gering und erhöhen sich auch nicht durch größere geografische Entfernungen. Mit welchen Themen und Geschichten aus Ihrem Kompetenzbereich könnten Sie eine solche Nische besetzen?

- Haben Sie keine Angst vor der Länge – solange Sie wirklich etwas zu sagen haben. Als Medium der Vertiefung eignen sich Podcasts für intime und tiefschürfende Gespräche ebenso wie für Hintergründe. Gäste und Hosts müssen das aber tragen. Von aufgeblähten Formaten hat niemand was.
- Denken Sie an die Beteiligung der Hörerinnen und Hörer. Schaffen Sie Rückkanäle für Feedback oder Themenideen, im einfachsten Fall durch eine E-Mailadresse für Ihren Podcast, die Sie in der Abmoderation nennen. Vielleicht lässt sich das Publikum aber auch in den Podcast integrieren, zum Beispiel durch kurze Voice-Messages oder kleine Recherchen?
- Als journalistische Marke haben Sie einen besonderen Auftrag. Grenzen Sie sich von PR- und Werbepodcasts ab, indem Sie Ihre Marke am besten schon auf dem Cover für Ihren Podcast nennen und Ihr Logo setzen. So geben Sie zu erkennen, dass es sich um eine journalistische Produktion handelt. Und können zugleich Werbung für Ihre Brand machen.

Interview mit der Medienforscherin Nele Heise

Frau Heise, Sie forschen schon seit 2012 zum Thema Podcast – als noch fast niemand das Medium kannte. War Ihnen gleich klar: Da steckt Potenzial drin?

Als ich angefangen habe, gab es eine kleine, enthusiastische Podcast-Szene. Aber Podcast wurde nicht wirklich als eigenes Medium wahrgenommen. Eher als ein technischer Verbreitungsweg. Mich hat interessiert, Podcasting als kulturelles Phänomen zu untersuchen. Welche Communitys sind da involviert, wie entwickeln sich die Inhalte und die Hörgewohnheiten?

Podcasts haben sich inzwischen als eigenes Medium etabliert. Gilt das auch für die Podcast-Medienforschung?

Es wird auf jeden Fall mehr geforscht und veröffentlicht. Relativ neu ist, dass Podcasts auch als journalistisches Medium betrachtet werden: Welche Genres gibt es, welche Rolle haben Hosts? In der Forschung spiegelt sich der Wandel, den Podcasts in den letzten Jahren vollzogen haben.

Was hat diesen Wandel getrieben? Gibt es ein Erfolgsgeheimnis?

Dahinter stecken diverse Faktoren: Öffentlich-Rechtliche Sender und Verlage haben Podcasts entdeckt und erhoffen sich dort neue Zielgruppen für ihre Me-

2.6 Der Podcast als journalistisches Medium

dienmarken. Das hat dem Medium einen Professionalisierungsschub gegeben. Gleichzeitig haben Produktionen wie „Serial" gezeigt, dass Podcasts investigativ, seriös und zugleich unterhaltsam sein können. Dazu kommt die rasante technische Entwicklung: Heute prägen Streamingplattformen das Nutzungsverhalten und machen es den Hörern viel einfacher als die früheren Podcatcher, Angebote zu finden und zu abonnieren.

Heute spricht man von einem regelrechten Kampf der Plattformen. Ob Audible, Amazon oder Spotify: Jeder will das „Netflix für Audio" werden ...

Das verändert die Szene enorm. Spotify hat zum Beispiel mehrere Podcast-Produktionsfirmen aufgekauft. Die Plattformen machen auch mehr Werbung für ihre Originals als freie Podcaster bisher. Das trägt dazu bei, dass Podcasting bekannter wird bei Nutzerinnen und Nutzern im Netz.

Mit dem „Coronavirus-Update" von NDR Info gibt es seit 2020 zum ersten Mal einen deutschen Podcast, der so etwas wie ein Leitmedium geworden ist.

Spannend finde ich auch, dass dieser Wissenschaftspodcast endlich mal die Zielgruppe der Über-50-Jährigen knackt. Bisher war die Podcast-Szene wegen der technischen Hürden von einem jüngeren Publikum geprägt. Deswegen gibt es diese typischen Talkformate oder Personality-Podcasts von YouTubern. Die Hörerinnen und Hörer über 50, für die Informationsgehalt und Sachlichkeit wichtige Aspekte sind, wurden bisher vernachlässigt. Spannend ist auch, dass das „Coronavirus-Update" etwas geschaffen hat, was die Medienwissenschaft einen „Lagerfeuer-Moment" nennt: Gefühlt hat jeder zumindest mal reingehört und redet darüber, egal ob beim Friseur oder auf der Arbeit. Das „Coronavirus-Update" ist also in mehrfacher Hinsicht ein einzigartiges Format. Keine der Kopien, die nach dem Vorbild von NDR Info entstanden sind, konnten an diesen Erfolg anknüpfen.

Dass überhaupt kopiert wird, zeigt ja auch, wie hart die Konkurrenz inzwischen ist.

Lange Zeit war es kaum möglich, mit Podcasts Geld zu verdienen. Inzwischen gibt es ein entsprechendes Werbeumfeld und Auftragsproduktionen, die Macherinnen und Machern ein festes Einkommen garantieren. Dabei gilt das Motto: In der Nische liegt die Kraft. Gefragt sind ungewöhnliche Themen oder Format-Innovation. Inzwischen gibt es aber auch „Mainstream-Podcasts" – meist rund um prominente Hosts oder große Medienmarken.

Der Anfangsgeist, der etwas von einer Graswurzelbewegung oder Bürgerjournalismus hatte, ist verloren gegangen?

Nicht unbedingt. Es gibt immer noch aktive Communitys und Nischen, zum Beispiel im Bereich Technik und Wissenschaft. Es ist eine Co-Existenz, aber die Gewichte verschieben sich. Das sieht man zum Beispiel am Deutschen Podcast Preis, da sucht man kleine, unabhängige Produktionen oft vergeblich.

Kommt jetzt der Moment für Konsolidierung? Oder auch für eine Kuratierung durch Redakteurinnen und Redakteure, die besonders starke Formate hervorheben müssen?

Für Nutzerinnen und Nutzer ist das Angebot schlicht nicht mehr überschaubar. Es gibt zwei Ansätze, darauf zu reagieren: Entweder man verlässt sich auf den Algorithmus der Plattformen und lässt sich passende Inhalte vorschlagen. Aber es gibt auch eine starke Kultur von persönlichen Empfehlungen: In einem Podcast wird für einen anderen geworben. Daneben etabliert sich langsam eine Rezensionskultur, zum Beispiel im Feuilleton der "Süddeutschen Zeitung". Das ist eine ähnliche Entwicklung wie es sie zuvor bei Fernsehserien gab.

Was weiß man über die Bedürfnisse der Hörerinnen und Hörer? Sind Podcasts im Gegensatz zu TikTok oder Twitter ein Format der Vertiefung und Entschleunigung?

Wenn man sich Nutzungsstudien wie den Online Audio Monitor anschaut, sieht man, dass Autonomie ein wichtiger Faktor ist: Hören was man will und wann man will – das ist die Stärke von Podcasts. Die Hauptmotivation aber ist die Tiefe. Das man dort Dinge zu hören bekommt, die es anderswo nicht gibt. Und das trifft in gewisser Weise auch auf die sogenannten „Laber-Podcasts" zu: Solche ungerichteten Gespräche mit Alltagsbezug findet man nur im Podcast.

Aber das wird doch irgendwann langweilig?

Das ist ein typischer Einwand von professionellen Medienmenschen. Aber die Nutzerinnen und Nutzer sind souverän, die finden einen Weg, auch lange Podcasts in ihren Alltag einzubetten. Die wissen, was eine Pausentaste ist. Ich kann ja eine Show jederzeit unterbrechen und später weiterhören.

Welche Rolle spielt dabei soziale Interaktion vor allem die Identifikation mit dem oder der Host?

Ich zeige in meinen Vorträgen oft ein Bild, wo jemand vor einer Eisbox sitzt, auf der drei Frauen beim Eisessen abgebildet sind. Er sitzt davor, isst selbst ein Eis und freut sich mit denen. So kann sich Podcasthören anfühlen. In der Kommunikationswissenschaft nennt man das „Para-Sozialität", also eine gefühlte Verbindung zu Medienprotagonisten ...

... die man aber anders als im Fernsehen nicht sieht.

Das kann den Effekt sogar verstärken. Die Hosts im Podcast sind auf ihre Stimme reduziert. Man muss beim Hören Fantasie entwickeln und gleichzeitig kommen einem die Inhalte durch die Kopfhörer ganz nahe. Durch diese Kombination entsteht ein spezieller Sog und eine besondere Beziehung zum Host. Wie stark dieser Effekt ist, hängt aber auch vom Format ab. Bei einem Gesprächsformat baut man vermutlich eine stärkere Beziehung auf als bei einem Nachrichtenformat.

Welche Rolle spielt die Beziehung zur Hörerschaft, das Community-Building?

Podcasts, die keine großen Medienhäuser im Rücken haben, leben von der Beziehung zum Publikum. Es ist üblich, um Feedback zu bitten, auf Social Media zu interagieren, oder Hörerfolgen zu machen, in denen Fragen beantwortet werden. Die Hierarchie ist durchlässiger als bei klassischen Medien. Dadurch haben die Hörerinnen und Hörer das Gefühl, dass sie wahrgenommen werden – ich nenne das „Interaktion auf Ohrenhöhe". Wenn diese Nähe da ist, kann man die auch nutzen und zum Beispiel um eine Weiterempfehlung bitten oder um eine gute Bewertung auf Plattformen.

Verdrängt die Nutzung von Podcasts andere Medien?

Wir haben alle nur ein begrenztes Zeitbudget, um Inhalte zu konsumieren. Aber durch die mobile und zeitlich unabhängige Nutzung entstehen neue Zeitfenster: Ich kann zum Beispiel beim Abwaschen Podcasts hören oder beim Sport. Hier stehen Podcasts in Konkurrenz zum Musikhören.

Podcasts werden oft als Konkurrenz zum Radio gesehen. Doch könnte man es nicht auch anders sehen, dass Podcasts zum Beispiel das Radio verändern und bereichern?

Ich hoffe sehr, dass einige Dinge, die ich an Podcasts schätze, sich auch in etablierten Medien durchsetzen. Dort gibt es zum Beispiel mehr weibliche Stimmen und Macherinnen. Auch People of Colour und andere marginalisierte Gruppen kommen in Podcasts öfter zu Wort. Ein anderer Aspekt ist, dass einige aufwendige Podcastformate mit Techniken arbeiten, die wir bisher vor allem aus Radio-Features kennen: Storytelling, Atmosphäre, serielles Erzählen. Da entstehen neue Erzählformen, die auch das ganz alltägliche Radio verändern werden.

Welche Trends sehen Sie für die Podcast-Entwicklung der kommenden fünf Jahre?

Was ich mit Sorge beobachte, ist die zunehmende Macht von Plattformen wie Spotify. Es ist wichtig, dass die RSS-Technologie als unabhängiger Übertragungsstandard erhalten bleibt und weiterentwickelt wird, so wie es zum Beispiel die BBC für Großbritannien macht. Dazu braucht es Druck auf der Produktionsseite, aber auch Hörerinnen und Hörer sollten ein Bewusstsein für die Rolle der Plattformen entwickeln. Bei Spotify zum Beispiel werden Podcaster für ihre Inhalte nicht bezahlt – was natürlich ein Unding ist. Eine der drängendsten Fragen der nächsten fünf Jahre ist: Wie können sich Menschen finanzieren, die mit Podcasts ihren Lebensunterhalt verdienen wollen?

Im Moment erscheinen unglaublich viele neue Podcasts. Wird das so weitergehen?

Es gibt sicher eine Art Corona-Faktor bei dem Podcast-Boom. Beim Nutzerverhalten, aber auch bei den Macherinnen und Machern: Während der Krise waren bestimmte Veranstaltungen nicht möglich, da lag es für Prominente nahe, einen Podcast zu starten. Wenn der Konkurrenzdruck größer wird und die Reichweiten sinken, wird sich da einiges ausdünnen. Ich glaube, damit Podcasts auf Dauer interessant bleiben, muss in die Qualität der Formate investiert werden. Vor allen Dingen in die Ideenentwicklung: Was ist ein interessanter Ansatz, den es noch nicht gibt? Was sind spannende Stoffe? Wie nutze ich die besondere Qualität von Audio? Diese Fragen werden uns in Zukunft beschäftigen.

Podcast-Formate 3

Der einfachste Weg zum eigenen Format ist der Solo-Podcast. Ein Host, ein Mikrofon, ein Thema - mehr braucht es dafür nicht. Während vor 20 Jahren die ersten Podcasts so entstanden, ist der Solo-Podcast als journalistisches Format selten zu finden, am ehesten noch im Bereich News, Ratgeber oder Personality-Show. Interview- und Talkformate haben sich dagegen in vielen deutschen Podcastproduktionen durchgesetzt. Das hat gute Gründe. Ein Gespräch ist unterhaltsam und abwechslungsreich, ebenfalls schnell aufgenommen, die technischen Hürden sind gering, die Produktion ist preiswert. Ein erfolgreiches Talkformat steht und fällt mit dem Host und den Interviewpartnern, da Talkformate meist ohne aufwendige akustische Gestaltung auskommen.

Aus den USA erreicht uns zugleich eine andere Welt des Podcastings, die in der Tradition der „Radio Documentary" steht – mit aufwendig rekonstruierten Szenen, Klangkollagen und beinahe literarischer Erzählsprache. Storytelling-Podcasts wie „Serial", „This American Life" und „Radiolab" arbeiten mit komplexen Dramaturgien und Spannungskurven. Statt Host und Interviewpartner gibt es Erzählerinnen und Erzähler, die mit Atmos (Hintergrundakustik, die einen Eindruck der Umgebung vermitteln soll, in der sich das Geschehen abspielt), Dialogschnipseln und Musik eine Geschichte vorantreiben. Am Ende einer Episode stehen „Cliffhanger" – die Spannungskurve wird hochgerissen, man möchte wissen, wie es weitergeht, und schaltet die nächste Episode ein.

Die Bedeutung von starken Erzählungen und akustischer Gestaltung könnte in den kommenden Jahren steigen. In den USA fragte sich die „New York Times" schon, ob angesichts von weltweit mehr als 800.000 Podcasts der Höhepunkt des Booms erreicht ist. 2000 bis 3000 neue Podcasts kommen nach Zahlen des Podcastservice Blubrry jeden Monat dazu. Um aus der Masse herauszustechen, müssen neue journalistische Formate auch dramaturgisch überzeugen.

In den folgenden Kapiteln möchte ich mit Ihnen einige der Formate genauer betrachten. Was macht die jeweiligen Produktionen aus? Was können wir von erfolgreichen Vorbildern lernen? Und welches Format passt zu unserer Redaktion? Diese Fragen werden wir genauer beleuchten.

3.1 Mehr als labern: das Talkformat

Mit dem Talkformat ist das Podcasten in Deutschland groß geworden. Rechner hochfahren, einen guten Freund zum Bier einladen, Mikrofone aufstellen und loslabern – so könnte sich das in der Anfangszeit des Podcastings tatsächlich vielerorts abgespielt haben. Die Qualität der Plauderformate ist durchwachsen, von genial-lustig bis langweilig-fad, weshalb manche auch etwas abschätzig vom „Laberpodcast" sprechen.

Starke Charaktere, eine Portion Slapstick und intime Offenheit zwischen den Hosts: Damit erreichen die unterhaltsamen Talkformate ein großes Publikum. Einige bekanntere Beispiele heißen „Gemischtes Hack", „Dick & Doof" – und natürlich „Fest & Flauschig" mit Olli Schulz und Jan Böhmermann, der erste große deutschsprachige Erfolgspodcast des Streaming-Riesen Spotify (Abb. 3.1).

Betrachten wir „Fest & Flauschig" etwas genauer. Die Länge der Episoden variiert zwischen ein und zwei Stunden. In der Zeit mäandern Olli Schulz und Jan Böhmermann durch ihr Privatleben, gesellschaftliche und politische Debatten – das alles aber stets in ironisch-humoristischen Ton, der sich teils ins Absurde steigert. Jede Episode hat einen eigenen Titel, zum Beispiel „Die Wut ist die Glut" oder „Raus aus der Verwahrlosung". Inhaltlich spielt der aber meist eine Nebenrolle. Gelegentlich werden Musiker, Künstlerinnen und anderen Gäste wie Thees Uhlmann, Ina Müller, Bela B und Heinz Strunk in die Show eingeladen.

Neben dem reinen Talk gibt es bei „Fest & Flauschig" wiederkehrende Rubriken. In „Die Großen 5" stellen die beiden Hosts ihre persönlichen Top-5 zu einem gewählten Thema vor. Daneben gibt es noch eine Tierrubrik. Neben der Hauptsendung, die immer am Wochenende erscheint, wird unter der Woche eine kürzere Episode gesendet. Sie dauert etwa eine halbe Stunde. Gelegentlich gibt es Liveshows, die vor Publikum aufgenommen werden, zum Beispiel in Berlin, Bochum, Hamburg oder Bremen.

Mit geschätzt mehreren 100.000 Hörern war „Fest & Flauschig" zeitweise der weltweit erfolgreichste Podcast auf Spotify. Die Show ist ein Beispiel dafür, dass gut gewählte Hosts schon ausreichen können, um in der Welt des Talk-Podcasts Erfolg zu haben. Um Comedyformate als Moderatorin oder Moderator umzusetzen, braucht man Talent, sollte improvisieren und unterhalten können, humorvoll und schlagfertig sein, kurz – die besten Qualitäten einer Rampensau mitbringen.

3.1 Mehr als labern: das Talkformat

Abb. 3.1 Jan Böhmermann und Olli Schulz von „Fest & Flauschig" (von links). (Bild: Spotify/David DAUB c:o WILDFOX RUNNING))

Auch wenn einige „Laber-Podcasts" ohne große Planung auskommen, sollte man beachten: Gute Unterhaltung ist oft gut vorbereitet.

Das plauderige Talken hat aber auch journalistische Formate beeinflusst – zum Beispiel „Verbrechen" von der „Zeit", ein True-Crime-Format und einer der erfolgreichen deutschsprachigen Podcasts (Abb. 3.2). Gastgeber sind die Journalisten Sabine Rückert, Gerichtsreporterin und stellvertretende Chefredakteurin der „Zeit", und Andreas Sentker, Leiter des Wissensressorts. Gelegentlich kommen Gäste hinzu. In jeder rund einstündigen Folge stellen die Hosts einen Kriminalfall vor – vom prügelnden Ehemann bis hin zu bekannten Fällen wie den Brüsseler Terroranschlägen oder der Reemtsma-Entführung. Oft hat Sabine Rückert zu den Fällen bereits für die „Zeit" recherchiert. Das lässt den Podcast wie eine dialogisch nacherzählte Reportage klingen.

Abb. 3.2 Sabine Rückert und Andreas Sentker, Gastgeber von „Verbrechen". (Bild: Vera Tammen für DIE ZEIT)

Überhaupt dreht sich im Podcast alles um Sabine Rückert. Sie treibt als Reporterin die Erzählung voran, beschreibt chronologisch Biografien und Handlungen mit ausführlichem Hintergrundwissen. Andreas Sentker rahmt die Episode. Er begrüßt die Hörerinnen und Hörer, führt in den ausgewählten Fall ein, stellt Fragen, ergänzt mit eigenem Wissen. Der Ton des Gesprächs ist nicht inszeniert, sondern locker und flockig. Es darf auch mal holpern – dafür klingt alles echt, als säße man mit den beiden Redakteuren zusammen am Couchtisch, zwischen Smalltalk, einer Tasse Kaffee und spannenden Recherchen.

Talkformate stehen und fallen mit ihren Hosts und Gästen. Wegen der zentralen Rolle von Sabine Rückert wurde „Verbrechen" von Kritikern schon als „Sabine-Rückert-Show" bezeichnet. Zumal „Verbrechen" unter akustischen Gesichtspunkten sehr spartanisch produziert ist. Außer einer kurzen Intromusik lebt der Podcast nur von den beiden Gastgebern. Ihre Stimmen erzeugen den Eindruck von Nähe und Intimität. Die Geschichten sind plastisch und spannend erzählt, wie ein Kinofilm laufen sie in unseren Köpfen ab.

Andere erfolgreiche journalistische Talk-Podcasts stehen in der Tradition persönlicher Interviews. In „Hotel Matze" spricht der Host Matze Hielscher mit au-

3.1 Mehr als labern: das Talkformat   31

ßergewöhnlichen Gästen regelmäßig über Lebenswege, gebrochene Biografien und Herausforderungen des Alltags. Schriftsteller wie Benjamin von Stuckrad-Barre oder Ferdinand von Schirach saßen schon bei Hielscher vor dem Mikrofon, aber auch die Intensivpflegerin Karin Deus, die die Corona-Pandemie hautnah miterlebte. Die Shows dauern mal eine Stunde, mal drei Stunden – je nachdem, was der Gast hergibt.

Reisepodcasts wie „Weltwach" setzen ebenfalls auf starke Persönlichkeiten und ihre Geschichten. Moderator Erik Lorenz plaudert mit Abenteurern wie dem Polarforscher Arved Fuchs über seine Expeditionen und Gedanken zum Klimaschutz, oder lässt den Unternehmer und Weltentdecker Jochen Schweizer über seine Motorradtouren in den Wüsten Afrikas erzählen. Die Shows dauern auch hier etwas eine bis anderthalb Stunden. Wie auch bei „Verbrechen" von der „Zeit" werden hier Geschichten erzählt, aber ohne die Mittel der klassischen Radioreportage wie Atmos, Klangkollagen oder O-Tönen von Gesprächspartnern. Im Talkformat gehen beim Podcasten viele klassische Radioformate auf (siehe Kasten).

Auch Nachrichten werden in Talkformaten verpackt. Zum Beispiel in „Apokalypse und Filterkaffee", einer Show des Radio- und Fernsehmoderators Micky Beisenherz. In den halbstündigen Sendungen plaudert er dreimal pro Woche über die Schlagzeilen des Tages mit seinen Gästen, darunter Journalisten wie Markus Feldenkirchen vom „Spiegel", „Welt"-Chefredakteurin Dagmar Rosenfeld oder die Fernsehjournalistin Linda Zervakis. Während viele schnell produzierten News-Talkformate lediglich einen Tagesüberblick oder ein Werkstattgespräch mit Korrespondentinnen im Hauptstadtstudio oder den Newsroomredakteuren bieten, setzt Beisenherz auf handverlesene Gäste, die eigene Perspektiven auf das Nachrichtengeschehen einbringen.

Ganz ähnlich arbeiten Philipp Banse und Ulf Buermeyer in ihrem News-Talkpodcast „Lage der Nation". Jede Woche kommentieren sie in rund 90 Minuten die großen politischen Ereignisse. Aufgenommen und produziert wurden Banses Podcasts ursprünglich in einem „Küchenstudio" – also tatsächlich in einer Küche im Berliner Ortsteil Prenzlauer Berg. So heißt sein Podcast-Label bis heute.

Besonders leicht haben es die öffentlich-rechtlichen Radiosender in Deutschland. Sie haben Talksendungen fertig produziert, die sie einfach mit Jingle und Cover versehen hochladen und bei Spotify, Apple und Google veröffentlichen können. Ein echter Erfolgsschlager des öffentlich-rechtlichen NDR war aber ein für Online-Audio konzipiertes Format: das „Coronavirus-Update" (Abb. 3.3).

Das „Coronavirus-Update" mit NDR-Moderatorin Korinna Hennig und wechselnden Gästen aus der Virologie ist schlicht und seriös gehalten, wie eine typische Nachrichtensendung der ARD-Infowellen. Es gibt ein mit Musik unterlegtes Intro, in dem ein Sprecher den Titel nennt. Eine Anmoderation, in der die Redakteurin knapp

Abb. 3.3 Korinna Hennig, Moderatorin des Coronavirus-Update vom NDR. (Bild: NDR/ Christian Spielmann)

zum Thema hinführt und den Gast vorstellt. Ein nachrichtliches Gespräch mit dem Star-Virologen Christian Drosten und anderen Expertinnen und Experten zu aktuellen Entwicklungen. Abschließend eine zusammenfassende Abmoderation und ein Outro, vom Haussprecher eingesprochen und mit der Erkennungsmelodie unterlegt.

So wenig akustische und gestalterische Überraschungen es beim „Coronavirus-Update" gibt, so bedeutend ist die Produktion dennoch für die Entwicklung des Mediums Podcasting im deutschen Sprachraum. Schlicht aus dem Grund, dass durch das Format eine völlig neue Hörerschaft erschlossen werden konnte. In den ersten Wochen der Pandemie waren die Menschen voller Angst und Unsicherheit, das Bedürfnis nach Orientierung und verlässlichen Informationen war groß. Das „Coronavirus-Update" des NDR bot genau das – und eine Vielzahl an Usern hörte zu. In Ihrem Jahresrückblick auf „Übermedien" schreiben die Kritiker Marcus Engert und Sandro Schroeder:

> „Für die deutsche Podcast-Landschaft könnte das ‚Coronavirus-Update' der langersehnte Sichtbarkeitsschub gewesen sein – Drosten als der Podcast-Katalysator-Moment in Deutschland. Vermutlich hat keine andere deutsche Produktion so vielen neuen Hörer*innen den Podcast-Erstkontakt verschafft. In seinem Windschatten wurde

Wissenschaftlichkeit sogar zu einer Art Trend. Menschen begannen, statistische Kenngrößen, Studiendesigns und Erkenntnistheorie zu diskutieren – oder sich für den Umgang des Menschen mit Krankheiten generell zu interessieren. Aber eigentlich interessant ist hier doch, woher der Erfolg kam. Er wurde nicht von einer professionellen Vermarktungsmaschinerie wochenlang herbeigetrommelt. Nein, es war die gute alte Faustregel: Content first. Relevante Inhalte. Expertise. Erklären, was man weiß. Transparent machen, was nicht." (Engert/Schroeder 2020)

Ob der Podcast Christian Drosten zum Star gemacht habe oder Drosten das Medium Podcast, darüber könne man streiten, so die beiden Autoren. Unbestritten aber hat das „Coronavirus-Update" der gesamten Podcasting-Branche in Deutschland aber einen mächtigen Schub versetzt – und damit auch dem Talkformat.

3.2 News, Talk und Unterhaltung: der Magazin-Podcast

Neben Talks sind in den vergangenen Jahren auch aufwendigere Formate entstanden, mit stärkerer akustischer Gestaltung. In diesen Magazinformaten kommen Interviews und Nachrichten, O-Töne und Rubriken zusammen, produziert mit Musik und Atmos. Sie erinnern mehr an klassische Radioshows, übernehmen aber Charakteristika wie eine intime Gesprächsatmosphäre und einen eher entspannten Grundton.

Eines der weltweit bekanntesten Magazinformate ist „The Daily", der tägliche News-Podcast der „New York Times". Mit zuletzt vier Millionen Downloads pro Tag und insgesamt zwei Milliarden Abrufen aller Episoden ist er auch einer der populärsten Podcasts in den USA überhaupt. Moderiert wird er von Michael Barbaro, einem politischen Journalisten der „New York Times".

Auch im Zentrum von „The Daily" stehen oft Interviews, sei es mit Trumpwählern im Mittleren Westen oder Korrespondentinnen und Korrespondenten der „New York Times" in Washington. Wegen der großen Distanzen in den USA sind viele Gespräche vom New Yorker Studio per Schalte aufgezeichnet – häufig wie in den USA üblich per TapeSync. Dafür reist ein lokaler Producer zum Gesprächspartner, um vor Ort mit Mikrofon und Recorder ein Telefonat in Originalqualität aufzuzeichnen (Vgl. Kap. 8).

Die Interviewpassagen sind eingebettet in eine übergeordnete Erzählung oder Berichterstattung. Moderator Michael Barbaro begrüßt die Hörerinnen und Hörer, erläutert das Thema der Episode, führt Gespräche – und tritt selbst als Recherchierender mit eigenen Fragen und Gedanken in Erscheinung. O-Töne, Musik, atmosphärische Geräusche und Szenen werden von den Producern im Nachhinein in die Sendung geschnitten.

Es braucht eine hohe Expertise und viele Überstunden der Producerinnen, Redakteure und Reporterinnen, um jeden Werktag ein neues Nachrichtenmagazin wie „The Daily" zu stemmen. Außerdem allgemein ein gutes Teamwork. Angefangen hat die Abteilung Audio mit drei Mitarbeitenden und ein paar Mikrofonen, die in einem Konferenzraum montiert wurden. Mittlerweile hat die „New York Times" hat eine schlagkräftige Redaktion für den Podcast aufgebaut, erfahrende Mitarbeitende von den Stationen des National Public Radio (NPR) abgeworben und verfügt über ein Profi-Studio. 70 Beschäftigte arbeiten derzeit an den Podcasts des Verlags Die „New York Times" hat qualitative Maßstäbe gesetzt, mit denen sie sich von anderen Nachrichtenformaten unterscheidet. Mit steigender Reichweite konnte sie auch zahlungskräftige Werbekunden gewinnen. Die Strategie ist aufgegangen.

Auch im deutschsprachigen Raum gibt es immer mehr gestaltete Magazin-Podcasts, zum Beispiel „Wach & Wichtig", das Morgenformat von „Radio Eins" (Abb. 3.4). Um 7 Uhr morgens informieren die Hosts über die wichtigsten Nachrichten des Tages, und das möglichst unterhaltsam. Moderiert wurde die Show bis zuletzt von einem Moderator oder einer Moderatorin, begleitet von einem Producer als Sidekick. In der rund 15-minütigen Podcastepisode trafen plaudrige Moderationen, Interviews zum Zeitgeschehen, O-Töne aus Gesprächen, Musikrezensionen und prominente Zitate in der Rubrik „Denkpause" aufeinander. Das alles klang vom Sounddesign nach klassischem On-Air-Programm von „Radio Eins". Zuletzt versuchte das Redaktionsteam ein Redesign und setzt dabei auf einen

Abb. 3.4 Logo des Podcasts „Wach & Wichtig" vom Rundfunk Berlin-Brandenburg. (Bild: rbb)

einzigen Host, den Comedian Florian Schröder. Bei den Rezensenten auf Apple Podcast stieß das auf ein gemischtes Echo.

Auch Medienunternehmer entwickeln News-Magazine zum Hören, zum Beispiel der Journalist und Gründer der Media Pioneer AG, Gabor Steingart, mit seinem „Morning Briefing". Die Moderationen sind passagenweise mit Musik unterlegt, es werden O-Töne und Interviews eingeblendet. Steingart und sein Team, die einen gleichnamigen Newsletter herausgeben, schaffen in ihrem halbstündigen Podcast ein eigenständiges Hörformat. Auch andere Verlage experimentieren damit, ihre Nachrichtenpodcasts zu Magazinen auszubauen, bunter zu gestalten.

Die „Frankfurter Allgemeine Zeitung" hält es in ihrem „Podcast für Deutschland" eher schlicht. Die 40-minütigen Episoden sind nachrichtlich moderiert und bestehen meist aus Segmenten mit jeweils eigenem Schwerpunkt und dazu passendem Interviewgast. Die Teile werden mit einem kurzen Jingle voneinander getrennt, auch Archivtöne sind in einigen Episoden eingebunden. Synergien werden dadurch geschaffen, dass die Interviewpartner oft von Redakteurinnen und Redakteuren bereits für die Berichterstattung im Printprodukt recherchiert wurden.

Die „Süddeutsche Zeitung" bietet in ihrem Podcast „Auf den Punkt" in zehn bis 15 Minuten einen kurzen Überblick über das Geschehen des Tages. Neben einer nachrichtlichen Einführung, zum Teil mit O-Tönen, werden hier häufig Korrespondentinnen und Korrespondenten interviewt.

Ein ähnliches Konzept verfolgt „Zeit Online" mit dem Nachrichtenformat „Was jetzt?". Wer mit Journalistinnen und Journalisten aus dem eigenen Haus über die Nachrichtenlage spricht, schafft zwar Synergien. Ein solches Podcastformat wird jedoch schnell selbstreferenziell. Auch für Magazinformate lohnt es sich, nach spannenden Gesprächspartnern zu recherchieren.

Da kleinere Verlage auch für einen Newsroom-Podcast oft nicht genügend Kapazitäten haben, bietet die Deutsche Presse-Agentur (dpa) eine Whitelabel-Lösung an. Lokalzeitungen können damit einen überregionalen News-Podcast aus Berlin mit Nachrichten, Statements und Interviews unter ihrem Label anbieten und eigene Lokalfenster integrieren. Das gelang in den ersten Versuchen mehr schlecht als recht: Ein Verlag ließ Lokalnachrichten automatisiert von synthetischen Stimmen vorlesen. Die Stärken des Podcastings als persönliches Medium lassen sich so kaum ausnutzen.

3.3 Ausgefeilte Dramaturgie: der Storytelling-Podcast

Der True-Crime-Podcast „Serial" von Radioreporterin Sarah Koenig hat neue Maßstäbe im Storytelling für Podcasts gesetzt (vgl. Abschn. 2.2). Die Geschichte eines Mordfalls wird über Episoden hinweg in Staffeln erzählt, mit ähnlichen dramaturgischen Mitteln wie in einer spannenden Serie auf Netflix, HBO und anderen Streamingdiensten. Auf einen klassischen Studiotalk wird hier verzichtet. Doch „Serial" ist nicht der einzige Podcast aus den USA, der mit Mitteln des Storytellings arbeitet.

Auch die Radioshow „This American Life", die seit 1995 wöchentlich vom „Chicago Public Radio" produziert und später als Podcast weltberühmt wurde, setzt auf die Kraft des Erzählens. Im Mittelpunkt des von dem Journalisten Ira Glass moderierten monothematischen Podcasts stehen Reportagen, ergänzt durch Essays oder Kurzgeschichten. Die Beiträge sind preisgekrönt, unter anderem mit sechs Peabody Awards und einem Pulitzerpreis.

Die US-amerikanische Autorin und Grafikerin Jessica Abel war für Recherchen zu ihrer Graphic Novel „Out on the Wire" bei vielen Redaktionssitzungen von „This American Life" dabei. In ihrem Buch beschreibt sie, wie detailliert, geradezu frenetisch Ira Glass und sein Team an ihren Storys für die Sendung arbeiten. Sie feilen Konzepte, verwerfen sie, beginnen von vorne. Sie recherchieren Interviewpartner, nehmen Gespräche auf – und versuchen, noch bessere Protagonisten für ihre Geschichten zu gewinnen. Nicht jede Reportage, die nach mühsamer Kleinstarbeit recherchiert wurde, schafft es in die Episode.

Auch die Sendung „Radiolab" des US-amerikanischen Senders WNYC in New York ist als Storytelling-Podcast berühmt geworden. Die Wissenschaftssendung wurde 2002 von Jad Abumrad und Robert Krulwich gegründet. Die Sendungen behandeln Themen aus Naturwissenschaft, Philosophie und Gesellschaft – aber immer anhand von verblüffenden persönlichen Geschichten und Erzählungen. Die beiden Moderatoren präsentieren die Sendungen dialogisch. Oft handelt es sich jedoch um inszenierte Talks, die im Vorfeld akribisch geplant und produziert wurden.

Die wegweisenden Podcastformate sind aus dem US-Radio heraus entstanden. Hier zeigt sich deutlich, dass Podcasts nicht unbedingt anders klingen müssen als das, was wir aus dem Radio kennen. Storytelling-Podcasts knüpfen vielmehr ans US-Radio an, insbesondere an die Tradition der Radio Documentary: Die Sendungen klingen persönlich, subjektiv, betonen die Meinungen und Perspektiven der Hosts und Reporter.

In Deutschland spielen Storytelling-Formate noch nicht die herausragende Rolle wie in den USA. Dennoch gibt es immer mehr Formate, die sich an der großen Erzählung probieren. Gerade bei Streaming-Anbietern wie Audible, der Hörbuchplattform von Amazon, aber auch in Kooperationen von Verlagen, Streamingdiensten und öffentlich-rechtlichem Rundfunk.

In der Fülle der Audible-Produktionen ist „Der Moment" des Münchner Autorenteams „Kugel und Niere" ein frühes Beispiel für einen Storytelling-Podcast. Das Team um Christian Alt und Anna Bühler suchen in der Produktion nach Augenblicken, die das Leben ihrer Protagonisten komplett auf den Kopf stellen. Es geht um einen Studenten, der im Suff zum Kunstdieb wurde. Oder einen Punker, der sich auf der Suche nach Freiheit in Kuba mit HIV infizierte.

3.3 Ausgefeilte Dramaturgie: der Storytelling-Podcast

Auch der öffentlich-rechtliche Rundfunk setzt auf Storytelling. Eines der großen Vorzeigeprojekte ist „Cui Bono – WTF happened to Ken Jebsen?", eine Koproduktion von von RBB, NDR, Studio Bummens und K2H (Abb. 3.5). In der sechsteiligen Doku-Serie wird der Aufstieg und Fall von des ehemaligen Radiomoderators Ken Jebsen rekonstruiert, der sich in wenigen Jahren zum einflussreichen Verschwörungstheoretiker gewandelt hat. Auch wenn stark an seiner Person entlang erzählt wird, geht es um mehr. „Cui Bono" ist auch eine Geschichte über den Einfluss der Algorithmen von YouTube und Facebook auf die Verbreitung von „Fake News" und den erstarkenden Populismus in Deutschland.

Jebsen selbst wollte mit Redaktion und Producern offenbar nicht sprechen. Stattdessen arbeitet das Team mit allem, was es von Jebsen finden konnte. Die Mache-

Abb. 3.5 Cover des Podcasts „Cui Bono: WTF happened to Ken Jebsen?". (Bild: NDR/Studio Bummens/Artwork: Henning Wagenbreth)

rinnen und Macher haben mit Wegbegleitern, ehemaligen Freunden und Kollegen gesprochen. Archivmaterial aus Jebsens früherer Sendung bei „Radio Eins" durchforstet. Und die wichtigsten O-Töne aus Gesprächen und Archiv in eine spannende Erzählung verpackt und mit passendem Sound Design aufwendig abgemischt.

Durch die Sendung führt Moderator Khesrau Behroz. Angenehm, dass hier auf jede weitere Konstruktion mit Reportern oder Studiogästen verzichtet wird, anders als in früheren RBB-Storytellingformaten. Die Producer vertrauen ganz auf ihre Erzählung, eine solide Recherche und starke O-Töne. Das macht es unkompliziert, man bleibt beim Hören dran.

Die Story entwickelt einen Sog. Wer einmal damit angefangen hat, will weiter hören. In dem Podcast kommen Bausteine einer starken Geschichte zusammen. Da ist ein Protagonist, der in seiner Persönlichkeit gebrochen wirkt, einen Konflikt und eine Wandlung durchmacht. Die Reise eines tragischen Helden sozusagen. Hinzu kommt eine Handlung mit hoher gesellschaftlicher Relevanz. Der Fall Ken Jebsen ist nicht singulär, er steht für eine Entwicklung von zunehmendem Rechtspopulismus und Verschwörungstheorien.

Besonders Crime-Formate eigenen sich für Storytelling. Vielschichtige Protagonisten, eine spannende Dramaturgie und Konflikten bringen Kriminalfälle ja von Haus aus mit. In der sechsteiligen Serie „Tod eines Stasi-Agenten" von WDR und Danmarks Radio begeben sich Lisbeth Jessen und Johannes Nichelmann auf die Spuren des ehemaligen DDR-Majors Eckardt Nickol, der auf mysteriöse Weise bei einem Unfall ums Leben gekommen sein soll. Und auch „rbb Kultur", die Kulturwelle des Rundfunk Berlin-Brandenburg, produziert serielle Erzählstücke als Podcast, darunter auch einige Crime-Formate.

So wie ein Magazin-Format ist auch ein Storytelling-Podcast Teamarbeit. Hinter „Serial" stehen monatelange Recherchen, ähnlich wie bei vielen Reportagen von „This American Life". Wer große Geschichten erzählen will, braucht dafür ausreichende Kapazitäten und einen langen Atem (vgl. Kap. 5).

Journalistische Darstellungsformen im Überblick
Viele erfolgreiche Podcasts sind aus dem US-Radio entstanden – und beeinflussen mittlerweile unsere Hörgewohnheiten. Das hat wiederum einen Einfluss auf das Radio in Deutschland. Wer die Wurzeln der Radioformate besser verstehen will, sollte sich mit den journalistischen Darstellungen befassen. Hier ein Überblick nach Peter Overbeck.

1. Nachricht und Bericht
   Nachrichten machen Radio aktuell und relevant. Man könnte auch sagen: Radio ohne Nachrichten ist wie Aufschnitt ohne Brot. In der Regel stündlich werden in den meisten linearen Programmen Geschehnisse aus

Deutschland und der Welt zusammengetragen. Eine Nachricht ist, was aktuell, wichtig und von Interesse ist. Diese Faktoren können variieren. Wenn Geschehnisse schon einige Zeit zurückliegen, sich aber der Sachstand geändert hat, kann ein Ereignis noch immer aktuell sein. Als wichtig werden häufig Ereignisse aus Politik und Wirtschaft bewertet. Hinzu kommen Themen aus Sport und Vermischtes, Medizin und Wissenschaft, Katastrophen und Kriminalität sowie Nutzwertthemen wie Verkehr und Wetter. In einem lokalen Radioprogramm sind regionale Informationen für Hörerinnen und Hörer aber womöglich von größerem Interesse als in den Nachrichten im Deutschlandfunk. Räumliche und soziale Nähe sind sogenannte Nachrichtenfaktoren, die einer Nachricht größere Bedeutung verleihen können. Über ein Zugunglück in Deutschland wird daher meist umfassender berichtet als über einen ähnlichen Fall in Indien.

Nachrichten sind knapp, präzise und unparteiisch formuliert. Der Aufbau von Meldungen folgt dem Prinzip er umgekehrten Pyramide: Das Wichtige gehört an den Anfang, danach folgen ergänzende Informationen. Die sogenannten W-Fragen WER? – WAS? – WANN? – WO? werden in den ersten Sätzen beantwortet. Der große Bruder der Nachricht ist der Bericht. Er ist ausführlicher, Hintergründe und Zusammenhänge finden im Bericht mehr Raum. Zugleich sind Journalistinnen und Journalisten freier in der Gestaltung. Sie können zum Beispiel szenisch einsteigen oder im Bericht mit Einblendungen (BmE) O-Töne von Gesprächspartnern einspielen, um den Gegenstand der Berichterstattung zu veranschaulichen.

Reine Nachrichten-Podcasts, in denen ein Sprecher oder eine Sprecherin Meldungen verliest, sind selten. Meist bieten Nachrichten aber Anlass zu tieferer Analyse, zum Beispiel in Talks und Magazinen, in denen Korrespondenten oder Expertinnen zum aktuellen Geschehen interviewt werden. Nachrichten sind aber auch die Grundlage für Talkformate, zum Beispiel über die Schlagzeilen des Tages oder der Woche.

2. Reportage
   Die Reportage ist ein Augenzeugenbericht. Reporterinnen und Reporter lassen die Hörer an einem Ereignis teilnehmen, schilden Eindrücke aus ihrer eigenen Perspektive und damit subjektiv. Die Reportage kann nicht allein aus dem Studio und mittels Nachrichtenagenturen und Archivmaterial erstellt werden, so wie es beim Bericht der Fall ist. Der Reporter muss immer an den Ort des Geschehens. In der Radioreportage werden szenische Beschreibungen mit Hintergrundinfos verwoben. Das Format lebt von O-Tönen und Atmos.

Elemente der Reportage sind in Storytelling-Podcasts wiederzufinden. Aber auch szenische Anmoderationen für Talkformate sind denkbar, in denen der Moderator seinen Gast persönlich aufsucht. Auch Talkformate in Form eines Spaziergangs verbinden Elemente von Interview und Reportage.

3. Feature, Porträt und Collage

    Das Radiofeature ist eine künstlerische Form, in der O-Töne und Texte, Klänge und Naturgeräusche, Interviews und Reportagen sowie Musik miteinander verbunden werden. Es ist die große Form der akustischen Erzählung. Im Gegensatz zur Reportage wird im Radiofeature nicht zwangsläufig in Szenen erzählt, sondern in eigenen dramaturgischen Formen gearbeitet. Im US-amerikanischen Raum ist das Feature als „Radio Documentary" bekannt und übt einen großen Einfluss auf Storytelling-Podcasts aus. Porträts und Klangcollagen sind ebenfalls freie und subjektiv umgesetzte Radioformate. Während die Collage eine Dramaturgie durch O-Töne und Klangräume entwickelt, dreht sich im Porträt alles um einen Menschen und seine Geschichte.

4. Interview, Gespräch und Diskussion

    Das journalistische Interview ist das Herzstück vieler Podcasts, wenngleich es im deutschen Radio oft zielgerichteter geführt wird als in den plauderigen Podcast-Talks. Unterscheiden lassen sich informative Interviews, kontroverse Interviews, persönliche Interviews und inszenierte Formen wie das Kollegengespräch. Das Info-Interview soll Hörer mit Nachrichten beliefern, es wird häufig mit Expertinnen und Experten geführt. Das kontroverse Interview ist ein Schlagabtausch zwischen Journalisten und ihren Interviewpartnern. Positionen von Gesprächspartnern werden hinterfragt, Gegenpositionen ausgelotet. Das kontroverse Interview wird häufig mit Politikerinnen und Politikern geführt. Das persönliche Interview stellt spannende Menschen aus Gesellschaft, Politik und Kultur zu einem Thema oder gar ihrer Lebensgeschichte in den Mittelpunkt – diese Form finden wir in vielen Podcasts wieder. Das Kollegengespräch wiederum ist kein echtes Interview. Es ist ein vorbereiteter, aber möglichst natürlich geführter Dialog zwischen dem Host und einem Journalisten, zum Beispiel im Rahmen einer Buchbesprechung oder einer nacherzählten Reportage.

    Zuletzt gibt es noch die Diskussionsrunde, die ebenfalls eine lange Tradition im Radio hat. Expertinnen und Experten mit unterschiedlichen Perspektiven werden zu einem Thema befragt. Hörer sollen so befähigt werden, sich ein eigenes Bild der unterschiedlichen Standpunkte zu verschaffen.

5. Kommentar, Glosse und Kritik
In den kommentierenden Darstellungsformen ist Raum für Meinungen von Autorinnen und Autoren. Im Kommentar werden politische Entwicklungen beurteilt, in der Glosse satirisch aufgegriffen und in der Kritik Bücher, Musik und Filme besprochen. Wie in anderen journalistischen Formaten sind auch die kommentierenden Formen nicht frei von Recherche: Fakten und Argumente werden sorgfältig zusammengetragen.

3.4 Fiktion Podcasts und andere Formate

In jüngster Zeit entstehen auch Formate im Podcasting, die in kein klassisches Schema passen. Insbesondere bei den fiktiven Formaten wird viel experimentiert. Neben den klassischen Hörspielredaktionen der öffentlich-rechtlichen Rundfunkanstalten steigen auch Hörbuchverlage ins Geschäft ein. In ihrem zehnteiligen Fiction-Podcast „Der Abgrund" zum Beispiel erzählt Bestsellerautorin Melanie Raabe von einem zunächst heiteren, dann immer mysteriöseren Wochenendausflug unter Freunden. Der Podcast konnte als Fiction-Serie ein größeres Publikum erreichen.

Während private Anbieter eher auf Spannung und hohe Reichweite setzen, nehmen sich die öffentlich-rechtlichen Kulturwellen auch komplexeren Stoffen an. Der Rundfunk Berlin-Brandenburg versendet unter dem Label „Serienstoff" Hörstücke wie Adaptionen von Theodor Fontanes Gesellschaftsroman „Effi Briest" in zwölf Episoden. Aber auch junge, zeitgenössische Formate wie „Dope!", ein Podcast-Hörspiel über eine junge Pharmaziestudentin, die in den Drogenhandel einsteigt.

Auch in dokumentarischen Formaten werden neue Formen des Hörens ausprobiert. Innovationen kommen auch hier aus den USA. Seit 1996 gibt es dort bereits die „Radio Diaries". Die Showmacher geben ihren Protagonisten Audiorekorder, mit denen sie über einen längeren Zeitraum ein Tagebuch aufzeichnen. Aus dem stundenlangen Material werden anschließend Geschichten zusammengeschnitten. Der Podcast „Reveal" vom Center for investigative Reporting in Kalifornien arbeitet dagegen mit verstecktem Mikrofon. Ein Reporter hat in einem US-Gefängnis als Knastwärter angeheuert, um über die dortigen Zustände zu berichten.

Zwischen den Formaten springt der Podcast „Artikel X" von der mittlerweile von ProSieben-Sat.1 an Podimo verkauften Plattform FYEO. 11 Autorinnen und Autoren haben in 11 Geschichten das Grundgesetz vertont. Entstanden sind eigensinnige Hörstücke – vom journalistischen Essay bis hin zum packenden Thriller-Hörspiel. Und selbst mit einfachen Talks lässt sich experimentieren, wenn man das

Setting ändert: Im Podcast „1Live – Der Raum" überlässt der WDR die Gesprächsteilnehmer sich selbst. Völlige Dunkelheit, totale Stille, ein Mikrofon und ein prominenter Gast – das ist das Setting des Podcasts. Es werden keine Fragen gestellt, es gibt keine Erwartungen und keine Reize, auf die es zu reagieren gilt. Nur einen Countdown, der die Besucher in die Einsamkeit entlässt.

Podcasting bietet eine neue Freiheit, in Länge und Inhalt, aber auch in der Form. Ideen sammeln, ausprobieren und evaluieren, was wirklich funktioniert – wer seiner Kreativität freien Lauf lässt, kann die Grenzen des bislang Gehörten überschreiten.

3.5 User-Interaktion

Unabhängig davon für welches Format man sich entscheidet: Die Interaktion mit den Hörerinnen und Hörer gehört zur Netzkultur. Sie sollte von Beginn an konsequent mitgedacht werden. So können Podcaster am Ende einer Episode um Feedback und Ideen für die nächsten Folgen bitten. Am Umfang der Reaktionen lässt sich auch ablesen, wie viele User tatsächlich bis zum Ende haben.

Die Rezensionen auf Apple Podcasts und neuerdings auch Spotify bieten Raum zur Interaktion. Sie geben Produzierenden Feedback, zumal viele Rezensenten sich ausführlich mit den Podcasts auseinandersetzen – selbst dann, wenn ihnen die Formate missfallen. Podcasthörer sind eben echte Fans. Wichtig ist, bei Kritik der Hörer nicht in überstürzten Aktionismus zu verfallen. Nicht jedem wird alles gefallen – das gilt auch für Podcasts. Rezensionen eigenen sich aber, Trends zu erkennen und Feedback für einen Relaunch oder ein Redesign der nächsten Staffel zu nutzen.

User-Interaktion kann aber mehr sein als Feedbackkultur. Auch inhaltlich kann die Beteiligung mitgedacht werden. Über soziale Netzwerke lassen sich vorab Fragen an Gesprächsgäste sammeln. Messengerdienste wie WhatsApp und Telegram bieten die Chance, Sprachnachrichten zu verfassen. Die lassen sich per Desktop-App am Rechner ausspielen und in den Podcasts verwenden. Noch weiter gehen Hörspielmacher um die Künstlergruppe Rimini-Protokoll. In ihrem interaktiven Audiowalk „50 Aktenkilometer" begeben sich die Hörerinnen und Hörer auf einen historischen Stadtspaziergang durch Berlin-Mitte. Die Handlung um die Staatssicherheit der DDR wird per GPS-gestütztem Handy vorangetrieben (vgl. Deutschmann 2011). Auch hier werden neue Wege fürs Podcasting erkennbar, die bislang noch nicht ausreichend erschlossen wurden.

Am besten gelingt User-Beteiligung in sozialen Netzwerken. Mit dem Start der Plattform Clubhouse gab es erstmals ein interaktives Audionetzwerk größeren

Stils, das Beteiligung an Live-Talkrunden ermöglichte. Twitter ist mit seinen „Spaces" nachgezogen. Auch wenn traditionelle Medienmarken wie der Branchendienst „Turi2", das Digitalmagazin t3n oder der Bayerische Rundfunk von Beginn an mit eigenen Talkrunden dabei waren, fällt hier endgültig die Rolle klassischer Medien als Gatekeeper, also Wächter des Informationsflusses. Die technischen Einstiegshürden sind noch geringer als beim Podcasting. Jeder, der über ein Smartphone mit Internetzugang verfügt, kann in Clubhouse zum Sender werden.

Medien-Gigant Amazon bastelt derzeit an einem ähnlichen Projekt mit dem Codenamen „Project Mic", das noch einen Schritt weitergeht. Nutzer sollen dort eine eigene Radioshow inklusive Musik erstellen, Hörerinnen und Hörer sich per Stimme zuschalten können. Durch die Verzahnung von Informationen, Musik und Interaktion könnten in den kommenden Jahren völlig neue Formate entstehen. Eine große Chance für das Medium Audio.

3.6 Aufbau von Podcastformaten

Wer erst am Anfang des Podcastings steht, wird voraussichtlich mit einem eher simplen Format beginnen, um sich auszuprobieren. Talkformate also, aber auch einfach strukturierte Magazine. Viele dieser Shows sind aufgebaut wie klassische Radiosendungen (vgl. Abb. 3.6). Auf den folgenden Seiten finden Sie einige der wichtigsten Formatelemente und ein paar Beispiele dazu im Überblick.

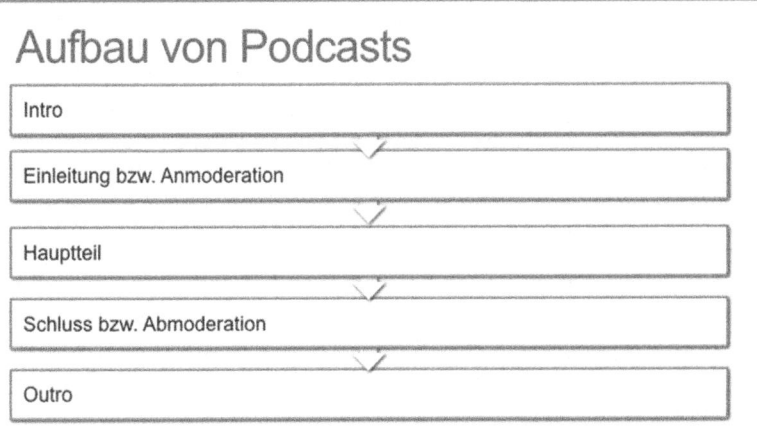

Abb. 3.6 Exemplarischer Aufbau eines Talkformats. (Bild: Eigene Darstellung)

1. Das Intro
Zum Start des Intros wird oft eine kurze, freistehende Erkennungsmelodie verwendet. Sie ist in der Regel kurz, nicht länger als 15 Sekunden, und soll vor allem einen Wiedererkennungswert schaffen, den Podcast rahmen. Die Intromusik wird daher nicht verändert, sie bleibt in jeder Episode gleich.

Entweder blendet die Intromusik in die Anmoderation über, in der Titel, Slogan und Herausgeber des Podcasts genannt werden. Oder Titel, Slogan und Herausgeber werden separat eingesprochen und mit der Intromusik gemischt – das hat einen klassischen Radiosound. Achten Sie darauf, in diesem Fall unterschiedliche Stimmfarben zwischen Sprecher und Host zu wählen, das macht den Einstieg abwechslungsreicher. Ist der Host eine Frau, wählen Sie zum Beispiel eine männliche Stimme – und andersherum.

Viele Podcasts steigen schon vor der Intromusik mit einem kurzen Dialog, einem O-Ton aus dem Gespräch oder einer zur jeweiligen Folge passenden Anmoderation ein. Keine schlechte Idee. Wenn alle Podcastepisoden am Anfang gleich klingen, wird es schnell langweilig. Schließlich möchte auch niemand, dass eine neue Ausgabe der Tageszeitung immer mit dem gleichen Artikel beginnt. Das führt uns zum zweiten Punkt, der Anmoderation.

2. Die Anmoderation
Die Anmoderation ist vielleicht einer der wichtigsten Teile des Podcasts, ähnlich dem Teaser in einem Artikel. Hier entscheidet sich in wenigen Sekunden, ob die Hörerinnen und Hörer dranbleiben oder abspringen. Nach einer kurzen Begrüßung sollten Sie zunächst Orientierung bieten: Wer spricht mit wem über was und warum? Diese Fragen werden in der Anmoderation beantwortet. Zugleich sollten Spannung aufgebaut, Emotionen erzeugt werden. Zum Beispiel durch einen Konflikt, der direkt ins Thema führt. Hier ein Beispiel aus dem „Agenda"-Podcast des Verlags Der Tagesspiegel.[1]

> **Übersicht**
> Musik
> **Intro (Sprecherin)**
> Agenda. Der Politik-Podcast für Berlin und Deutschland. Herausgegeben
>   vom Verlag Der Tagesspiegel.
> Musik drunterlegen

---

[1] https://veranstaltungen.tagesspiegel.de/event/9f2c2213-ba80-4063-b5e8-400008dfbc67/websitePage:a3074405-db33-4b1e-845a-505f67caf837, Abgerufen am 21. Februar 2022.

3.6 Aufbau von Podcastformaten

Moderation
Mehr Frauen arbeiten in Führungspositionen, Nachfahren aus Einwandererfamilien drängen ins Management großer Unternehmen. Das alles ist im Jahr 2020 vielerorts selbstverständlich. Doch längst nicht überall. Die Black Lives Matter Bewegung in den USA hat weltweit die Frage nach Gleichberechtigung und Integration stark befeuert. Wie kann unsere Arbeitswelt vielfältiger und diverser werden? Darüber wird auf der Diversity Konferenz am 12. und 13. November in Berlin diskutiert. In der dritten Staffel des Agenda Podcasts wollen wir das Thema schon mal aufgreifen. Gemeinsam mit unserem Partner „Charta der Vielfalt", mit dem der Verlag Der Tagesspiegel die Konferenz ausrichtet und auch diese Episode herausgibt. Herzlich willkommen – ich bin Philipp Eins.
Musik raus
Moderation
Und mir gegenüber sitzt Aletta von Hardenberg. Früher hat sie viele Jahre in Leitungspositionen bei der Deutschen Bank gearbeitet. Und heute ist sie Geschäftsführerin des Vereins Charta der Vielfalt, einem Zusammenschluss von über 3700 Unternehmen und Institutionen in Deutschland, die sich für mehr Diversität in der Arbeitswelt engagieren. Schönen guten Tag, Frau von Hardenberg. (…)

Eine Anmoderation muss nicht lang sein. Ein bis zwei Absätze reichen meist schon aus. Mit einem von der Intromusik unabhängigen Musiktitel, der zur jeweiligen Folge passt, kann die Anmoderation akustisch hervorgehoben werden. Musik kann mehrere Funktionen in Podcasts haben: Sie Emotionen, trennt aber auch inhaltliche Abschnitte voneinander. Im Fall der Anmoderation nimmt sie beide Funktionen gleichzeitig wahr. Sie holt die Hörer emotional ab und trennt zugleich die Einleitung vom Hauptteil.

Es gibt aber noch Alternativen für einen packenden Start: eine szenische Anmoderation mit Atmos, also atmosphärischen Geräuschen. Hier Beispiel aus dem „Podcast zum SZ-Wirtschaftsgipfel" vom Süddeutschen Verlag.[2] In diesem Beispiel ist der Introtext in die Anmoderation eingearbeitet.

---

[2] https://sz-brandstudio-podcast.podigee.io/27-der-wirtschaftsgipfel-podcast-martin-eisenhut, abgerufen am 21. Februar 2022.

> **Übersicht**
> **Intro**
> Atmo Oldtimer
> **Moderation**
> Kennen Sie diesen Sound? Das ist das erste Auto, das ich nach meiner Führerscheinprüfung gefahren bin. Ein VW Käfer. Sonnenblumengelb. Baujahr 1984 – so wie ich auch. Da war nicht viel mit Technik. Einsteigen, den Schlüssel im Zündschloss drehen und los. War schon toll. Aber wenn wir mal ehrlich sind – eine lange Reise auf der Autobahn möchte man sich in der Blechschüssel nicht wirklich vorstellen.
> Atmo Motor würgt ab
> Musik
> **Moderation**
> Heute sind Autos beinahe so ausgestattet wie kleine Raumschiffe. Sie führen einen auf dem schnellsten Weg durch die Stadt. Warnen, wenn man zu schnell ist oder versehentlich den Seitenstreifen überquert. Und parken vollautomatisch. Klar ist: Wer in der Zukunft der Autoindustrie mitspielen will, braucht mehr als einen gut geölten Motor.
> Musik raus
> **Moderation**
> Herzlich willkommen beim „Podcast zum SZ-Wirtschaftsgipfel", diese Folge wird Ihnen präsentiert von der Unternehmensberatung Kearney. Ich bin Philipp Eins und spreche heute im Berliner Hotel Adlon über die digitale Zukunft der Automobilbranche. (…)

Vor die Anmoderation kann man auch einen O-Ton aus dem Gespräch stellen. Das kann ein gutes Stilmittel sein – solange der O-Ton wirklich packend ist. Hier ein gelungenes Beispiel aus dem Audible-Podcast „180 Grad",[3] das mit einem starken, trockenen – also ohne Musik unterlegten – O-Ton startet.

---

[3] https://www.audible.de/pd/180Grad-Staffel-1-Original-Podcast-Hoerbuch/B07G2K5C58, abgerufen am 21. Februar 2022.

3.6 Aufbau von Podcastformaten

> **Übersicht**
> **O-Ton**
> „Ich hab'ne wunderschöne, toll aussehende Frau gehabt. Ich bin Autos gefahren, die ich fahren wollte. Ich hab Geld gehabt, das mir aus den Taschen quoll. Ich hab alle Drogen der Welt gehabt, die ich haben wollte. Und ich war angeödet und leer. Und ich hab mich nach dem Tod gesehnt."
> Musik
> **Intro (Moderator)**
> 180 Grad. Eine Serie über Menschen, die ihr Leben um 180 Grad gedreht haben, um positiv die Welt zu verändern. Eine Produktion von Audible in Zusammenarbeit mit der gemeinnützigen Spendenplattform Betterplace.org.
> Musik raus
> **Moderation**
> Ich befinde mich vor einer großen, in Stahl gefassten Panzerglasscheibe. Kameras. Eine Gegensprechanlage.
> **O-Ton (Gefängniswärter)**
> „Sie sind jetzt in der JVA Plötzensee!"
> **Moderation**
> Wir sind heute im Gefängnis und treten damit in die Welt der Vergessenen ein. Der Mann neben mir sah sein halbes Leben die Welt durch Gitter: 25 Jahre und 38 Tage für Mord und eine Schießerei mit der Polizei. Der Mann heißt Dieter Gurkasch, und wo früher die Pumpgun und seine Glock waren, ist heute die Yogamatte. Mit der bringt er Freiheit an die Orte, wo man sie am wenigsten vermuten wird. Und ich werde ihn dabei begleiten. (…)

Atmosphärische Geräusche unter die Anmoderation zu mischen, kann den Hörerinnen und Hörern ein Gefühl für die Situation vermitteln, wenn der Ort der Aufnahme eine Rolle spielt. Zur Not greifen Podcaster zu einer kurzen Begrüßungssequenz. Ein Klingeln an der Tür, Begrüßung des Gesprächspartners, ein paar szenische Beschreibungen der Moderatorin. Ein Kniff, den man nicht zu häufig anwenden sollte – sonst wird es schnell langweilig.

3. Der Hauptteil
Im Hauptteil des Podcasts ist Kreativität gefragt. Je nach Format kann dieser Teil anders verlaufen. Steigt oft mit einer persönlichen Frage ein. Das kann, muss aber nicht sein. Auch überraschende oder leicht provozierende Fragen bieten sich an, um mit

möglichst schwungvoll ins Gespräch zu starten. Wichtig: Die Vorstellung des Gasts ist Job des Hosts und gehört in die Anmoderation. Wer seinen Gast stattdessen in der ersten Frage bittet, sich vorzustellen, vergibt die Chance auf einen spannenden Start und provoziert im schlimmsten Fall eitle Selbstbespiegelungen zu Beginn der Episode.

Der weitere Verlauf des Talks orientiert sich stark an den Storys, den Gästen, aber auch am Stil des Hosts. Einige Plauderformate sind sehr frei und assoziativ angelegt. Für journalistische Formate wird oft ein Gesprächsleitfaden erstellt (vgl. Abschn. 8.3). Doppelmoderationen, aber auch Kollegengespräche sind hier häufig geskriptet, heißt: vorformuliert. Gibt es zwei Hosts, formuliert jeder seine Moderationspassagen selbst, damit es möglichst natürlich klingt. Auch hier ist es aber wichtig, genug Raum für Improvisation zu lassen. Abgelesene Doppelmoderationen klingen hölzern und ungelenk. Über einen geschriebenen Text drüber zu interpretieren, ist keine leichte Aufgabe und erfordert viel Übung.

Die Vorbereitung von Talkformaten wird meist unterschätzt. Was leicht klingt, ist oft viel Arbeit. Der Podcaster Matze Hielscher, Host von „Hotel Matze", sagt darüber in einem Interview im Podcast-Newsletter Mixdown:

> „Ehrlich gesagt finde ich gar nicht, dass es zu viel Vorbereitung geben kann. Je mehr ich über den Gast vorher weiß, desto besser. Ich fühle mich dann freier. Dafür versuche ich sehr sehr viel zu lesen, mir anzugucken, anzuhören." (Hielscher/Fernholz 2021)

In Storytelling-Formaten wird dagegen mit Manuskripten gearbeitet, wie man sie aus dem Radio kennt. Wenn Moderationen, O-Töne von Protagonistinnen und Protagonisten, Atmos, Archivmaterial und Musik aufeinander abgestimmt werden müssen, braucht man einen exakten Fahrplan. Hier ein Manuskriptausschnitt aus der Audible-Produktion „German Liebe",[4] bei der O-Töne in einen Studio-Talk zwischen Moderatorin und Reporterin gemischt wurden.

Übersicht
Atmo EKG
Reporterin: Stell dir mal vor, du bist im Krankenhaus. Notaufnahme. Du liegst auf einer Trage. Um dich herum Krankenpfleger und Ärzte.
Sprecher 1
(Hall) Bringt ihn auf die Intensivstation, schnell!
Reporterin: Kannst du dir das vorstellen, Teresa?

---

[4] https://www.audible.de/pd/German-Liebe-Wie-liebt-dieses-Land-Staffel-1-Original-Podcast-Hoerbuch/B07Q81L5S7, abgerufen am 23. Februar 2022.

Moderatorin: Ja, kann ich.
Reporterin: Sie rollen dich in einen Aufzug. Du siehst alles ganz verschwommen und wie in Zeitlupe. Einer drückt den Knopf ins obere Stockwerk. Die Ärzte wollen dir helfen, aber du weißt, dass es nichts bringt. Du hast Krebs. Endstadium. Der einzige Mensch, den du jetzt bei dir haben willst, steht draußen vor dem Fahrstuhl. Es ist eine Frau mit schulterlangen, blonden Haaren. Sie wirkt etwas verloren, in der Hand deine Hausschuhe.
Sprecher 2
(Hall) Sie bleiben draußen!
Reporterin: Sie will rein zu dir. Doch die Ärzte hindern sie daran.
Atmo Fahrstuhl
Reporterin: Dann schließt sich die Fahrstuhltür. Ganz sachte. Und ihr seid getrennt.
Musik
Moderatorin: Boah, ich krieg Gänsehaut: Klingt wie ein Albtraum.
Reporterin: So ähnlich ist es aber geschehen, vor knapp 25 Jahren. Der Mann auf der Trage, das war Heiner Müller.
Moderatorin: Der berühmte Schriftsteller und Dramatiker?
Reporterin: Ganz genau. Und die Frau, das war Brigitte Mayer, seine letzte Ehefrau. Die beiden haben sich erst drei Jahre vorher kennengelernt, in der Wendezeit 1990. Sie kamen rasend schnell zusammen – und schon wenig später, kurz nach der Geburt ihrer Tochter Anna, bekam Heiner Müller dann die Diagnose: Krebs.
Moderatorin: Die Diagnose gehört also gewissermaßen zu ihrer Liebesgeschichte?
Reporterin: Ja. Es war eine Liebe im Angesicht des Todes. Noch heute erinnert sich Brigitte an diese Zeit wie an einen Rausch.
O-Ton 1
„Das ist eine unglaubliche Beschleunigung auch von Heiners Seite aus gewesen. Der noch mehr gearbeitet hat, der auch noch mehr getrunken hat und der... also wir sind in diesen Tod auch irgendwie gerauscht."
Intromusik
Moderatorin: Ein Rausch, der im Fahrstuhl eines Berliner Krankenhauses geendet hat. Wie die Liebe Heiner Müller und Brigitte Mayer dort hinführte und wie der Tod die Beziehung zweier Menschen verändert – das wollen wir in der nächsten halben Stunde herausfinden. Bei German Liebe. Wir erforschen für Euch die Liebe in Deutschland. Ich bin Teresa Sickert.

> **Reporterin:** Und ich bin Andrea Hanna Hünniger.
> **Intromusik (hochziehen)**
> **Moderatorin:** Hanna, bevor wir klären, wie es für Heiner Müller und Brigitte Mayer in diesem Fahrstuhl eines Berliner Krankenhauses weiterging – wie bist du eigentlich auf diese ganz besondere Liebesgeschichte gekommen?
> **Reporterin:** Na ja, ich komme ja aus dem Osten und bin ein Kind der 90er. Heiner Müller war schon zu DDR-Zeiten ein intellektuelles Schwergewicht. Seit den 1970ern war er Dramaturg am Berliner Ensemble. Dort hat er politisches Theater gemacht. Ziemlich provokant!
> **Moderatorin:** Einige seiner Stücke waren ja in der DDR verboten – und wurden dann in den USA und in Westdeutschland aufgeführt.
> **Reporterin:** Genau. Nach der Wende aber war Heiner Müller wirklich auf der Höhe seiner Berühmtheit, bis zu seinem Tod. Ich hab' ihn schon als Kind bewundert! Vor etwa zehn Jahren habe ich dann durch einen Zufall Brigitte Mayer kennengelernt, seine letzte Ehefrau. Sie ist Fotografin und Künstlerin, sie gehört mittlerweile zu meinen engen Freunden.
> **Moderatorin:** Echt? Wie kam das denn?
> **Reporterin:** Sie war auf einer Lesung von mir, in einer Markthalle in Moabit. Eigentlich eine völlig skurrile Veranstaltung: Ich habe aus einem Buch über meine Kindheit nach dem Mauerfall gelesen – in einem leergeräumten Supermarkt. Überall verdunkelte Fenster und geschlossene Ladentheken, in der Mitte des Raums ein paar Stühle. Und dort saß Brigitte, mit ihren leuchtend blauen Augen, ihrem unglaublichen Charisma. Sie hatte fast schon was Mystisches.
> **Moderatorin:** Und dann hast du sie angesprochen.
> **Reporterin:** Nein, sie sprach mich an, nach der Veranstaltung. Wir hatten kurz über mein Buch geredet – und kamen dann gleich auf Heiner Müller. Er war plötzlich da, im Mittelpunkt unseres Gesprächs. Es war, als würde Brigitte Mayer sein Erbe immer bei sich tragen. (…)

Das Studiogespräch ist eine Rekonstruktion der Recherche von Reporterin Andrea Hanna Hünniger. Sie hat sich mit der Liebe zwischen Brigitte Mayer und ihrem Mann, dem Dramatiker Heiner Müller, in den letzten Tagen vor dessen Tod befasst. O-Töne, Atmos, Musik und Szenen werden ins Studiogespräch geschnitten. Während einige Passagen chronologisch der Recherche folgen, diskutiert Moderatorin Teresa Sickert in anderen Passagen, welche Eindrücke die Reporterin gewonnen hat. Deskriptive und reflexive Passagen wechseln sich ab.

3.6 Aufbau von Podcastformaten

4. Abmoderation und Outro

Am Ende eines jeden Podcasts gehören Abmoderation und Outromusik, der Gegenpol zur Anmoderation. Zusammen bilden Intro und Outro den Rahmen des Podcasts. In der Abmoderation können ein kurzes Fazit gezogen, Gesprächspartner, Hörerinnen und Hörer verabschiedet werden. Auch die Beteiligten an der Produktion werden genannt – im Zweifel ist das allein der Host. Intro- und Outromusik sind oft identisch. Ganz kurz und knapp das Beispiel aus dem „Podcast zum SZ-Wirtschaftsgipfel".[5]

> **Übersicht**
> **Abmoderation**
> Einblicke in die Autoindustrie der Zukunft – das war der Podcast zum SZ-Wirtschaftsgipfel mit Martin Eisenhut, Managing Director bei der Unternehmensberatung Kearney. Danke, dass Sie Zeit für uns hatten! – Tschüss und bis bald. Ich bin Philipp Eins.
> **Outromusik**

Auch weitere Informationen zum Podcast oder Infos zu den Gesprächspartnern können in der Abmoderation genannt werden. Wurden Titel, Slogan und Herausgeber über die Outromusik gesprochen, sollte die gleiche Sprecherin oder der gleiche Sprecher auch zum Schluss noch einmal zu Wort kommen, so wie hier im „Agenda"-Podcast.[6]

> **Übersicht**
> **Abmoderation**
> Und wenn Sie dann eben mehr wissen wollen über die Diversity Konferenz, die Webseite lautet Diversity minus Konferenz Punkt DE. Dort finden Sie Tickets und auch alle weiteren Infos. Das war der Auftakt zu unserer dritten Staffel des Agenda Podcasts. Herzlichen Dank an Aletta von Hardenberg und an alle Hörerinnen und Hörer. Mein Name ist Philipp Eins.

---

[5] https://sz-brandstudio-podcast.podigee.io/27-der-wirtschaftsgipfel-podcast-martin-eisenhut, abgerufen am 21. Februar 2022.
[6] https://veranstaltungen.tagesspiegel.de/event/9f2c2213-ba80-4063-b5e8-400008dfbc67/websitePage:a3074405-db33-4b1e-845a-505f67caf837, Abgerufen am 21. Februar 2022.

Musik
Outro (Sprecherin)
Agenda. Der Politik-Podcast für Berlin und Deutschland. Weitere Informationen unter Agenda minus Podcast Punkt DE.

Ein ausführliches Fazit eignet sich für die Abmoderation von komplexeren Formaten wie „German Liebe" von Audible.[7] Auch die Credits fallen bei einem großen Team ausführlicher aus. Sie können vom Moderator eingesprochen werden.

Übersicht
Musik
Moderatorin: Die Liebe im Angesicht des Todes – was meinst du, Hanna, was können wir von Brigitte Mayer und Heiner Müller dazu lernen?
Reporterin: Zunächst mal – lass nicht von anderen bestimmen, wie der Tod deines Partners oder deiner Partnerin aussehen soll. Die Liebe und der Tod geht nur euch etwas an.
O-Ton 26
„Also wenn's nach mir gegangen wäre so und das würd ich heute auch so machen, ich hätte Heiner nicht mehr abholen lassen ins Krankenhaus. Ich hätte ihn zu Hause sterben lassen und mich nicht noch von drei Ärzten da ums Bett herum erzählen lassen: Jaja, können wir noch irgendwas machen. Wo's jeder wusste. Aber eben wieder mal keiner ausgesprochen hat, dass der Tod schon da ist. Und ich war einfach zu verunsichert. Ich war auch vielleicht zu jung. Ich weiß es ich nicht. Aber ... also das würd' ich heute anders machen."
Reporterin: Und vielleicht: Sieh den Tod nicht nur als Bürde. Er bietet immer auch die Chance auf ein zweites Leben. Der Tod muss auch nicht das Ende der Liebe sein. Im Fall von Brigitte Mayer und Heiner Müller würde ich sagen: Die Liebe hat den Tod überdauert.
Outromusik (freistehend)
Moderatorin: Das war „German Liebe" für diese Woche. Andrea Hanna Hünniger hat diese Geschichte recherchiert und die Interviews geführt. Skript, Schnitt und Regie zu dieser Folge kommen von unserem Producer Philipp Eins. Redaktion: Daniel Hirsch und ich – Teresa Sickert. Vielen lieben Dank auch an das Orga-Team von Bosepark. Bis nächsten Donnerstag.

---

[7] https://www.audible.de/pd/German-Liebe-Wie-liebt-dieses-Land-Staffel-1-Original-Podcast-Hoerbuch/B07Q81L5S7, abgerufen am 23. Februar 2022.

Vielleicht ist anhand der Beispiele klarer geworden: Nicht alle hier skizzierten Formate passen zu jeder Produktion. Ein Storytelling-Podcast braucht Know-how und Ressourcen, um zu funktionieren. Ein Talkformat ist dagegen schneller vorbereitet und auch leichter umzusetzen. Die Wahl eines passenden Formats ist ein wichtiger Schritt auf dem Weg zu einem tragfähigen Konzept.

Checkliste: Wie man das passende Format für sich findet
Wenn Sie auf der Suche nach dem passenden Format für sich sind, bedenken Sie ein paar Punkte.

- Fragen Sie sich mit Blick auf den Inhalt: Welche Rolle spielen Moderatorinnen, Moderatoren und Gesprächsgäste? Wenn Menschen und ihre Geschichten im Mittelpunkt stehen, ist ein Talkformat geeignet. Es schafft Nähe und Intimität. Steht eine Story im Mittelpunkt, die von verschiedenen Persönlichkeiten und ihren Perspektiven gespiegelt werden soll, kommt ein Magazin infrage. Gibt es zu den Geschichten eine Dramaturgie, die über mehrere Episoden trägt, ist auch ein Storytelling-Podcast möglich.
- Vermeiden Sie dagegen, eher schwache Gäste oder Erzählungen allein durch ein Sounddesign aufzuhübschen. Anregende Persönlichkeiten und spannende Geschichten sind für das Gelingen Ihres Podcasts entscheidend. Bei vielen erfolgreichen Formaten folgt die Form dem Inhalt. Nicht andersherum.
- Je mehr Vorwissen aus Radio, Hörbuch oder weiteren digitalen Medienproduktionen Sie oder Ihr Team mitbringen, desto eher können Sie sich in komplexere Produktionen einarbeiten. Sind die Vorkenntnisse gering, sollten Sie mit einem schlichteren Talkformat beginnen. Formate lassen sich nach einer Staffel immer noch überarbeiten.
- Zeit ist ein entscheidender Faktor für die Wahl des Podcastformats. Ein Talkformat ist schneller vorbereitet und produziert als ein Magazin oder Storytelling-Format, für das eine Dramaturgie und mehrere O-Tongeber gebraucht werden. Auch redaktionelle Abläufe sind bei Erzählformaten aufwendiger.
- Wenn Ihnen ein Format vorschwebt, Sie aber weder Zeit noch personelle Ressourcen haben, könnten Sie einen externen Dienstleister einschalten. Erfahrene Producer oder Agenturen können Ihre Ideen in Workshops schärfen, ein Konzept erstellen oder auch Formate aufzeichnen und produzieren. Das alles steht und fällt mit Ihren finanziellen Ressourcen. Hier sind die entscheidenden Fragen: Welche Vorteile verschafft das Wunschformat, zum Beispiel in punkto Markenstärkung? Und welche Perspektiven sehen Sie für die Monetarisierung Ihres Podcasts?

> Dennoch sollten finanzielle und zeitliche Zwänge nicht am Anfang der Formatfindung stehen. Seien Sie offen und kreativ, denken Sie in alle Richtungen. Lassen Sie sich überraschen. Wie sich Ihre Ideen konzeptionieren und umsetzen lassen, folgt im nächsten Schritt.

▶ In ihrer Kolumne „Die Podcast-Kritik" auf „Übermedien" besprechen Marcus Engert und Sandro Schroeder regelmäßig neue Podcast-Formate. Wer sich einen Überblick über die Landschaft verschaffen möchte, wirft am besten mal einen Blick drauf. Weitere Informationen gibt es unter https://uebermedien.de/

Interview Tobias Bauckhage, Co-Gründer von „Studio Bummens"

Herr Bauckhage, Sie kommen ursprünglich aus der Filmbranche. Was hat Sie dazu gebracht, die Podcast-Schmiede „Studio Bummens" zu gründen?

Mein Partner Jon Handschin und ich lebten vor der Gründung mehrere Jahre in den USA und haben dort den Podcastboom miterlebt, der 2014 mit „Serial" begann. Das war ein narrativer Blockbuster, der gezeigt hat, welches Reichweitenpotenzial Podcasts haben und was für erzählerische Mittel da drinstecken. Wir hatten früher eine Filmproduktionsfirma und einen Filmverleih. Damals haben wir gemerkt, dass man mit Audio ähnliche Dinge machen kann – mit einem Bruchteil an Geld und Aufwand, der in Filmen steckt.

Ihr Mitgründer Konstantin Seidenstücker hatte Erfahrungen mit Auftragsproduktionen für Spotify, Sie in Start-ups und der Filmindustrie. Wie heißt das für die Ausrichtung von „Studio Bummens"?

Unsere Vorbilder sind US-Amerikanische Podcaststudios wie „Gimlet" oder „Pineapple Street Studios". Dort ist Mainstream – anders als hier in Deutschland – kein Schimpfwort. Wir wollen hochqualitative Podcasts machen, die viele Menschen erreichen. Auftragsproduktionen für Plattformen sind ein wichtiges Standbein für uns. Unser Schwerpunkt liegt aber auf Eigenproduktionen, wo wir und die Künstler die Vermarktungsrechte behalten und dafür das wirtschaftliche Risiko selbst tragen.

Von Ihnen stammt der Doku-Podcast „Cui Bono: WTF happened to Ken Jebsen?", Sie machen aber auch viele Talkformate. Ist das auch eine wirtschaftliche Entscheidung?

3.6 Aufbau von Podcastformaten

Auf jeden Fall. Formate wie „Cui Bono" sind unglaublich aufwendig und teuer. Es ist schwer, damit in einem kleinen Markt wie Deutschland Geld zu verdienen. Deswegen brauchen wir in unserem Portfolio auch weniger aufwendige Podcasts mit hoher Reichweite. Wobei auch dort unser Anspruch gilt, erstklassige Unterhaltung und Qualität abzuliefern.

Viele Ihrer Formate haben prominente Hosts, zum Beispiel Heinz Strunk, Klaas Heufer-Umlauf oder Toni Kroos. Wie beziehen Sie die bei der Formatentwicklung mit ein?

Meine Überzeugung ist, dass sich bei Podcasts die Authentizität des Hosts ganz stark transportiert. Das liegt am Hören über Kopfhörer und auch daran, dass uns Podcasts in intimen Situationen begleiten, zum Beispiel beim Aufwachen. Jede Show, die wir machen, ist auf die Person fokussiert, die vorm Mikrofon sitzt und die Inhalte rüberbringt.

Das heißt, Sie entwickeln nicht ein Format und suchen dann den passenden Host, sondern Sie gehen vom Host aus?

Es ist eher die Ausnahme, dass wir am Schreibtisch eine Idee entwickeln und dann den passenden Moderator dafür suchen. In den meisten Fällen beginnt es damit, dass wir mit einem Künstler zusammensitzen und fragen: Was wäre spannend? Was würdest du gerne ausprobieren? Dabei ist es egal, ob das bekannte Namen wie Micky Beisenherz oder Bettina Rust sind oder unbekannte Leute. Auch wenn wir von einem Thema ausgehen, ist es wichtig, dass der Host schon in der Anfangsphase mit dazu kommt.

Wie war das bei „Cui Bono"?

Da wollten wir jemanden, der wirklich in der Geschichte drin ist, der für das Thema persönlich brennt. Khesrau Behroz ist ideal, weil er die Karriere von Ken Jebsen über Jahre begleitet hat, aber trotzdem neutral und investigativ agieren kann.

„Cui Bono" sticht schon durch die aufwendige Produktion aus der Masse heraus. Wie werden Talkformate unverwechselbar?

Auch hier ist die Authentizität der Schlüssel. Ein prominenter Name ist kein Garant dafür, dass Menschen eine halbe Stunde zuhören. Unser Vorgehen ist iterativ: Wir schreiben nicht lange an Konzepten, sondern versuchen möglichst schnell, etwas aufzunehmen und auszuprobieren.

Sie arbeiten also mit Dummys?

Dummy wäre fast schon zu viel gesagt. Wir nehmen etwas auf, hören uns das an, schneiden mehrere Varianten zusammen und schauen dann: Was klappt? Was klappt nicht?

Also finden Sie Formatkonzepte übers Machen?

Das liegt auch an unseren Erfahrungen mit Softwareentwicklung: Dort ist man schon lange weg von dem Gedanken, dass man erst mal was auf Papier bringt und dann wird es immer kleinteiliger ausgetüftelt. Bestimmte Sachen findet man schneller übers Machen und Hören heraus.

Funktioniert dieser iterative Ansatz auch bei komplexen Produktionen wie „Cui Bono"? Da waren zwei Rundfunkanstalten und mehrere Produktionsfirmen beteiligt ...

Viele Projektbeteiligte sind erst im Laufe der Zeit dazugekommen. Los ging es damit, dass wir zusammen mit Louis Klamroth und seiner Produktionsfirma K2H einen Reportage-Podcast über die Coronazeit gemacht haben. Ein Thema darin waren die Hygienedemos und irgendwann auch Ken Jebsen. Wir haben uns unterhalten, weil ich Ken Jebsen noch aus den späten 90er-Jahren kannte. Und dabei kam sprichwörtlich die Frage auf „What the fuck happened to Ken Jebsen?". Daraus haben wir bei Studio Bummens ein Konzept von zwei, drei Seiten entwickelt und damit sind wir dann zu den Rundfunksendern gegangen. Später kam dann ein Team von investigativen Journalisten dazu, die auch Töne recherchiert haben. Aus all dem entstand der erste Entwurf für die erste Folge. Ich glaube, letztlich haben wir für jede der sechs Episoden aber zehn bis zwölf vollständige Iterationen gebraucht.

Das ist ein Aufwand, der aber nur für zeitlich begrenzte Serien möglich ist, oder?

So etwas kann man nicht im Regelbetrieb machen. Wir haben uns kurz nach der Gründung unserer Produktionsfirma in New York mit Leuten von „Gimlet" und „Pineapple Media" getroffen und geschaut, wie die Podcasts produzieren. Ich erinnere mich noch an einen Satz von Joel Lovell, der als Chefredakteur für „Serial" und „S-Town" gearbeitet hat: „There are no Shortcuts". Am Ende sind es die Iterationen, die die Qualität bringen. Genau sein, nicht aufgeben, versuchen, es noch besser zu machen. Es Leuten vorspielen, Störgefühlen nachgehen, neu aufnehmen. So machen „Gimlet" und „Pineapple" in den USA erfolgreiche Podcasts. Die gute Nachricht dabei ist: Es funktioniert. Die schlechte Nachricht ist: Es ist sehr aufwendig und lässt sich nicht abkürzen.

Und es wird auch nicht besser, je mehr Erfahrung man hat?

Ich habe früher mal als Unternehmensberater bei der Boston Consulting Group gearbeitet. Das war extrem arbeitsintensiv. Aber so viele Nachtschichten wie bei „Cui Bono" habe ich dort nie gemacht. Natürlich haben wir dazugelernt: Wie man Abstimmungsrunden besser definiert, wie man Materialien sortiert oder eine Musikkomposition in Iterationen erarbeitet. Aber die Haupterkenntnis ist: „It takes a village." Es braucht viele Leute mit unterschiedlichen Blickwinkeln und es braucht auch die Zeit, Sachen mal ein paar Tage liegen zu lassen, damit du wieder einen frischeren Blick darauf bekommst.

War „Cui Bono" der Durchbruch? Werden wir in Zukunft mehr dokumentarisches Storytelling hören?

„Cui Bono" hat gezeigt, dass man mit solchen Formaten Aufmerksamkeit bekommt. Ich denke, das wird auch andere Podcastfirmen inspirieren. Aber es bleibt aufwendig und solche seriellen Formate werden erst mal Leuchttürme bleiben, die man bewusst setzt. Aber der Markt entwickelt sich. Uns haben viele Menschen geschrieben, die über „Cui Bono" zum Podcasthören gekommen sind und die jetzt fragen: Wo gibt es mehr in der Art?

Konzeption von Podcasts 4

Podcasts leben von Spontaneität. Aber ohne Planung und Konzept enden die meisten Formate im Chaos. Sie bieten den Hörerinnen und Hörern zu wenig Orientierung, verlieren den roten Faden, sind beliebig – und werden in der Konsequenz nicht gehört. Das Konzept ordnet Ihre Gedanken und ermöglicht es, eine Strategie für Ihren Podcast zu definieren. Stets auf ein Konzept zurückgreifen zu können erlaubt Ihnen, auch bei komplexeren Projekten die Zügel in der Hand zu behalten und den Überblick zu bewahren. Das Konzept ist zugleich das Bindeglied zwischen Ihrer Formatidee und dem konkreten Contentplan.

4.1 Alleinstellungsmerkmal, Zielgruppen und Umsetzung

Bevor Sie sich ans Konzept setzen, brauchen Sie erst mal Ideen. Warten Sie nicht, bis Sie vom Geistesblitz getroffen werden. Ein paar Stunden im Teammeeting können tolle Konzepte ans Tageslicht bringen. Reservieren Sie Ihren Konferenzraum für einen Nachmittag und starten Sie mit einem Brainstorming. Denken Sie zunächst ohne Beschränkungen und in alle Richtungen.

> **Übersicht**
> - Welches Format hat mir persönlich gut gefallen?
> - Was haben unsere Wettbewerber schon entwickelt?
> - Wofür könnte sich unsere Zielgruppe interessieren?
> - Was läuft gut als Sachbuch oder Serie?

Notieren Sie zu jeder Idee einen kurzen Arbeitstitel auf Post-Its oder Moderationskarten. Anschließend sammeln Sie die Ideen gemeinsam am Whiteboard oder an einer Metaplanwand. Die Einfälle lassen sich so besser clustern und gruppieren. Im nächsten Schritt klopfen Sie Ihre Ideen auf die drei wichtigen Bausteine Ihres Konzepts ab: Alleinstellungsmerkmal, Zielgruppe und Umsetzung.

1. Alleinstellungsmerkmal

Das Alleinstellungsmerkmal – oder auch Unique Selling Point (USP) – grenzt die eigene Idee von denen der Wettbewerber ab. Sie planen einen Nachrichtenpodcast? Da sind Sie nicht der einzige. Prüfen Sie im Rahmen einer Konkurrenzanalyse, wie Sie sich mit Ihrer Idee im Marktumfeld positionieren können. Der US-amerikanische Markenspezialist Marty Neumeier empfiehlt, Ideen nach bestimmten Kriterien zu prüfen.

Übersicht
- Ist die Idee verstörend? Wenn eine Idee Diskussionen auslöst und polarisiert, muss das nicht schlecht sein. Es zeugt davon, dass der Ansatz ungewohnt ist und wir unsere Komfortzone verlassen.
- Sind Sie mit Ihrem Projekt imstande, etwas zu verändern? Bahnbrechende Ideen sind immer ein Stück weit revolutionär. Facebook hat die Art verändert, wie wir kommunizieren. Spotify hat die Musikbranche durcheinandergebracht. Welches Potenzial hat Ihr Podcast?
- Welche Vorteile und welche neuen Möglichkeiten bietet Ihr Podcast für die Hörerinnen und Hörer? Wenn Sie Geschichten erzählen oder Perspektiven vermitteln, die es woanders nicht gibt, kann das ein überzeugendes Argument für Ihr Produkt sein.
- Wie können Sie Ihre Idee zusammenfassen? Versuchen Sie, einen Elevator Pitch zu formulieren. Der Gedanke dahinter: Stellen Sie sich vor, Sie fahren mit dem Aufzug. Plötzlich steigt ein Kunde oder Ihre Vorgesetzte dazu. Sie wollen diese wichtige Person von Ihrer Idee überzeugen, bevor der Aufzug im obersten Stockwerk hält. Sie haben nur 20 Sekunden. Was sagen Sie? Genau das ist Ihr Elevator Pitch. „Mit unserem Steamingdienst haben Sie die Musikbibliothek der ganzen Welt in der Hosentasche" – so könnte der Elevator Pitch für eine App lauten. Eine klare Idee führt zu einem überzeugenderen Produkt.

4.1 Alleinstellungsmerkmal, Zielgruppen und Umsetzung

Und wie wende ich den Elevator Pitch auf einen Podcast an? Hier ein Beispiel aus dem Format „Die Zeichen des Todes", einem True-Crime-Podcast mit dem Gerichtsmediziner Michael Tsokos:[1]

„In unserem True-Crime-Podcast erzählt ein echter Gerichtsmediziner über echte Fälle. In jeder Episode rekonstruiert Michael Tsokos von der Berliner Charité im Gespräch mit dem Host Philipp Eins einen spektakulären Mord, zu dem er gearbeitet hat. Eine akustische Reise zu den spannendsten Kriminalfällen Deutschlands, die erst durch medizinische Detektivarbeit gelöst werden konnten."

2. Zielgruppe

Wenn Sie die Zielgruppe Ihres Projekts kennen und sich in deren Bedürfnisse einfühlen, können Sie das Alleinstellungsmerkmal besser formulieren. Doch nicht nur das Alleinstellungsmerkmal, auch Fragen der Ansprechhaltung, der Akustik oder auch des Marketings hängen von der Zielgruppe ab. Möchten Sie jüngere oder ältere Hörer ansprechen? Welchen Bildungshintergrund haben sie? Welche privaten und beruflichen Interessen? Sind sie single oder haben sie schon eine Familie? Wie bewegen sie sich fort – mit dem Auto, mit der Bahn oder auf dem Fahrrad? Das alles sind Fragen, die sowohl die Nutzungssituation als auch das Produkt selbst verändern.

Sie können anhand von Statistiken, aber auch durch eigene Gespräche oder persönliche Erfahrungen ein besseres Bild von Ihrer Zielgruppe bekommen. Auch Personas helfen dabei, Ihr Publikum besser zu verstehen (vgl. Abschn. 4.2). Je mehr Sie wissen, desto eher können Sie herausfinden, was Ihren Hörerinnen und Hörern im täglichen Informationsmix fehlt.

Haben Sie keine Angst vor der Nische. Wenn Sie für alle senden wollen, wird Ihnen der Markteinstieg schwerfallen – außer Sie sind eine Medienmarke mit maximaler Zugkraft und prominenten Hosts. Wenn Sie eine Nische besetzen, macht Ihnen das die weitere Konzeption einfacher. Der Rundfunk Berlin-Brandenburg zum Beispiel hat den Podcast „Angebissen – der Angelpodcast" gestartet.[2] Der Teaser zum Podcast beschreibt zugleich Alleinstellungsmerkmal und Zielgruppe:

„Angebissen ist Euer Angelpodcast vom rbb. Die beiden Krautzieher Frieder Rößler und Eric Mickan besuchen jeden Monat eine andere Größe aus der Angel-Community Berlin-Brandenburg. Neben spannenden Details zu den Stars der Angelszene seid vor allem Ihr unsere besten Fänge! In der Rubrik ‚Mein Revier und Ich' besuchen Frieder

---

[1] https://zeichendestodes.podigee.io, abgerufen am 23. Februar 2022.
[2] https://www.rbb-online.de/rbbsport/podcast/angebissen.html, abgerufen am 23. Februar 2022.

und Eric Euch und Eure Angelplätze. Wir wollen Euch kennenlernen und mit Euch zusammen angeln. Beim Quiz ‚Fische raten' könnt Ihr miträtseln und wir testen im ‚Tacklecheck' neues Angelequipment, welches Ihr anschließend gewinnen könnt. Hechtig gewaltig, dass Ihr reinhört!"

3. **Umsetzung**

Der dritte Baustein des Konzepts betrifft die Umsetzung Ihres Podcasts und damit das konkrete Format (vgl. Kap. 3). Wollen Sie ein Talkformat oder ein Magazin entwickeln? Wer soll den Podcast moderieren, wer ist zu Gast? Gibt es Rubriken, O-Töne oder Szenen? Wie sind Tonalität, Ansprache und Sounddesign? Diese Fragen kommen in der Umsetzungsplanung auf Sie zu. Hier ein Beispiel aus dem Konzept zum Format „Die Zeichen des Todes":

„Jede Episode basiert auf einer Erzählung aus Michael Tsokos' Büchern *Die Klaviatur des Todes* und *Die Zeichen des Todes*. Im Zentrum des Podcasts steht ein lockerer Talk zwischen dem Gerichtsmediziner Michael Tsokos und dem Host Philipp Eins vor Ort in der Charié. Dazwischen wird die Handlung in zwei bis drei kurzen Szenen rekonstruiert und vorangetrieben. Autorentexte spricht der Host, Dialoge in den Szenen werden von Sprechern übernommen. Von den Szenen springen wir immer wieder zurück in den Talk. Dort ergänzen wir die Rahmenhandlung durch persönliche Erinnerungen von Michael Tsokos. Wie war es, einen Toten ohne Kopf, Arme und Beine zu identifizieren? Wie gewöhnt man sich an einen solchen Anblick? Wie erträgt man den Geruch von Leichen? Ergänzt werden die Interviews ggf. durch Reportageelemente aus der Charité. Wie sieht der Arbeitsplatz von Michael Tsokos aus? Wo wurde der Torso des Toten aus der Geschichte *Der Puzzle Mörder* aufbewahrt?"

Auch die Frequenz der Publikation sowie die Entscheidung über fortlaufenden Episoden oder Staffeln sind in der Umsetzungsplanung wichtig. Hier haben Sie mehrere Möglichkeiten.

> **Übersicht**
> - Sie produzieren zu aktuellen Themen? Dann ist ein fortlaufender Podcast empfehlenswert, mit neuen Episoden zweiwöchentlich, wöchentlich oder gar mehrmals pro Woche. Mindestens einmal pro Monat sollte eine neue Episode erscheinen, sonst bewegt sich zu wenig in Ihrer Timeline und Ihr Podcast gerät in Vergessenheit. Auch das Ranking bei Apple Podcasts soll von der Regelmäßigkeit der Publikation und positiven Rezensionen beeinflusst werden.

- Sie haben zeitlose Geschichten, die sich gut in Episoden zusammenfassen lassen? In diesem Fall können Sie auch in Staffeln denken. Produzieren Sie sechs bis zwölf Episoden im Voraus und versenden Sie sie anschließend in einem wöchentlichen bis zweiwöchentlichen Rhythmus. Danach können Sie sich eine Pause nehmen, um die nächste Staffel vorzubereiten, womöglich mit einem anderen inhaltlichen Schwerpunkt.
- Einige Podcaster ändern ihre Publikationsfrequenz im Laufe der Zeit. Sie starten zum Beispiel mit einer wöchentlichen Frequenz, um den Podcast während des Starts zu pushen, begleitet von Marketingkampagnen auf Facebook und Instagram. Nach einigen Episoden wechseln sie auf eine zweiwöchentliche Erscheinung, um ressourcenschonend arbeiten zu können oder nicht alle Inhalte innerhalb kürzester Zeit zu versenden.

Entwerfen Sie unbedingt auch Vorschläge für die ersten Folgen. Viele Ideen beschreiben eine gute erste Episode, tragen aber keine serielle Produktion über zwölf oder gar 24 Shows. Denken Sie also daran: Was könnte eine Klammer sein, die meinen Podcast zusammenhält?

4.2 Personas zur Zielgruppenbestimmung

Die Zielgruppenanalyse ist von zentraler Bedeutung für das Konzept – und wird häufig stiefmütterlich behandelt. Oft fehlen auch schlicht die handwerklichen Tools: Wie soll ich denn wissen, was meine Zielgruppe tatsächlich will? Hier können wir als Medienschaffende von Softwareentwicklern lernen. Die arbeiten häufig mit Personas, bevor sie sich ans Programmieren machen. Darunter versteht man einen fiktiven Idealnutzer, der mithilfe von Daten aus quantitativen und qualitativen Umfragen gewonnen wird. Für unsere Projekte formuliert könnte man sagen: Sie sind die imaginierten Idealhörer unserer Podcasts, die Zielgruppe, für die wir arbeiten. Obwohl sie keinen realen Menschen sind, haben Personas jedoch einen wahren Kern – da sie mithilfe belastbarer Daten erschaffen wurden. Für kleinere Projekte genügt manchmal aber auch die eigene Beobachtung als Datengrundlage.

Wenn Sie genügend Daten durch Interviews, Statistiken oder andere Erhebungen gesammelt haben, machen Sie sich daran, Ihre Personas zum Leben zu erwecken. Beschränken Sie sich auf eine Persona pro Nutzerrolle. Bei einem Podcast über Reitsport kann das zum Beispiel je nach Zielsetzung eine Schülerin oder ein Schüler sein, die gerade mit dem Reiten begonnen haben. Ein Elternteil, das sich für das Hobby seiner Kinder interessiert. Oder auch ein erwachsener Fan, der häufig auf Pferderennen geht und sämtliche Details in der Reitsportszene verfolgt. Je nachdem, welche Zielgruppe Sie ansprechen möchten, wird der Podcast anders klingen: jugendlich, pädagogisch durchdacht oder fachlich.

Um Ihre Personas zu Papier zu bringen, denken Sie unter anderem an folgende Merkmale.

Übersicht
- Vor- und Nachname, diese Angaben sind fiktiv
- Ein Nutzerfoto kann sinnvoll sein, um sich die Persona besser vorstellen zu können
- Beruf und Position
- Familienstand
- Ziele im Alltag und in Bezug auf Ihr Produkt
- Wünsche
- Ausbildung
- IT-Kenntnisse
- Medienausstattung und Mediennutzung
- Hobbys
- Erwartungen an das Produkt
- Einschränkungen bei der Nutzung

Aus den Informationen können Sie Steckbriefe für Ihre Personas erstellen. Apps und andere Online-Tools helfen dabei. Eine davon ist die Personapp (personapp.io). Darin lassen sich neben biografischen Informationen, Zielen und Bedürfnissen auch ein Porträtfoto oder eine Skizze hinterlegen – natürlich fiktiv. Im Besten Fall bleiben Sie nicht nur bei stichpunktartigen Angaben, sondern entwickeln ganze User-Storys zu den Personas. Wer sind die Menschen, die Ihren Podcast hören sollen? Was treibt sie an?

Geschichten erwecken die Personas zum Leben und regen die Fantasie der Konzepter an. Im Fall unseres fiktiven Reitsportpodcasts könnte eine User-Story lauten:

„Lilly (17) ist Schülerin. Sie interessiert sich für Fitness, geht in ihrer Freizeit gern tanzen – und hat schon als kleines Kind ihre Liebe zum Reiten entdeckt. Zweimal die Woche fährt sie mit dem Bus von ihrem Heimatort in den 20 Kilometer entfernten Reitstall, wo sie ihr Pferd Dolly besucht und mit ihm ausreitet. Während der Busfahrt hat sie viel Zeit. Sie schaut sie chattet mit ihren Freundinnen auf WhatsApp, schaut die neuesten Videos auf TikTok. Und hört ihren Lieblingspodcast mit der Influencerin Bibi Claßen."

Vielleicht hört Lilly in Zukunft ja auch einen Podcast über Reitsport? Wie wahrscheinlich das ist, lässt sich mithilfe solcher datengestützter Personas am Ende besser diskutieren. Welche Angebote benötigen unsere Nutzerinnen und Nutzer wirklich? In welcher Situation hören sie Podcasts? Über welche Kanäle werden sie auf unser Angebot aufmerksam? Sie können anhand von Personas auch genauer erspüren, ob Sie einen Mehrwert für ihre Hörerinnen und Nutzer schaffen. Die Ausarbeitung der Zielgruppe mittels Personas kann ein wichtiger Schritt sein, um Ihr Konzept zu schärfen.

4.3 Prominenz von Moderatoren einsetzen

Auch die Menschen vor den Mikrofonen sollte man im Konzept beachten. Gerade in Bezug aufs Marketing kann sich die Prominenz eines Gastes oder Moderators auszahlen (vgl. Abschn. 11.5). Zum einen in der öffentlichen Wahrnehmung. Ein prominentes Gesicht auf dem Cover eines Podcasts zieht das Publikum auf den Plattformen an. Zum anderen ergeben sich auch Vorteile für die konkrete Online-Vermarktung. Wer über ein großes Netzwerk in sozialen Medien verfügt und die Podcastfolge teilt, in der er gerade interviewt wurde, schafft Aufmerksamkeit. Die ist dringend nötig.

Der US-Medienanalyst Fred Jacobs beobachtet in einem Blog-Beitrag, dass sich die Anzahl an Podcasts während der Corona-Pandemie insgesamt verdoppelt hat. Ein Großteil davon waren „Celebrity Podcasts", also Podcasts von und mit Prominenten. Da auch Film- und Fernsehstudios während des Lockdowns auf Sparflamme liefen, so vermutet Jacobs, sind viele Celebritys auf Audioformate umgestiegen. Ob Politiker wie Bill Clinton und Barack Obama, Musiker wie Bruce Springsteen oder Schauspielerinnen wie Paris Hilton – alle wurden plötzlich Podcaster. Die Promis bringen tatsächlich ein gutes Argument fürs Podcasten mit: ihre Fans.

Doch viele Celebritys übersehen, was Podcasts in ihrem Kern ausmachen: eine spannende Story. Die hat nicht jeder zu erzählen. Noch dazu braucht man einen langen Atem, um sein Publikum über mehrere Episoden, gar über mehrere Staffeln begeistern zu können. Jacobs spekuliert daher über eine Marktbereinigung. Wenn die Zahlen der Downloads und Streams sich nicht halten, könnten viele Promis das Interesse am Podcasten verlieren. Und ihre Projekte einfrieren.

Wenn Sie eine Möglichkeit haben, einen prominenten Host oder Co-Host zu gewinnen, der Strahlkraft, Ausdauer und Lust am Erzählen mitbringt – nur zu. Vergessen Sie aber nicht: Prominenz allein reicht für einen guten Podcast nicht aus. Ein guter Podcast steht und fällt mit der Story.

4.4 Pitch, Playbook und Contentplan

Wenn Ihr Konzept steht, müssen Sie es nur noch ausformulieren. Am besten in einem Pitch. Das ist sozusagen die Präsentation Ihres Konzepts, mit der Sie Entscheiderinnen und Entscheider von Ihrer Idee überzeugen. Bei großen Plattformen wie Audible sind Pitches meist standardisiert. Audible verlang beispielsweise Informationen zu:

> **Übersicht**
> - Konzeptname (Arbeitstitel)
> - Topic Slot. Themengebiete, zu denen der Abnehmer Podcasts erarbeitet.
> - Elevator Pitch. Die Idee des Podcasts in drei prägnanten Sätzen.
> - Mission Statement. Was ist das Hörversprechen? Was haben die Hörer davon, wenn sie den Podcast abonnieren?
> - Format. Wie viele Folgen sind denkbar und wie lang sind sie? Was unterscheidet die Folgen voneinander und was bringt die Menschen dazu, nach Folge 1 weiterzuhören?
> - Konzept. Wie funktioniert der Podcast? Welchen Regeln folgt das Format?
> - Hosts und Gäste. Wer sind die Protagonistinnen und Protagonisten des Podcasts? Was ist an ihnen besonders? Welche Rollen nehmen sie ein?
> - Vorbilder. Gibt es bereits ähnliche Formate? Wie hebt sich die Idee von ihnen ab?

Gehen Sie im Pitch unbedingt auch auf Ihre Zielgruppe ein. Halten Sie den Pitch auf jeden Fall übersichtlich und verständlich. Weiterhin ist es sinnvoll, im Pitch Ideen für die ersten Episoden zu sammeln. Oft werden in Pitches gute Einfälle für die erste Episode eingereicht. Ein Podcast muss aber über eine ganze Staffel tragen, reinziehen, Spannung erzeugen. Die Zusammenhänge nicht ausreichend herzustellen, ist einer der Stolpersteine auf dem Weg zum Podcast.

Planen Sie den Aufbau einer Folge exemplarisch in tabellarischer Form, gerade für neue Formate. Hier ein Beispiel aus dem Playbook zu den „Zeichen des Todes".

Element	Beschreibung	Zeit
Eröffnungsszene	Einleitende Szene, mit der in die Rahmenhandlung eingeführt wird. Rekonstruktion, mit Musik unterlegt. Endet mit Cliffhanger.	2–3 Minuten
Intromusik	Einheitliches Theme für jede Folge	15s
Vorstellung, Begrüßung	Host begrüßt Michael Tsokos und die Hörer. Vorstellung, auch Absender bzw. Herausgeber wird genannt.	30s

4.4 Pitch, Playbook und Contentplan

Element	Beschreibung	Zeit
Einführung	Es wird an die Eröffnungsszene angeknüpft. Kurze Einführung in den jeweiligen Fall, Orientierung für die Hörer.	2–3 Minuten
Talk	Die Handlung wird im Dialog zwischen Michael Tsokos und den Host vorangetrieben. Der Host ist Fragesteller, Erzähler ist Michael Tsokos. Er gibt außerdem persönliche Einblicke, erzählt vom Arbeitsalltag, vielleicht auch über den Umgang mit Ekel und Ängsten. Ganz nebenbei erfahren wir, was Michael Tsokos antreibt und was ihn am Beruf fasziniert.	je ca. 5–7 Minuten
Szenen	Zwei bis drei Szenen werden auf Grundlage der jeweiligen Stories aus den Büchern von Michael Tsokos rekonstruiert. Aufnahme von Dialogen mit Sprechern, ggf. Autorentext. Unterstützende Gestaltung mit Atmos und Musik möglich. Ggf. Musiktrenner zwischen Szenen und Talk.	je ca. 2–3 Minuten
Reportage	Reportageelemente aus der Berliner Charité möglich, wenn sie die Handlung unterstützen. Aufnahme durch Host, z. B. im Sektionssaal.	je ca. 2–3 Minuten
Auflösung	Plot Point, Auflösung des Falls gegen Ende des Podcasts. Ggf. Resümee von Michael Tsokos: Was hat er aus dem Fall mitgenommen oder gelernt?	2–3 Minuten
Verabschiedung	Host verabschiedet Michael Tsokos und die Hörer. Hinweis auf Credits. Ausblick auf nächste Episode.	30s
Outromusik	Identisch mit Intromusik	15s

Entscheiderinnen und Entscheider in den Redaktionen bekommen durch eine tabellarische Planung ein besseres Gefühl für das Projekt, gerade wenn noch gar keine Aufnahmen gemacht wurden. Im letzten Teil des Playbooks können Sie noch weitere Details festhalten. Infos zu den Hosts, Kommunikationsstrategien mit Hörern, Best-Practice-Beispiele zur Orientierung, Kontaktdaten von Teammitgliedern, auch Fragen des Online-Marketings. Auf Grundlage eines Konzepts beurteilen Entscheider, ob sie das Podcastprojekt unterstützen oder freigeben möchten. Ist die Entscheidung gefallen, können Redaktion und Projektmanagement loslegen.

Der Pitch kann dann zu einem Playbook ausgearbeitet werden, das je nach Länge und Komplexität bis zu zehn Din A4 Seiten umfasst. Hier ist auch Platz für redaktionelle Absprachen, die akustische Gestaltung und weitere Details fest. Das Playbook ist bei umfangreichen Produktionen so etwas wie das zentrale Steuerungsinstrument zwischen allen Beteiligten: Auftraggeberinne und Projektmanagern, Moderatorinnen und Producern, Redakteurinnen und Webdesignern. Soll es neben den Interviewpartnern weitere O-Töne geben? Welche Bedeutung haben Musik und Reportageelemente? Das alles kann im Playbook verabredet werden.

In einem Contentplan werden Themen, Termine und Gesprächspartner für die einzelnen Episoden festgehalten. Im Zweifel genügt dafür eine simple Tabelle in

4 Konzeption von Podcasts

Excel oder Google Docs, auf die alle Beteiligten zugreifen. Aber auch Planungstools wie Trello oder Asana haben sich in der Praxis bewährt (vgl. Abb. 4.1). Mit solchen Tools lassen sich komplexere redaktionelle Abläufe steuern und Teilaufgaben an Teammitglieder delegieren. Die Programme unterstützen auch Methoden wie Kanban, die agiles Arbeiten ermöglichen. Wichtig ist, dass Sie im Contentplan folgende Informationen festhalten.

Übersicht
- Episodentitel und ein kurzer Teaser zum Inhalt, inklusive der wichtigsten Leitfragen.
- Aufgaben und Unteraufgaben: Wer bereitet Interviews vor, wer moderiert, wer produziert?
- Termine für Aufnahme, Produktion, ggf. Korrekturschleifen innerhalb der Redaktion und Veröffentlichungsdatum.
- Beteiligte und Gäste mit Kontaktdaten und Kurzprofilen für die Moderation.
- Infos zu Marketingkampagnen auf Social Media: Wer bewirbt wann die neueste Episode und auf welchen Kanälen?

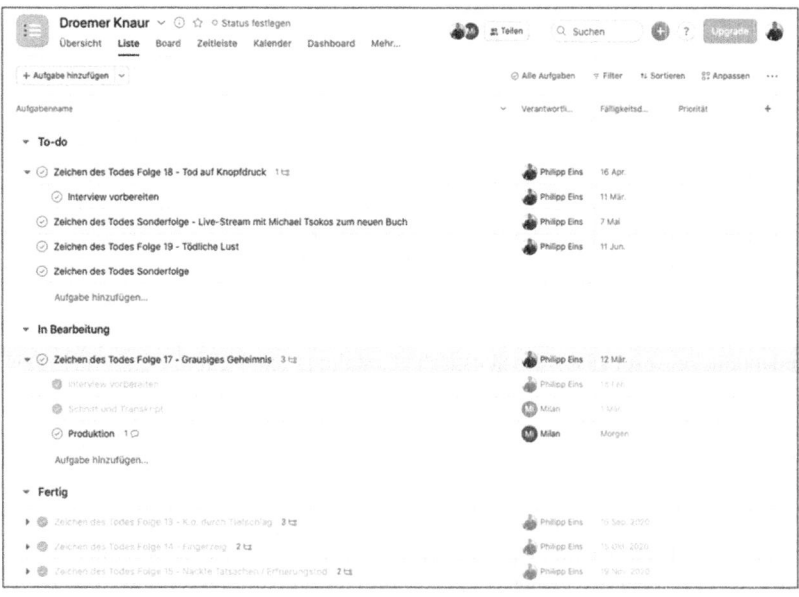

Abb. 4.1 Über das Planungstool Asana lassen sich redaktionelle Prozesse steuern und Aufgaben delegieren. (Bild: Screenshot)

4.4 Pitch, Playbook und Contentplan

Steht der Contentplan mit ausführlichen Folgeninfos, können die Beteiligten mit der Vorbereitung ihrer Pilotfolge beginnen. Also einen Gesprächsleitfaden, der die wichtigsten Storys, Themen und Fragen für ein Talkformat festhält (vgl. Abschn. 8.3). Oder auch die ersten Aufnahmen für Interviews planen, aus denen Später O-Töne für ein Storytelling-Format geschnitten und in einem Skript aufbereitet werden. Je genauer Sie Alleinstellungsmerkmal, Zielgruppe und Umsetzung definiert und die ersten Episoden geplant haben desto schneller sind Sie am Ziel: der ersten Podcastproduktion.

Checkliste: Was man für ein Konzept braucht
- Das Konzept ist das Herzstück Ihres Podcasts. Nur mit einer geschärften Idee können Sie auf dem Markt bestehen. Ein gutes Konzept ist mehr wert als technische Perfektion oder akustische Spielereien. Mit einem stimmigen Konzept können Sie auch mit vergleichsweise kleinem Budget einen erfolgreichen Podcast starten.
- Machen Sie sich für das Brainstorming möglichst frei von Vorgaben, zeitlichen oder finanziellen Zwängen. Seien Sie kreativ, denken Sie in alle Richtungen. Welche Ideen begeistern Sie?
- Gehen Sie immer von der Zielgruppe aus. Erschaffen Sie Personas, um sich in Ihre Zielgruppe besser einfühlen zu können. Was könnte Ihre Hörerinnen und Hörer interessieren? Welche Podcasts hören sie auf dem Weg zur Arbeit oder in ihrer Freizeit? Welche Informationen, Angebote oder welchen Mehrwert schaffen Sie mit Ihrem Podcast?
- Prüfen Sie im zweiten Schritt Ihre Ideen auf Alleinstellungsmerkmal und Umsetzung. Wie heben Sie sich von Mitbewerbern ab? Welche Hosts oder Gäste begeistern Ihre Zielgruppe? Welche spannenden Storys erzählen sie?
- Wenn Sie alles beisammenhaben, machen Sie sich ans schriftliche Konzept. Erstellen Sie einen Pitch, mit dem Sie Ihr Projekt vorstellen. Auf Grundlage des Playbooks machen Sie sich dann an die Detailplanung. Sammeln Sie Themen, Storys und Gäste, erstellen Sie einen Contentplan und gegebenenfalls ein Playbook.

> **Interview mit Laura Terberl, Leiterin Audio & Video bei der „Süddeutschen Zeitung"**

Frau Terberl, wie sind Sie zum Podcasten bei der „Süddeutschen Zeitung" gekommen?

Ich habe bei der SZ volontiert und war dann im Videoteam. Als es 2017 mit den Audio-Inhalten losging, bin ich in die Podcastentwicklung eingestiegen. Was gut gepasst hat, weil ich schon vorher eine Ausbildung als Moderatorin gemacht habe.

Mit welchem Projekt sind Sie damals eingestiegen?

Es gab die große Recherche zu den Panama Papers. Das war ein Riesenprojekt, für das es auch ein eigenes Budget gab. Das hat es leichter gemacht, diese viele Arbeit in einen Podcast zu stecken. Und weil diese fünf Folgen so gut liefen, haben wir weitergemacht.

Sie haben also eine eigene Podcast-Redaktion gegründet?

Nicht wirklich. Es gab erst mal nur mich und einen Praktikanten, der dann mein erster Mitarbeiter wurde. Und von da an sind wir immer weitergewachsen.

Wie ergänzen sich Print und Audio-Inhalte in Ihrer Strategie?

Der Übergang von Print zu Podcast ist viel einfacher als zum Video. Unsere Reporterinnen und Reporter können von einer spannenden Recherche erzählen und man vermisst das Bild nicht. Die Bilder entstehen im Kopf. Auch die technischen Hürden sind viel geringer: Reporter bringen eher ein anständiges Audio mit als ein perfektes Video.

Aber ist ein Podcast nicht langweilig, wenn ich schon den Artikel dazu gelesen habe?

Ich finde, durch die lockere Gesprächsatmosphäre und die Ich-Perspektive kommt eine ganze neue Ebene dazu. Mit meinen Fragen bringe ich als Host die Redakteurinnen und Redakteure in einem Talkformat dazu, ihren Inhalt noch mal einfacher zu erklären.

4.4 Pitch, Playbook und Contentplan

Haben die Kolleginnen und Kollegen denn darauf Lust?

Viele hatten am Anfang vor allem mit der Ich-Perspektive Probleme und haben gesagt: Das ist doch nicht objektiv. Ich finde, man kann persönlich sein, aber trotzdem neutral und transparent. Im Idealfall kommt rüber, warum einem eine Recherche besonders am Herzen liegt, oder welche Wendungen der Rechercheweg genommen hat. Wenn der Autor oder die Autorin als Menschen erfahrbarbar werden, bleiben die Folgen im Gedächtnis.

Sind Sie schon in die Konzeption einer großen Recherche eingebunden, um den Audiokanal bestmöglich zu entwickeln?

Mittlerweile melden sich auch Redakteurinnen und Redakteure bei uns, wenn sie an größeren Themen arbeiten. Aber wir sprechen auch Korrespondenten an und fragen: Woran arbeitest du gerade? Oder wir schlagen selbst Themen vor und fragen: Hast du Lust, für uns zu recherchieren? Diese Mischung hat sich bewährt. Sonst hätten wir immer dieselben Redakteure in unseren Podcasts.

Woran liegt das?

Ich will das nicht bewerten, aber ich habe anfangs schon gemerkt, dass uns eher männliche Kollegen ansprechen. Die erkannt haben, dass ein Podcast Arbeit macht, sich aber für ihre Sichtbarkeit in der Redaktion lohnt. Die Frauen waren zu Beginn zurückhaltender und haben öfters gesagt: Das schaffe ich nicht auch noch. Da haben wir ein bisschen gegengesteuert, was auch gut geklappt hat.

Wie stark bearbeiten Sie die Kollegengespräche für die Podcasts?

Ich bin der Meinung, dass Schnitt jedes Gespräch besser macht. Wir investieren bewusst Zeit in die Bearbeitung, um die Formate auch für Kolleginnen und Kollegen zu öffnen, die eben nicht druckreif sprechen.

Arbeiten Sie auch mit O-Tönen?

Da waren wir am Anfang unglaublich ambitioniert, haben aber gemerkt, dass Aufwand und Nutzen nicht immer im Verhältnis stehen. Bei dem Podcast „Das Thema" wechseln wir inzwischen ab: Manchmal investieren wir viel Arbeit in ein Audiofeature, zum Beispiel über das Oktoberfestattentat. Für andere Themen reicht ein guter Talk. Dann investieren wir unsere Zeit lieber in ein ausführlicheres Vorgespräch als in eine O-Ton-Recherche.

Finden Sie es schwer, auf dem wachsenden Podcastmarkt noch Nischen und Publikum zu finden?

Wir haben den Vorteil, dass wir schon 2017 angefangen haben, als die Konkurrenz noch kleiner war. Inzwischen sind die Ansprüche definitiv gestiegen. Aber wir sind mit der Zeit auch besser geworden.

Was für Feedback bekommen Sie von den Nutzerinnen und Nutzern?

Wir bekommen extrem positive Rückmeldungen. Klar, nicht jeder kann alle Podcasts hören. Viele machen das vom Thema abhängig. Unser Ziel ist es, dass unsere Podcasts zur täglichen Routine werden – wie Zeitung lesen.

Haben Sie deswegen den täglichen Nachrichtenpodcast „Auf den Punkt" entwickelt?

Genau. Wir wollen Podcasts als Nachrichtenquelle etablieren. Und das funktioniert. Wir sehen an den Zahlen, dass Menschen ihre Abend- oder Morgenroutine um den Podcast herum entwickeln – sie hören uns auf dem Weg nach Hause oder beim Zähneputzen. Wenn der Podcast von der Länge und Anmutung zu diesen Situationen passt, erzeugt das eine unglaubliche Nutzerbindung. Es ist keine Konkurrenz zur Zeitung, sondern eine Ergänzung für neue Zielgruppen.

Die „New York Times" nutzt unter anderem Podcasts, um ihr bezahlpflichtiges Onlineangebot attraktiv zu machen. Ist das ein Erfolgsrezept?

Was die „New York Times" macht, ist toll, aber es ist schwierig, sich damit zu vergleichen. Es gibt kein anderes Print-Medienhaus, das sich so ein großes Audio-Team leistet. Dagegen ist mein Team winzig und es wäre frustrierend, sich mit deren Produktionen zu messen. Spannend finde ich aber den Trend, der sich zum Beispiel in der „New York Times" und bei Streamingdiensten zeigt: dass sich Podcast über Onlineabos monetarisieren lassen.

Lohnen sich Podcasts aus Ihrer Sicht auch für kleinere Lokalzeitungen?

Ich finde es toll, wie viele kleine Verlage mit Podcasts experimentieren. Meine Sorge ist, dass das oft neben der normalen Arbeit passiert und nicht wirklich eingeplant und finanziert ist. Das wäre nicht nachhaltig. Und man sollte realistisch bleiben: Als regionale Zeitung mit überschaubarem Marketingbudget erreicht man keine Rekord-Abrufzahlen auf den Plattformen. Das ist aber nicht schlimm. Es geht nicht um Reichweite, sondern um Leser-Blatt-Bindung. Dafür können Podcasts ein super Mittel sein, weil sie die Identifikation mit den Zeitungsmachern stärkt.

4.4 Pitch, Playbook und Contentplan

Gab es Überlegungen, mit einer Agentur zusammenzuarbeiten, statt sich das Podcast-machen selbst beizubringen?

Wir haben am Anfang mit einer Podcast-Produktionsfirma zusammengearbeitet. Aber das war abspracheintensiv und nicht billig. Und wir hatten das Glück, dass die SZ schon ein Tonstudio hatte. Die Infrastruktur war also da, wir mussten nur ein paar Mikros nachrüsten und in Schnitttechnik investieren – und dabei konnte uns die Agentur gut unterstützen. Seit 2018 machen wir alle Schritte der Podcast-Produktion im Haus. Damit sind wir auch flexibler, wenn zum Beispiel ein Interview wegen einem Abgabeschluss für einen Artikel verschoben werden muss. Und es hat den Vorteil, dass wir nach und nach zu Expertinnen und Experten für akustisches Erzählen geworden sind. Das Wissen haben wir jetzt im Haus und müssen es nicht zukaufen.

Haben Sie dabei auch Fehler gemacht und Lehrgeld bezahlt?

Definitiv! Das lief alles unter dem Motto „Failing Forward". Ich habe erst im Nachhinein gemerkt, wie viel Expertise es schon bei uns im Haus gegeben hätte. Ich habe mir zum Beispiel selber Podcast-Marketingstrategien ausgedacht, statt einfach mal bei unserem Social Media Team zu fragen. Das würde ich heute anders machen: Früher auf Leute zugehen und aktiv nach Hilfe fragen.

Storytelling im Podcast 5

Warum trocken und nüchtern berichten, wenn es auch lebendig und bildhaft geht? Die Kraft des Storytellings können wir nicht nur in großen Erzählungen nutzen, sondern auch in der einfachen Moderation für ein Talkformat. Storytelling ist eine Entscheidung, eine Perspektive, die man wählt. Wie mehrfach betont, leben viele erfolgreiche Podcasts von Menschen und ihren Geschichten. Das gilt für Talks, Magazine und gestaltete Storytelling-Formate gleichermaßen.

Warum aber berühren uns Storys von anderen Menschen? Nach Ansicht von Wissenschaftlern wie dem Hirnforscher Manfred Spitzner sind Spiegelneuronen dafür verantwortlich. Im Gehirn eines Primaten zeigen Nervenzellen ganz ähnliche Muster, wenn Erlebnisse von Artgenossen betrachtet werden – auch wenn sie nicht aktiv selbst erlebt werden. Einige Forscher schlussfolgern: Spiegelneuronen sind auch dafür verantwortlich, dass wir uns in andere Menschen hineinversetzen und mit ihnen fühlen können. Manfred Spitzer meint daher:

> „Was den Menschen umtreibt, sind nicht Fakten und Daten, sondern Gefühle, Geschichten und vor allem andere Menschen." (Spitzer 2007, S. 160)

Geschichten gibt es vermutlich so lange wie die Menschheit. Unsere Vorfahren haben sich Erlebnisse beim Lagerfeuer erzählt. Später wurden Geschichten in Höhlen oder auf Felsen gemalt, schließlich aufgeschrieben. Nun hören wir sie in Podcasts. Die Werkzeuge des Erzählens aber sind nach Jahrhunderten noch dieselben. Wie spüren wir Storys auf, die im Gedächtnis bleiben? Und wie lassen sich die Werkzeuge des Erzählens einsetzen? Diesen Fragen gehen wir in diesem Kapitel nach.

© Der/die Autor(en), exklusiv lizenziert an Springer Fachmedien Wiesbaden GmbH, ein Teil von Springer Nature 2022
P. Eins, *Podcasts im Journalismus*, Journalistische Praxis,
https://doi.org/10.1007/978-3-658-34269-2_5

5.1 Auf der Suche nach einem Helden

Modelle zu Aufbau und Struktur von Erzählungen reichen bis in die Antike zurück. In seiner „Poetik" untersuchte bereits Aristoteles die Eigenschaften von Dramen im Theater. Sein Rezept für eine gelungene Erzählung besteht aus drei Zutaten: einem Held, einem Ort und einer Handlung.

Der Held einer Geschichte muss kein Herkules sein, der Löwen mit bloßer Hand bekämpft und Übermenschliches vollbringt. Im Gegenteil. Ein Held im dramatischen Sinn ist häufig ein Herkules des Alltags. Wir können uns mit ihm identifizieren, mit seinen Stärken und auch mit seinen Schwächen. Der Held ist einfach eine Person, die wir mit ihren Erlebnissen, Gedanken und Gefühlen in den Mittelpunkt unserer Erzählung stellen – und die im Laufe der Erzählung eine Wandlung durchmacht.

Der US-amerikanische Literaturwissenschaftler und Ethnologe Joseph Campbell beschrieb anhand von Mythologien das wiederkehrende Grundmuster, das vielen Geschichten zugrunde liegt: Der Held im dramatischen Sinne geht auf Reisen, gerät in Gefahr, besteht Prüfungen, trifft Entscheidungen, erfährt eine Wandlung. Campbell fand heraus, dass sich dieses Erzählmuster nicht nur im abendländischen Kulturkreis wiederfindet – sondern in Geschichten überall auf der Welt.

„Der Weg, den die mythische Abenteuerfahrt des Helden normalerweise beschreibt, folgt, in vergrößertem Maßstab, der Formel, wie die Abfolge des *rites de passage* sie vorstellt: Trennung – Initiation – Rückkehr, einer Formel, die der einheitliche Kern des Monomythos genannt werden kann." (Campbell 1999, S. 50)

Campbell definierte 17 Stadien, die ein Held durchläuft, und nannte dieses Konzept die „Heldenreise" (Abb. 5.1). Das Modell wurde vielfach adaptiert. Der US-amerikanische Drehbuchautor und Story Consultant Christoph Vogler übersetzte die Heldenreise in einer reduzierten Variante für Drehbuchautoren in der Filmindustrie in Hollywood. Er beschreibt zwölf Schritte eines Helden in einer packenden Story.

Übersicht
1. Die gewohnte Welt. Der Held befindet sich am Ausgangspunkt, seinem Alltag, der als unzureichend empfunden werden kann.
2. Der Ruf. Ein Konflikt bahnt sich an, der Held wird gebraucht und zum Abenteuer gerufen.

5.1 Auf der Suche nach einem Helden

Abb. 5.1 Heldenreise nach Vogeler. (Bild: Wikipedia, https://de.wikipedia.org/wiki/Heldenreise#/media/Datei:Heroesjourney.svg (Abgerufen am 23. Februar 2022))

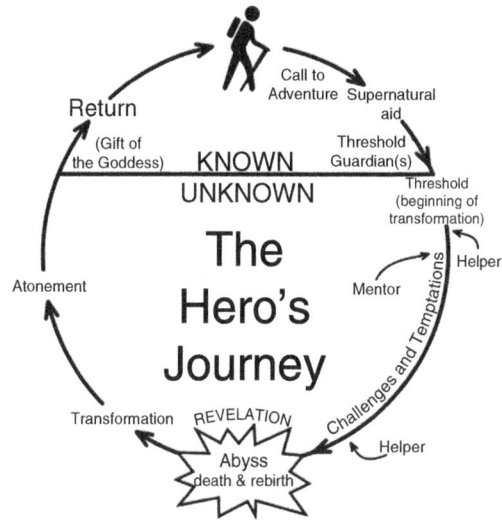

3. Die Weigerung. Der Held verweigert sich dem Ruf zunächst. Ein Mentor überredet ihn aber, die Reise anzutreten.
4. Überschreiten der ersten Schwelle. Nun gibt es kein Zurück mehr, der Held macht sich auf in die unbekannte Welt der Abenteuer.
5. Prüfungen, Verbündete und Feinde. Neben dem Helden gibt es weitere Protagonisten, die ihm freundlich gestimmt sind und ihn unterstützen. Es gibt aber auch Gegenspieler, sogenannte Antagonisten, die ihm feindlich gegenüberstehen. Mit seinen Freunden und gegen die Feinde wird der Held auf erste Bewährungsproben gestellt.
6. Vordringen zur tiefsten Höhle. Der Held kommt dem gefährlichsten Punkt immer näher und trifft dabei auf seine Gegner.
7. Die entscheidende Prüfung. In der tiefsten Höhle kommt es schließlich zur Konfrontation und Überwindung des Gegners.
8. Die Belohnung. Der Held wird für seine Mühen belohnt, der kann den „Schatz" oder das „Elixier" rauben – was ein Gegenstand, aber auch neues Wissen und Erfahrungen sein können.
9. Die Rückkehr. Der Held kommt aus dem Land der Abenteuer in die gewohnte Welt zurück.
10. Die Auferstehung. Der Held hat zur Überraschung aller gesiegt und ist dem Tod entflohen.

11. Rückkehr mit Elixier. Der Feind ist besiegt, das Elixier befindet sich in der Hand des Helden. Er ist durch das Abenteuer zu einer neuen Persönlichkeit gereift.
12. Das Ende der Reise. Der Held ist wieder zu Hause, in der gewohnten Welt, in der er mit Anerkennung belohnt wird.

Neben den Protagonistinnen und Protagonisten kommt auch den Antagonisten eine wichtige Rolle zu. Sie sind die Gegenspieler unserer Helden, durch sie werden Konflikte in unserer Handlung erfahrbar. Wenn Sie an bekannte Blockbuster wie „Harry Potter" oder den „Herr der Ringe" denken, werden Sie einige Elemente der Heldenreise wiederfinden. Aber auch in 90-sekündigen Werbespots, die mit Mitteln des klassischen Storytellings gestaltet sind, lassen sich Stilmittel der Heldenreise entdecken. Der internationale Kurator der berühmten TED-Talks, Bruno Giussani, erinnert daran: „Es gibt keine neuen und alten Medien, nur Werkzeuge, um Geschichten besser zu erzählen."

5.2 Ohne Handlung keine Story

Ein Held allein reicht aber nicht für eine packende Geschichte. Es braucht noch eine spannende Handlung. Die Handlung setzt nach Aristoteles die Helden in Beziehung zueinander, Szenen werden kausal miteinander verbunden. Die einfachste Unterteilung einer Handlung hat ebenfalls Aristoteles vorgeschlagen. Ein Drama, so schreibt er in der „Poetik", bestehe immer aus drei Teilen: Anfang, Mitte und Ende.

> „Ein Anfang ist, was selbst nicht mit Notwendigkeit auf etwas anderes folgt, nach dem jedoch natürlicherweise etwas anderes eintritt oder entsteht. Ein Ende ist umgekehrt, was selbst natürlicherweise auf etwas anderes folgt, und zwar notwendigerweise oder in der Regel, während nach ihm nichts anderes eintritt. Eine Mitte ist, was sowohl selbst auf etwas anderes folgt als auch etwas anderes nach sich zieht. Demzufolge dürfen Handlungen, wenn sie gut zusammengefügt sein sollen, nicht an beliebiger Stelle einsetzen noch an beliebiger Stelle enden, sondern sie müssen sich an die genannten Grundsätze halten." (Aristoteles 1982, S. 25)

Aus dem Dreiaktmodell des Aristoteles entstand einige Jahrhunderte später das Regeldrama. Der Schriftsteller Gustav Freytag entwickelte in der französischen Klassik ein Modell mit fünf Akten, das er in seinem 1863 erschienenen Buch „Die Technik des Dramas" näher beschrieb. Das Regeldrama gliedert sich in fünf Teile (Abb. 5.2).

5.2 Ohne Handlung keine Story

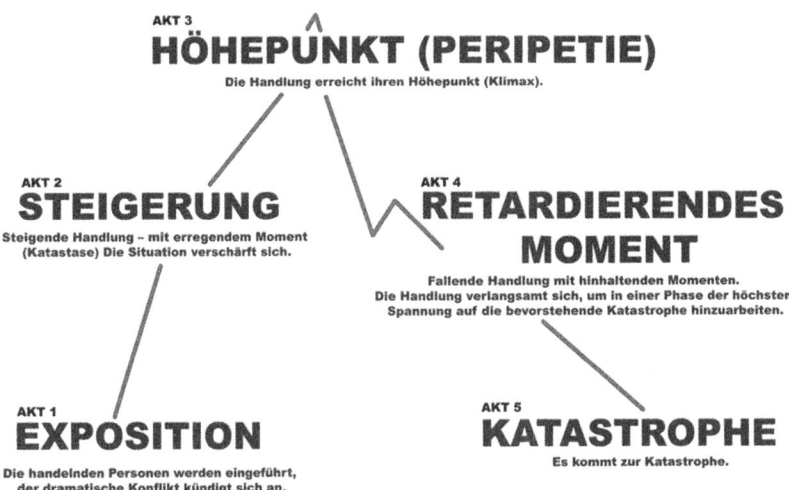

Abb. 5.2 Darstellung des Regeldramas nach Gustav Freytag am Beispiel einer klassischen Tragödie. (Bild: Wikipedia, https://de.wikipedia.org/wiki/Regeldrama#/media/Datei:Regeldrama_Aristoteles.jpg (Abgerufen am 23. Februar 2022))

Übersicht
1. Die Einleitung oder auch Exposition. In diesem ersten Akt werden die Protagonisten eingeführt, der dramatische Akt kündigt sich an.
2. Die Komplikation oder auch Steigerung. Der Konflikt verschärft sich, die Handlung steigert sich und nimmt an Fahrt auf.
3. Den Wendepunkt oder auch Peripetie. Die Handlung spitzt sich zum Höhepunkt zu – in der klassischen Tragödie zum Negativen, den Helden verlässt das Glück. In der klassischen Komödie zum Positiven.
4. Die Retardation oder auch fallende Handlung. Die Handlung verlangsamt sich, arbeitet auf die Auflösung hin.
5. Die Katastrophe. In der Tragödie werden die Protagonistinnen und Protagonisten verurteilt und verdammt. Die Konflikte sind gelöst.

Eine Handlung sollte immer stark einsteigen. Schon „Stern"-Gründer Henri Nannen empfahl als Rezept für eine gut erzählte Reportage, mit einem Erdbeben anzufangen – und sich dann langsam zu steigern. Auch wenn wir mit unserer Geschichte auf einen Höhepunkt hinarbeiten, sollten wir am Anfang eine Fallhöhe schaffen und Spannung erzeugen. Dafür haben wir mehrere Möglichkeiten. Wir können ein Rätsel aufgeben, das wir im Laufe der Handlung auflösen. Mit einem zentralen Konflikt einsteigen, der uns bannt. Oder mit einem sogenannten Cliffhanger, der einen Höhepunkt ankündigt.

Nehmen Sie als Beispiel die letzte Staffel von „Ku'damm 63", eine Fernsehserie über eine Berliner Familie in der Nachkriegszeit. Lassen Sie uns die erste Szene genauer betrachten. Zunächst werden die Protagonistinnen vorgestellt, die Mitglieder der Familie Schöllack in der Berliner Tanzschule „Galant". Es ist Weihnachten. Alle sind bester Dinge, die Familie schlendert den Kurfürstendamm entlang. Die Mutter ruft noch ein paar fröhliche Worte – und wird wie aus dem Nichts von einem Bus erfasst. Wir sitzen vor dem Fernseher, sind geschockt und fassungslos. Kurz darauf der Schnitt, ein zeitlicher Sprung – und wir erfahren, was davor geschah. Durch diesen Cliffhanger können sich die Produzenten recht sicher sein, dass ein großer Teil des Publikums dranbleiben wird.

Ähnliche Montagetechniken kennen wir auch aus dem Videojournalismus, insbesondere bei Clips auf YouTube oder Instagram. Der Einstieg ist hier besonders wichtig. Die ersten acht Sekunden entscheiden Studien zufolge darüber, ob wir weitergucken oder zum nächsten Clip klicken. Starke Bilder, schnelle Schnitte, spannende Höhe- oder auch Wendepunkte eigenen sich daher perfekt zum Einstieg.

Was heißt das nun für die Dramaturgie unserer Podcasts? Als simpelsten Weg zur Audiostory empfiehlt der BBC-Reporter Robert McLash in seinem Buch „The Technique of Radio Production" die bewährte lineare Erzählung, wie wir sie von Aristoteles kennen. Die Hörer werden zunächst in die Situation der Handlung eingeführt, der Konflikt vorgestellt, die Handlung bis zum Höhepunkt vorangetrieben und der Konflikt letztlich gelöst. Soweit, so klassisch. Chronologie ist für die Hörer einfach nachzuvollziehen, gerade auch bei komplexen Handlungen. Im Laufe der Jahre haben sich aber noch andere Erzählwege herausgebildet, wie die niederländische Kulturwissenschaftlerin Mieke Bal schreibt:

> „It is not always possible or relevant to reconstruct the chronological sequence. In many experimental modern novels, we find, for instance, that these matters are intentionally confused, the chronological relations expressly concealed. In such a case the chronological chaos we note is often still quite meaningful." (Bal 2009, S. 79)

Es gibt zahlreiche Story-Muster, die wir in unseren Geschichten verwenden können. In Rahmengeschichten kehren wir in der Schlussszene an den Anfang der Geschichte zurück. Gondelbahngeschichten betten einzelne Storys in eine übergeordnete Handlung ein. Episodenerzählungen setzen sich ausschließlich aus Fragmenten zusammen. Rückblenden arbeiten mit zeitlichen Sprüngen, vermischen Gegenwart und Vergangenheit. Der Werkzeugkasten des Storytellings hält viele Tools bereit, um Handlungen zu entwickeln und voranzutreiben.

5.3 Jede Story braucht einen Ort

Als letzte Zutat zu unserem Story-Rezept brauchen wir nach Aristoteles noch einen Ort für unsere Geschichte. Der Ort setzt das Geschehen in einen Kontext. Die Protagonisten und Antagonisten unserer Storys agieren schließlich nicht im luftleeren Raum.

Der Ort kann außerdem die Atmosphäre Ihrer Geschichte verdichten. Gerade bei Podcasts spannend: Wie lebt mein Protagonist? Wie sehen die Orte meiner Handlung aus? Da Podcasting ein blindes, unsichtbares Medium ist, kommen solchen Beschreibungen eine große Bedeutung zu.

Gemeinsam bilden Held, Ort und Handlung ein Muster, das zumindest unsere westliche Erzählkultur seit der Antike maßgeblich geprägt hat und noch heute in etlichen Fernsehdokumentationen, Zeitungsreportagen, Theaterstücken und auch Podcasts zu finden ist. Einen einfachen Zugang zu Geschichten bekommen wir, wenn wir unsere Themen auf Helden, Orte und Handlungen abklopfen.

Übersicht

- Wenn eine Handlung gegeben ist: Suchen Sie Protagonistinnen und Protagonisten, die für diese Handlung bedeutsam sind. Denken Sie an ein bedeutendes Musikfestival, die Mission eines Flüchtlingsrettungsschiffs auf dem Mittelmeer oder auch eine Wüstendurchquerung der Sahara. Hier haben Sie eine Handlung, brauchen aber noch Protagonisten und wenn möglich auch Antagonisten, die Ihre Geschichte zum Leben erwecken.
- Wenn die Hauptfigur gegeben ist: Suchen Sie einen für sie bedeutsamen Handlungsablauf. Wieder ein Beispiel aus dem Reporteralltag: Unter rund 11.000 Hebammen in Deutschland sind lediglich vier Männer. Wie kamen die vier zu ihrem Berufswunsch? Was bedeutet es für sie, die einzigen männlichen Hebammen Deutschlands zu sein? Wie lassen sich geschlechtsspezifische Rollenklischees in Jobs überwinden? Spannende Fragen. Aber umso spannender und anschaulicher, wenn wir einen konkreten Einblick in den Alltag der vier Männer bekommen. Und ihre Antworten auf unsere Fragen in den Kontext einer Handlung stellen.
- Prüfen Sie, ob der Ort Ihrer Handlung Ihre Aussage stützt und verdichtet. Falls ja, lenken Sie die Aufmerksamkeit entsprechend. Ein Flüchtlingsrettungsschiff, ein Kreißsaal oder die Wüste – diese Orte sind Teil der Handlung und beeinflussen, wie die Protagonistinnen und Protagonisten die Welt um sie herum wahrnehmen.

5.4 Vom Thema zur Geschichte – wie wir Storys finden

Die beschriebenen Tools sind nur eine kleine Auswahl. Sie bieten einen ersten Ansatz, um vom Berichten ins Erzählen zu kommen. Indem wir die Ideen für unsere Podcastepisoden auf Helden, Orte und Handlungen prüfen, können wir ein Thema in eine Story verwandeln. Diese konzeptionelle Arbeit ist die Entscheidende, gerade auch in den Redaktionen großer Storytelling-Podcasts wie „This American Life", „Radiolab" und anderen. Es gibt viele Themen, die der Redaktion in die Inbox des E-Mailpostfachs flattern. Aber eine wirklich gute Story zu erzählen, erfordert viel Vorrecherche.

Wie genau aber unterscheide ich nun ein Thema von einer Geschichte? Hier ein Beispiel. Zunächst eine Nachricht aus der Deutschen Welle zum Internationalen Tag der Muttersprache:

> „Überall auf der Welt sind Sprachen vom Aussterben bedroht: ob in Deutschland, wo Niedersorbisch nur noch von knapp 7000 Menschen gesprochen wird, oder in Nordamerika, wo etwa 250 Menschen ihre Muttersprache Cayuga nutzen. Die indigene Sprache Dalabon sprechen sogar nur noch elf Menschen, vielleicht auch weniger. Die letzte Zählung liegt über zehn Jahre zurück. Mit dem Internationalen Tag der Muttersprache (21. Februar) machen die UN jährlich auf die Bedeutung der Sprachenvielfalt aufmerksam. Weltweit werden nach Schätzung der Organisation der Vereinten Nationen für Erziehung, Wissenschaft und Kultur (UNESCO) rund 6000 Sprachen gesprochen. 2500 davon sieht die UNESCO in ihrem Bestehen bedroht. ‚Ein ganz klares Zeichen für eine Gefährdung ist, wenn die Eltern ihre Sprache nicht mehr mit den Kindern sprechen', sagt Katharina Haude, Wissenschaftlerin am Centre National de Recherche Scientifique (dem Nationalen Zentrum für wissenschaftliche Forschung in Frankreich) und ehrenamtliches Vorstandsmitglied der deutschen Gesellschaft für bedrohte Sprachen." (Deutsche Welle, https://www.dw.com/de/warum-sprachen-aussterben/a-37629858, abgerufen am 23. Februar 2022)

Prüfen wir den Text einmal auf Held, Ort und Handlung. Was finden wir davon? Zumindest in den ersten zwei Absätzen wenig bis gar nichts. Die zitierte Katharina Haude ist keine Protagonistin, sondern eine Expertin, die wegen ihrer fachlichen Qualifikation befragt wurde. Das Centre National de Recherche Scientifique in Frankreich wird lediglich genannt, um ihre Reputation zu stützen. Und eine Handlung? Gibt es nicht. Alles bleibt ganz bei den Fakten. Das ist gut und richtig so. Die Nachricht gehört zu den berichtenden Textsorten. Sie soll Informationen möglichst prägnant, nüchtern und allumfassend vermitteln.

Eine Nachricht kann aber auch Grundlage für eine Reportage sein, einer erzählenden Textgattung. Die Reportage knüpft an die Aktualität der Nachricht an, bebildert und vertieft die Information – und erweckt sie zum Leben. Hier der

5.4 Vom Thema zur Geschichte – wie wir Storys finden

Einstieg in eine Reportage zum gleichen Thema, recherchiert für Deutschlandfunk Kultur.[1]

Übersicht
Atmo Livonian (ca. 8 Sekunden frei)

Autor 1
Wen die Sprache der 102-jährige Grizelda Kristina an einen Dialekt aus dem Mittelalter erinnert, liegt ganz richtig. In einem Interview berichtete die alte Dame 2011 über ihre Schulzeit in Livland, einer historischen Landschaft im Baltikum, wo heute Estland und Lettland liegen. Mittlerweile ist Grizelda Kristina tot, und auch ihre Sprache Livisch gilt seit 2013 als ausgestorben. Die seltene Aufnahme stammt vom New Yorker Linguisten Daniel Kaufman.

O-Ton 1 – Kaufman Livisch
„I was the last person to record this woman …"
Sprecher: Ich war der Letzte, der ein Gespräch mit dieser Frau aufgenommen hat, gemeinsam mit einer lettisch-kanadischen Filmemacherin. Livisch ist eine Sprache, die lange von der finnischen Minderheit in Lettland beherrscht wurde. Diese Frau starb aber nicht dort, sondern in Toronto.
„… this person didn't die in Latvia but in Torronto!"

Autor 2
Von 6000 Sprachen auf der Welt ist jede zweite vom Aussterben bedroht. Daniel Kaufman kämpft gegen das Vergessen. Der 40-jährige Professor sitzt hinter dem mit Akten und Papieren überladenen Schreibtisch seines Büros am Queens College. Seit sechs Jahren spürt er gefährdete Sprachen aus aller Welt auf. Nicht in abgelegenen Dörfern im Baltikum, in Afrika oder Südamerika. Sondern in den multikulturellen Metropolen der USA und Kanadas. Alleine in New York werden 800 Sprachen gezählt. Die Dichte dürfte wohl nirgends höher sein. (…)

Anschließend wird in dieser Radioreportage der Protagonist Daniel Kaufman auf einer akustischen Entdeckungsreise durch den New Yorker Stadtteil Queens begleitet. Wir erfahren, wie er und seine Mitarbeiter durch die Geschäfte stromen. Sie spüren Menschen mit exotischen Dialekten auf und bitten sie, Geschichten aus

---

[1] „Jäger der aussterbenden Sprachen", https://www.deutschlandfunkkultur.de/us-linguist-daniel-kaufman-jaeger-der-aussterbenden-sprachen-100.html, abgerufen am 23. Februar 2022.

der Heimat aufzunehmen – in ihrer vom Aussterben bedrohten Heimatsprache. So wollen Kaufman und sein Team die Sprachen für die Nachwelt erhalten, wenn auch nur in den Archiven. Held, Ort und Handlung – in dieser Reportage kommt alles zusammen. Statt bloßer Fakten hören wir eine Geschichte.

Um ins Erzählen zu kommen, müssen Sie sich von den Themen Ihres Podcasts lösen. Spüren Sie die Storys auf, die Menschen und Ihre Geschichten, die sich hinter den Themen verbergen. Vom Thema zur Story ist es manchmal nur ein kleiner Schritt. Und doch fällt es uns oft so schwer, ihn zu gehen.

5.5 Gut erzählt – Beispiele für Storytelling im Podcast

Nehmen wir uns ein paar weitere Beispiele für gutes Storytelling im Podcast vor. Als Prototyp des Storytelling-Podcasts gilt weithin „Serial",[2] die Geschichte des verurteilten Mörders Adnan Syed, der seine Freundin erschlagen haben soll – die Tat aber bestreitet (vgl. Abschn. 2.2). Schauen wir uns den Einstieg von Reporterin Sarah Koenig in die erste Episode etwas genauer an.

Übersicht
Moderation
For the last year, I've spent every working day trying to figure out where a high school kid was for an hour after school one day in 1999-- or if you want to get technical about it, and apparently I do, where a high school kid was for 21 minutes after school one day in 1999. This search sometimes feels undignified on my part. I've had to ask about teenagers' sex lives, where, how often, with whom, about notes they passed in class, about their drug habits, their relationships with their parents.
And I'm not a detective or a private investigator. I've not even a crime reporter. But, yes, every day this year, I've tried to figure out the alibi of a 17-year-old boy. Before I get into why I've been doing this, I just want to point out something I'd never really thought about before I started working on this story. And that is, it's really hard to account for your time, in a detailed way, I mean.
How'd you get to work last Wednesday, for instance? Drive? Walk? Bike? Was it raining? Are you sure?

---

[2] https://serialpodcast.org/season-one, abgerufen am 23. Feburar 2022.

5.5 Gut erzählt – Beispiele für Storytelling im Podcast

Did you go to any stores that day? If so, what did you buy? Who did you talk to? The entire day, name every person you talked to. It's hard.

Now imagine you have to account for a day that happened six weeks back. Because that's the situation in the story I'm working on in which a bunch of teenagers had to recall a day six weeks earlier. And it was 1999, so they had to do it without the benefit of texts or Facebook or Instagram. Just for a lark, I asked some teenagers to try it.

O-Ton Sarah Koenig
Do you remember what you did on that Friday?

O-Ton Tyler
No. Not at all. I can't remember anything.

O-Ton Sarah Koenig
Wait, nothing?

O-Ton Tyler
No. I can't remember anything that far back. I'm pretty sure I was in school. I think-- no?

Moderation
That's Tyler. He's 18. I asked my nephew Sam. He's 18, too.

O-Ton Sam
Not a clue. In school, probably. I would be in school. Actually, I think I worked that day. Yeah, I worked that day. And I went to school. That was about it.

O-Ton Sarah Koenig
Actually, on second thought?

O-Ton Sam
I don't think I went to school that day.

O-Ton Sarah Koenig
You don't think you went.

O-Ton Sam
Yeah, no, I didn't. I definitely didn't.

Moderation
Here's Sam's friend Elliot. He seemed to have better recall.

> **O-Ton Elliot**
> Actually, I may have gone to the movies that night later.
>
> **O-Ton Sarah Koenig**
> Do you remember what you saw?
>
> **O-Ton Elliot**
> Now that I'm thinking. I'm sorry? Yeah, I think I saw 22 Jump Street.
>
> **O-Ton Sarah Koenig**
> OK. And did you go with friends?
>
> **O-Ton Elliot**
> Yeah. I went with Sam and this kid Sean, Carter, a bunch of people.
>
> **O-Ton Sarah Koenig**
> Wait, Sam, my nephew Sam?
>
> **O-Ton Elliot**
> Yeah, yeah.
>
> **O-Ton Sarah Koenig**
> Oh, OK. So Sam says he was at work.
>
> **O-Ton Elliot**
> Oh, then it wasn't that night, then.

Sarah Koenig könnte hier auch nachrichtlich einsteigen: mit Daten, Zahlen und Fakten zum Tatvorwurf zum Beispiel. Stattdessen erwähnt sie den Verurteilten nicht einmal. Sie nutzt stattdessen einen Trick. Im Mittelpunkt ihrer Episode steht zunächst die Frage: Was erinnern wir, wenn wir sechs Wochen zurückdenken? Darum geht es ja auch im Indizienprozess um Adnan Syed. Koenig macht einen Selbstversuch. Sie fragt in ihrer Familie herum, legt offen, wie sich die Erinnerungen ihres Neffen und dessen Freunden widersprechen. In kurzen Szenen erzählt sie anschaulich, statt zu referieren. Wie sehr uns unser Gedächtnis einen Streich spielen kann, leuchtet uns Hörerinnen und Hörern intuitiv ein. Die Ergebnisse des Selbstversuchs kann sie später auf Ihre große Erzählung übertragen.

Gehen wir einmal mit den Werkzeugen des Storytellings an den Einstieg heran, wie sie uns Aristoteles & Co. vorgeschlagen haben. Haben wir einen Helden und eine Handlung? Bislang ist es Sarah Koenig selbst, die sich als Protagonistin einführt. Sie blickt auf die Recherche des vergangenen Jahrs zurück, wie sie sich durch das Privatleben von Teenagern wühlt, ihren Drogenkonsum und das Verhältnis zu ihren Eltern notiert. Sie selbst hat sich für ihre Recherche auf eine Reise begeben, die sie verändert hat – eine Heldenreise. Aber auch Koenigs Interviewpartner sind mehr als Informanten oder Expertinnen. Sie alle erzählen von sich und ihren Erinnerungen. Das ist Storytelling.

Um vom Berichten ins Erzählen zu kommen, brauchen wir aber nicht unbedingt ein zweites „Serial". Auch simple Talkformate setzen auf die Kraft des Storytellings. Hier ein Beispiel für einen Einstieg aus dem Podcast „Verbrechen" von der „Zeit".[3]

> **Übersicht**
>
> **Andreas Sentker:** Liebe Zuhörerinnen und Zuhörer, herzlich willkommen hier im Büro von Sabine Rückert zu einer neuen Folge unseres Podcasts „Zeit Verbrechen". Mein Name ist Andreas Sentker, und Sie haben mich bei der letzten Folge schon staunen hören können darüber, dass in diesem Rechtsstaat Menschen für lange Zeit verwahrt werden, hoffnungslos, aussichtslos, in forensischen Psychiatrien, dass Jahr für Jahr wieder über ihr Schicksal befunden wird, und wie das abläuft. Das hat Sabine Rückert uns beim letzten Mal erzählt.
> **Sabine Rückert:** Ja, darüber haben wir letztes Mal gesprochen.
> **Andreas Sentker:** Liebe Sabine. Genau. Und jetzt? Dieses Mal wollen wir über einen ganz besonderen Fall reden.
> **Sabine Rückert:** Ja. Das ist der Fall des Herrn H. Herr H. Ist mir begegnet, im Jahr 2008, und ich habe mich mit seiner Geschichte beschäftigt. Ich habe auch lange mit ihm selbst gesprochen, und ich habe mir seine ganzen Akten angeeignet und habe mir daraus ein Bild gemacht. Herr H. saß sieben Jahre in einer forensisch-psychiatrischen Anstalt. Wie es da zugeht, haben wir in der letzten Folge schon ausführlich berichtet. Dieses Mal sind wir in Sachsen-Anhalt, in dem Ort Uchtspringe, da gibt es auch eine große forensisch-psychiatrische Anstalt. Und da saß Herr H. Ich muss vielleicht ein bisschen was zu seiner Vorgeschichte sagen.
> **Andreas Sentker:** Ja, Herr H. ist nämlich ein echter Straftäter.

---

[3] https://www.zeit.de/gesellschaft/zeitgeschehen/2020-01/forensische-psychiatrie-straftaeter-massregelvollzug-fehldiagnose-verbrechen?utm_referrer=https%3A%2F%2Fwww.google.com%2F, abgerufen am 23. Februar 2022.

Sabine Rückert: Ja, es sind ja in forensisch-psychiatrischen Anstalten häufig echte Straftäter. Natürlich sind auch ein paar mit Minimaldelikten dabei oder mit Bagatelldelikten. Aber es gibt auch wirklich Leute, die wirklich schwerste Straftaten begangen haben in diesen forensisch-psychiatrischen Anstalten. Herr H. hat auch eine schwere Straftat begangen. Er hat nämlich seine Frau vergewaltigt.

Herr H. war seit dem Jahr 2000 untergebracht wegen Nötigung und Bedrohung. Die Geschichte hat es angefangen im Jahr 1997 im Jahr 1997 hat Herr H. seine Ehefrau vergewaltigt. Er war einer der allerersten, die aufgrund des Delikts Vergewaltigung der Ehefrau überhaupt verurteilt worden sind. Denn das war erst drei Monate vor seiner Verurteilung zur Straftat erklärt.

Andreas Sentker: Ja, genau. Im Juli 1997 wurde das als strafbar erklärt, nach einer langen Vorgeschichte ...

Sabine Rückert: Darüber habe ich auch geschrieben. Ich habe darüber damals ein ganzes „Dossier" geschrieben, über Vergewaltigung in der Ehe. Vielleicht muss man ein bisschen was zur Vorgeschichte von Herrn H. sagen. Herr H. kam auch wie die bereits in der letzten Sendung erwähnten Straftäter aus einer, sagen wir mal, problematischen Familie. Die Eltern haben sich sehr früh getrennt, da war er noch ein Baby oder Kleinkind. Und er blieb bei seiner Mutter und hatte immer Schwierigkeiten. Die Mutter selbst hatte auch Schwierigkeiten, sodass er herumgereicht worden ist. Er hat mal bei der Großmutter gelebt oder bei einer Tante ...

Andreas Sentker: Ah, er wurde in der Familie rumgereicht.

Sabine Rückert: Ja, er wurde abgeschoben, wo er war, und wurde dann in ein Kinderheim gesteckt. Und als er dann 13 Jahre alt war, kam er zurück zur Mutter, und dann gab es Schulschwierigkeiten und Schwierigkeiten mit der Mutter. Und dann, als er 16 oder 15 war, wurde er auffällig durch Diebstahl. Und dann kam er in einen Jugendwerkhof, so ein Jugendheim, wo er was gelernt hat. Er sollte er eine Ausbildung zum Maler machen, zum Anstreicher. Das hat er dann aber abgebrochen. Und dann kam er von 1986 bis 87, hat er dann den Wehrdienst absolviert, bei der NVA damals noch. Die gab es noch damals in Havelberg.

Na gut, also lange Rede – '91 hat er seine spätere Frau kennengelernt, und dann änderte sich sein Leben. Also diese Frau, es war eine Krankenschwester, die hat in sein Leben eine große Stabilität reingebracht. Die war sein Fels in der Brandung kann man sagen, und danach war er auch relativ stabil. Sie haben sieben Jahre zusammengelebt und haben dann ein Kind bekommen oder sechs Jahre kann auch sein, haben dann einen kleinen Jungen bekommen, und danach schlief allerdings das Liebesleben

ein zwischen den beiden, was Herrn H. dazu veranlasste, sich anderen Damen zuzuwenden. Und das hat seine Ehefrau sehr geärgert und sehr, sehr verletzt und daraufhin sie sich von ihm trennen wollen. Und als Herr H. eines Tages die Handtasche seiner Frau durchsuchte, fand er dort eine Visitenkarte einer Rechtsanwältin. Und dann ist er zu ihr gelaufen und hat gesagt, hallo, willst du dich von mir scheiden lassen? Und sie sagte ja. Und er zog aus dem gemeinsamen Schlafzimmer aus und legte sich ins Wohnzimmer zum Schlafen nieder. Am 3. Oktober 1997 wachte er auf in seinem ...
Andreas Sentker: Auf dem Wohnzimmersofa.
Sabine Rückert: Ja, der Sohn war auch schon wach, der guckte Fernsehen, und seine Frau kam rein und schaute sich um und ging wieder raus und legte sich wieder ins Ehebett. Und dann kam er rüber zu ihr, ins Schlafzimmer und sagte: Lass dich doch bitte nicht scheiden. Und versuchte zu ihr ins Bett reinzukrabbeln und sie zu streicheln. Und sie hat gesagt, er soll abhauen. Er sei eben untreu, und er würde ihr auf die Nerven gehen, und er soll verschwinden. Und dann hat er eben weiterhin sie bedrängt, und dann hat sie ihm eine geknallt. Und dann wurde er richtig wütend und ging ins Wohnzimmer und zog den Stecker des Telefonkabels raus und sagte zu dem Sohn: Geh in dein Zimmer. Und ging zurück zu seiner Ehefrau und vergewaltigte sie im Ehebett. Und sagte dann am Schluss zu ihr: Willkommen im AIDS-Club. (...)

Auch hier haben wir es mit Storytelling zu tun, allerdings in ein Talkformat verpackt. Nach einer kurzen Begrüßung durch den Moderator steigt Reporterin Sabine Rückert ins Thema ein – und beginnt, die Geschichte ihres Protagonisten Herrn H. zu erzählen. Wie sich sein Leben veränderte, als er seine Partnerin kennenlernte. Wie sich das Paar auseinanderlebte. Bis zum traurigen Höhe- und zugleich Wendepunkt, der Vergewaltigung im Ehebett. Der Moderator fragt nach, ordnet ein, überlässt aber ansonsten der Erzählerin das Feld.

Eine packende Handlung, spannende Menschen, das alles detailliert und lebendig beschrieben – mehr braucht es manchmal gar nicht, um einen kraftvoll erzählten Podcast zu produzieren.

5.6 Auditives Erzählen – Einsatz von Geräuschen und Musik

Storytelling kann durch akustische Gestaltung verstärkt werden. Oder anders gesagt: Die Basis einer guten Geschichte ist eine solide Erzählung, die auditive Gestaltung macht die Geschichte sinnlicher. Als Podcasterinnen und Podcaster haben wir die Möglichkeit, mit akustischen Mitteln zu erzählen.

Übersicht
- Stimmen
- Atmo
- O-Töne
- Musik
- Jingles
- Klangcollagen
- Soundscapes
- Stille

Kein Podcast ohne Stimmen – das klingt wie eine Binse. Und doch ist es wichtig zu erinnern, dass Stimmen etwas über die Sprechenden erzählen. Ist jemand ängstlich oder dominant? Feinsinnig oder roh? Manche Stimmen finden wir vertrauenswürdiger als andere. Ob wir laut und kräftig sprechen oder zurückhaltend flüstern, verrät etwas über uns.

Atmo steht im Radiojargon für Hintergrundgeräusche. Geräusche aus einem Wald mit Vogelstimmen und Blätterrascheln, aber auch Straßenlärm – beides kann Bilder im Kopf erzeugen. Atmos werden vor Ort mit dem Mikrofon aufgenommen oder künstlich zusammengesetzt, zum Beispiel von einem Sounddesigner. Atmo kann auch über Soundarchive bezogen werden. Wichtig: Wenn wir im Audiofeature mit Geräuschen arbeiten, sollten sie immer szenisch in die Handlung eingebunden werden.

O-Töne oder auch Originaltöne sind wörtliche Zitate. Sie können aus fürs Radio produzierten Statements, Recherchegesprächen, Umfragen oder Interviews entnommen, zurechtgeschnitten und in eine Erzählung montiert werden. Ein Klassiker ist die Collage einer Straßenumfrage. Hier werden mehreren Passanten ein oder zwei Fragen gestellt und ihre Antworten hart gegeneinander geschnitten. Über größere Distanzen lassen sich O-Töne auch per WhatsApp als Voicemessage einholen.

Musik im Podcast kann verschiedene Funktionen haben. Zum einen kann sie Emotionen bei den Hörerinnen und Hörern erzeugen. Schnelle Beats vermitteln Aufbruch und Hektik, ruhiger Minimal Electro Reflexion und Nachdenklichkeit. Musik kann aber auch als Trenner von inhaltlichen Abschnitten genutzt werden. Eine kurze Tonfolge oder Melodie mit hohem Wiedererkennungswert, teils auch ergänzt durch Vocals, wird als Jingle bezeichnet. Mit Jingles werden zum Beispiel Werbepausen, Unterbrechungen oder auch inhaltliche neue Abschnitte angekündigt.

Wenn O-Töne, Atmos und Musik gegeneinander geschnitten oder miteinander verwoben werden, können Klangcollagen entstehen. Sie verbildlichen Szenen, fas-

5.6 Auditives Erzählen – Einsatz von Geräuschen und Musik

sen zusammen oder lockern auf. Bei komplexen Collagen spricht man gerade im Bereich der Radiokunst auch von Soundscapes oder Klanglandschaften.
Und nicht zuletzt ist auch Stille ein akustisches Mittel. Man denke nur an das berühmte Musikstück „4'33" des Komponisten John Cage. Uraufgeführt wurde es am 29. August 1952 in Woodstock, New York State, vom Pianisten David Tudor. Er schloss und öffnete den Klavierdeckel, dazwischen lag minutenlang – nichts. Und doch gab es im Aufführungssaal etwas zu hören. Es brummt und raschelt, flüstert und atmet. Wir brauchen diesen Raum der Stille, auch beim Hören. In sogenannten Schwarzblenden werden O-Töne nicht hart gegeneinander geschnitten, sondern durch eine kurze Passage der Stille miteinander verbunden. Gesagtes wird dadurch bedeutungsvoller.

Warum aber dieser Aufwand, wenn „Verbrechen" von der „Zeit" auch ohne akustische Gestaltung so erfolgreich ist? Tatsächlich gilt: Ein schwaches Konzept oder schwache Inhalte durch akustische Mittel aufzuwerten, gelingt selten. Eine gute Erzählung ist meist stärker als akustische Finesse. Entscheidend ist, dass beim Erzählen Bilder in den Köpfen der Hörerinnen und Hörer entstehen. Durch akustische Gestaltung lässt sich dieser Effekt verstärken. Denn Stimmen, Geräusche, Klänge und Musik wirken aus Sicht der Radioforschenden unmittelbar auf unsere Gefühle und Gedanken.

Der Medienwissenschaftler Friedrich Knilli untersuchte vor Jahrzehnten die Phänomenologie des Hörens in Bezug auf die Gattung des Radiohörspiels. Aus einer systematisch experimentellen Selbstbeobachtung unter 41 Versuchspersonen leitete er den Begriff des „phantasierenden Hörens" ab. Darunter versteht Knilli das Entstehen visueller Szenenvorstellungen während des Hörens. Einzelne Szenen wurden ihm zufolge manchmal „so deutlich ‚gesehen', dass sie von der Versuchsperson aufgezeichnet werden konnten" (Knilli 2009, S. 47).

Auch die Marketingspezialisten Werner Kroeber-Riel und Franz-Rudolf Esch heben in diesem Zusammenhang den Wert von „akustischen inneren Bildern" hervor. Klänge könnten Assoziationen, Erinnerungen und Gefühle hervorrufen, sie seien für die „Steuerung unseres emotionalen Verhaltens verantwortlich" (Kroeber-Riel/Esch 2004, S. 278). Der Medienwissenschaftler Hans-Jürgen Kleinsteuber betont, dass wir von Geräuschen am unmittelbarsten beeinflusst werden, da wir sie schon vor unserer Geburt im Mutterleib vernommen haben. Und der britische Radioforscher Andrew Chrisell beschreibt, dass Klänge ganze Bedeutungsebenen erweitern können:

> „Sounds on the radio may also carry what I have termed an extended signification. An owl-hoot, for instance, may open a documentary about feathered predators or it may evoke not merely an owl but an entire setting – an eerie, nocturnal atmosphere, as it would in a melodrama or a programme about the occult." (Chrisell 1994, S. 46)

Wichtig ist, akustische Mittel in Szenen einzubinden. Sie sprechen mit einem Gerichtsmediziner? Schneiden Sie nicht einfach an beliebiger Stelle eine Knochensäge in den Talk oder lassen Sie nicht das chirurgische Geschirr klappern. Erst wenn sich Beschreibungen, Klänge und Musik zu einer Szene zusammenfügen, erzählen sie eine Geschichte und werden lebendig.

Checkliste: Zutatenliste fürs Storytelling
Manchmal fällt es schwer, im Thema die Story zu erkennen. Hier einige Punkte, die Ihnen bei der Suche helfen können.

Der Held
- Gibt es einen Protagonisten oder eine Protagonistin, an der die Geschichte erzählt werden kann?
- Was macht sie interessant, welche Emotionen weckt sie?
- Gibt es weitere Personen, die die Protagonistinnen und Protagonisten unterstützen?
- Oder gibt es Personen, die in Konflikt mit dem Helden stehen (sogenannte Antagonisten)?
- Habe ich die richtige Anzahl an Personen? Zu wenige könnten die Story womöglich nicht tragen, zu viele sind für die Hörerinnen und Hörer unübersichtlich.
- Welche Rolle nehme ich als Moderatorin oder Moderator ein?

Die Handlung
- Gibt es einen packenden Einstieg, der Spannung schafft und die Hörerinnen und Hörer motiviert, dranzubleiben?
- Wie entwickle ich die Handlung weiter? Aus welchen Teilen besteht meine Story?
- Welche Wendepunkte und Höhepunkte gibt es?
- Macht mein Protagonist eine Entwicklung durch, eine „Heldenreise"? Ist er am Ende der Story ein anderer als zu Beginn?
- Aus welcher Perspektive erzähle ich die Geschichte? Bin ich ausschließlich Erzähler oder trete ich als Handelnder mit Gedanken und Gefühlen in Erscheinung?

Der Ort
- Wo findet meine Story statt?
- Welche Rolle spielt der Ort? Gibt es eine besondere Atmosphäre, die ich für meine Geschichte nutzen kann?
- Wie kann ich Orte, aber auch Menschen und Details beschreiben, sodass bei den Hörerinnen und Hörern Bilder im Kopf entstehen?

5.6 Auditives Erzählen – Einsatz von Geräuschen und Musik

Interview mit Sven Preger, Radiomoderator und Storyteller

Herr Preger, Sie haben ein Buch über Storytelling geschrieben und bieten Story Consulting an, vor allem für nicht-fiktionale Formate. Wie läuft das ab?

Zu mir kommen Redaktionen, Produktionsfirmen oder freie Autorinnen und Autoren mit Stoffen oder Geschichten, die in ganz unterschiedlichen Bearbeitungsstufen sind. Manchmal fehlt nur der letzte Schliff. Ich begleite aber auch den ganzen Prozess, von der Formatentwicklung bis zur finalen Veröffentlichung.

Geht es dabei vor allem um lange serielle Formate?

Oft, aber nicht nur. Auch in Talk-Formaten oder sogar in aktueller Berichterstattung kann man narrative und akustische Elemente einsetzen, um gebaute Beiträge, Kollegengespräche oder Interviews spannender, interessanter und besser zu machen. Alles natürlich mit der gebotenen journalistischen Sorgfalt.

Was unterscheidet Storytelling im Podcast vom klassischen Radiofeature?

Die Grundlagen sind in allen Medien dieselben. Aber aus meiner Sicht kommen gerade Podcast-Formate dem Storytelling sehr entgegen. Man ist flexibler in der Länge und kann die Intimität des Mediums nutzen. Durchs Hören über Kopfhörer erzeugen viele Podcasts eine besondere Nähe und können akustisch sogar dynamischer sein. Dabei haben Nutzerinnen und Nutzer die Möglichkeit, in der Story zurückzuspringen oder wieder einzusteigen, wenn es sich um eine komplexe Geschichte handelt. All diese Dinge machen Podcasts zu einem Einschaltmedium: Ich wähle bewusst Situation und Formate aus und mute mir selbst auch mehr zu als zum Beispiel im linearen Radio. Ein großer Unterschied zum eher klassischen Feature ist dabei außerdem die Erzählhaltung. Es geht im Podcast mehr darum, erzählerisch zu entdecken als zu präsentieren.

Wie erklären Sie die den Erfolg des Podcasts „Serial"? Lag das am Storytelling?

Auf jeden Fall auch. Natürlich erfüllt die Geschichte viele Voraussetzungen, um spannend erzählt zu werden. Man muss diese Elemente dann aber auch so gut und konsequent umsetzen, wie die Macherinnen und Macher von „Serial". Es gibt zum Beispiel eine klar etablierte Erzählerin, die zugleich Protagonistin ist und im Laufe der Folgen einen echten Erkenntnisprozess durchmacht. Zu ihr baue ich als Hörerin oder Hörer sehr schnell eine innige Verbindung auf. Außerdem steht etwas auf dem Spiel, schließlich geht es um einen möglichen Justizirrtum. Es steht zwar ein Einzelschicksal im Mittelpunkt, es geht aber gleichzeitig um etwas Größeres – nämlich darum, wie das Justizsystem in den USA funktioniert oder möglicherweise eben nicht funktioniert. Diese Welt entdecken wir nach und nach und denken die ganze Zeit mit: Kann es wirklich ein Justizirrtum sein? Damit sind wir als Hörende an die Geschichte gefesselt.

Was sind denn die akustischen Erzählelemente, die „Serial" so erfolgreich gemacht haben?

Interessanterweise ist „Serial" eher schlicht produziert. Es ist keine perfekt gebaute Klangwelt auf 50 Spuren. Im Gegenteil, der Sound ist eher ein bisschen dreckig, klingt nach Straße und Knast und vermittelt eben dadurch ein hohes Maß an Authentizität. Dazu gibt es die berühmte Klaviermelodie, die als Leitmotiv immer wiederkehrt. Dieses narrative Struktur-Element signalisiert: jetzt fasst Erzählerin Sarah Koenig etwas zusammen oder reflektiert das Gelernte. Das erzeugt einen Rhythmuswechsel in der Erzählung, der wiederum dafür sorgt, dass man dranbleibt. Gerade in Bezug auf so einen Rhythmuswechsel einer langen Erzählung sehe ich noch große Entwicklungsmöglichkeiten für Podcasts hier in Europa. Die behalten häufig denselben Rhythmus über die ganze Länge bei. Das wird schnell langweilig.

Wie erkenne ich eine gute Story?

Ich finde, ein wichtiger Merksatz ist der Folgende: Eine Geschichte ist mehr als ein Thema. Das bedeutet: Man sollte sich überlegen, welche Geschichte man erzählen will. Wer ist meine zentrale Figur? Was ist ihr Ziel? Was sind die Herausforderungen auf dem Weg zu diesem Ziel? Oder, wenn ich keine klassische Geschichte mit Protagonistinnen und Protagonisten erzählen will: Was ist meine Leitfrage oder These? Durch welche Szenen kann ich Facetten oder Argumente erfahrbar machen? Ohne Handlungs-Ebene wird es keine Geschichte werden. Gleichzeitig darf ich nicht künstlich dramatisieren oder mir die Sichtweise nur einer Person zu Eigen machen. Als Journalistin und Journalist muss ich offen bleiben für das, was sich aus der Recherche und aus der Situation vor Ort ergibt. Das ist auch eine moralische Verantwortung.

Inwiefern?

Denken wir an die Fälschungsskandale, die es im Journalismus leider immer wieder gegeben hat – auch im Podcastmarkt, wie der Fall von „Caliphate" bei

5.6 Auditives Erzählen – Einsatz von Geräuschen und Musik

der „New York Times" gezeigt hat. Storytelling heißt nicht, sich die Geschichte so hinzubiegen, wie man sie sich vorher überlegt hat. Oder einfach Dinge zu erfinden. Storytelling meint, sich zu fragen: Wie kann ich Realität angemessen abbilden? Dazu gehört natürlich auch, sich vorher Gedanken zu machen: Ist eine Geschichte überhaupt erzählbar? Wie kann man auf Grundlage von recherchierten Fakten Realität erfahrbar machen und spannend erzählen? Wichtig ist: Wenn ein Stoff nicht als Geschichte erzählbar ist, dann ist das ja kein Drama. Dann kann ich immer noch zu guten und bewährten anderen Audio-Darstellungsformen wie zum Beispiel Bericht oder Reportage greifen.

Sie haben vorhin gesagt, Storytelling funktioniert auch bei aktueller Berichterstattung und Talkformaten. Welche Tricks gibt es da?

Echte Breaking News leben von Kürze und Verständlichkeit, da braucht es keinen Spannungsbogen. Menschen wollen wissen, was los ist. Und genau das wird geliefert. Aber schon in tages-aktuellen Beiträgen funktioniert Storytelling durchaus. Zum Beispiel kann auch im linearen Radio die Moderation mit einem O-Ton beginnen, der wiederum eine Frage aufwirft. Diese wird dann im folgenden Beitrag oder Kollegengespräch beantwortet. Storytelling ist eben Handwerk, das die klassischen und sinnvollen journalistischen Fähigkeiten ergänzt. Wenn beides zusammenkommt, dann ist das Produkt nicht nur von hoher journalistischer Qualität, sondern auch noch spannend zu hören – wie zum Beispiel bei „The Daily", ebenfalls von der „New York Times".

Wie kann das gelingen?

Ein Beispiel: Sie haben in einem Talk-Podcast, der sich zum Beispiel um Berufe dreht, einen Anwalt zu Gast. Dieser soll erzählen, was sein schwerster Fall war. Im Journalismus sind wir gewohnt, die wichtigsten W-Fragen am Anfang zu beantworten. Das bedeutet aber auch, dass man Ergebnisse dramaturgisch vorwegnimmt. In dem gerade genannten Beispiel könnte ein Host also so was sagen wie: „Lassen Sie uns doch mal über Ihren schwersten Fall reden, den Sie ja damals verloren haben ..." Das nimmt die Spannung raus. Stattdessen sollte man in diesem Fall lieber chronologisch erzählen und sich dabei die Bälle zuspielen. Was auch gut funktioniert: kleine Einspieler nutzen, um Hintergrundinformationen zu liefern oder Eindrücke zu schildern, die in dem Moment wichtig sind für das Gespräch. Das macht zum Beispiel der Podcast „Deutschland 3000" mit Eva Schulz. Auch im „Deep Talk" bei Deutschlandfunk Nova nutzen Rahel Klein und ich dieses Mittel. Das entlastet das Interview von mühseligen oder holprigen Passagen, in denen der Gast zum Beispiel seinen eigenen Lebenslauf nacherzählen soll. Außerdem wird der Host als Persönlichkeit noch erkennbarer.

Ohne Szenen geht es also nicht beim Storytelling?

Genau. Szenen sind essenziell, egal ob ich als Reporterin in dem Moment dabei bin, wenn sie passieren, oder die Szenen von Personen nacherzählt werden – wobei auch die natürlich journalistisch überprüft werden müssen. Wir wollen ja durch Storytelling die Realität erfahrbar machen. Über Szenen tauche ich in diese Erfahrungswelt ein. Wenn ich immer nur auf der Reflexions-, Einordnungs- oder Metaebene unterwegs bin, dann werden Podcasts nicht lebendig, sondern sehr schnell sehr abstrakt und dann auf Dauer eben langweilig. Gut ist es, wenn sich Szenen und Metaebene oder Debatten abwechseln – dann entsteht das, was man Dichtheit oder Flow nennt.

Wie kann Musik die Erzählung unterstützen?

Grundsätzlich kann Musik aus meiner Sicht zwei Funktionen erfüllen: Sie kann mit Emotionen arbeiten oder die Struktur der Erzählung unterstützen. Emotional kann Musik entweder vorhandene Gefühle unterstreichen oder hervorheben oder die Stimmung einer Szene ausdeuten beziehungsweise kommentieren. Musik kann aber auch bestimmte Momente markieren oder Orientierung in der Erzählung geben, wie etwa beim berühmten Klavier von „Serial". Grundsätzlich sollte man sich wohl immer fragen: Was will ich mit Musik erreichen? Dann habe ich auch die Chance, die Debatte um Musikeinsatz ein bisschen vom persönlichen Geschmack zu lösen.

Was wäre ein guter Rat für uns als zukünftige Erzählerinnen und Erzähler im Podcast?

Ich finde: Ein guter Erzähler ist bescheiden. Als Host müssen wir uns selbst zurückzunehmen, um der Geschichte zu dienen. Das macht es für Hörerende auch einfacher, sich mit Hosts zu identifizieren. Die richtige Erzählhaltung im Podcast ist nicht von oben herab, sondern ist ein Erzählen und Entdecken auf Augenhöhe. Die Persönlichkeit des Host wird durch die Art und Weise erfahrbar, wie erzählt oder ein Gespräch geführt wird. Darüber hinaus finde ich eine transparente Selbstpositionierung wichtig. Das bedeutet, ich reflektiere aktiv meine eigene Haltung und Privilegien und erkläre, wie ich zu bestimmten Einschätzungen komme.

5.6 Auditives Erzählen – Einsatz von Geräuschen und Musik

Was sind Ihre Hörempfehlungen für richtig gutes Storytelling?

Als aktueller Podcast macht „Der Tag" vom Deutschlandfunk sehr vieles richtig. Und „Deutschland 3000" mit Eva Schulz ist ein tolles Interview-Format. Im narrativen Bereich hat mich zum Beispiel „Vier Tage Angst" von Till Ottlitz sehr gefesselt und beeindruckt. Darin erzählt er die Geschichte, wie seine Mutter aus der DDR in die Bundesrepublik geflohen ist. Ganz großartig und konstruktives Storytelling ist der Podcast von Bastian Berbner „180 Grad. Geschichten gegen den Hass" vom NDR. Podcasts haben ja auch die Kraft, Geschichten und Perspektiven zu erzählen, die sonst zu wenig Gehör finden – und mir so vielleicht einen neuen Kosmos eröffnen. Wirklich toll finde ich da zum Beispiel „DragStories" von Taiina Grünzig, „Black & Breakfast" mit Jaide Fuchs & Joana Abondo, „Feuer & Brot" mit Alice Hasters & Maxi Häcke oder „Rice & Shine" mit Minh Thu Tran & Vanessa Vu. Da gibt es so viel zu entdecken, zu erleben, zu lernen und zu verstehen.

Strategien und Erlösmodelle 6

Im journalistischen Umfeld braucht es eine Erlösstrategie für einen Podcast. Schließlich wollen Medienhäuser und Selbstständige am Ende des Tages für diesen Aufwand auch Erträge sehen. Die Frage nach der Finanzierung ist keine Lappalie. Mit ihr steht oder fällt die Entscheidung für oder gegen ein Konzept.

Im folgenden Kapitel möchte ich Beispiele durchgehen, wie Medienhäuser und freie Medienschaffende Strategien finden und Erlösmodelle für sich etablieren. Wie können Synergien in Redaktionen geschaffen werden? Welche Möglichkeiten gibt es, Podcasts in Abomodelle zu integrieren oder Kooperationen zu schmieden? Und welche Chancen haben freie Journalistinnen und Journalisten, mit ihren Projekt Geld zu verdienen?

6.1 Podcasting für freie Medienschaffende

Freie Medienschaffende stehen am Anfang vor einer Richtungsentscheidung. Sie können ihr Konzept an einem Verlag, einem TV- oder Radiosender vorlegen, oder als „Original" exklusiv einem Streamingdienst wie Audible, Spotify oder Podimo vorschlagen. Der Vorteil: Mit Mit Medienhäusern und Portalen haben Freie starke Partner an ihrer Seite. Die Konzerne verfolgen eigene Erlösstrategien, arbeiten wie Audible mit einem monatlichen Abomodell oder verfügen über gut vernetzte Anzeigenabteilungen. Der öffentlich-rechtliche Rundfunk braucht sich durch seine Gebührenfinanzierung ohnehin wenig um sein Geschäftsmodell zu sorgen.

Medienunternehmen arbeiten meist mit Partnern, die bereits in der Branche etabliert sind. Sie müssen aber nicht zwingend aus dem Radio kommen. Wenn Ihnen technische Expertise fehlt, suchen Sie sich ein erfahrenes Team, das zu Ihrer Formatidee passt. Bildet Banden – das gilt im freien Journalismus mehr denn je. Der wichtigste Kern ist Ihr Konzept und Ihr Pitch (vgl. Kap. 4).

Eine Kalkulation muss spätestens dann auf den Tisch, wenn Ihr Pitch die potenziellen Auftraggeber überzeugt hat. Kalkulation heißt: ein Angebot oder auch Kostenvoranschlag, der Produktionskosten und Honorare umfasst. Was gehört dort rein? Hier ein paar relevante Positionen für jede Podcastproduktion.

Übersicht
1. Einmaliger Aufwand
   - Recherche von Musik für Intro und Outro
   - Honorar Sprecherin oder Sprecher für Intro und Outro
   - Produktion Intro und Outro
   - Ggf. Produktion eines Trailers
   - Musiklizenzen, Technikmiete

2. Aufwand pro Folge
   - Recherche und Vorbereitung von Interviews
   - Aufnahme vor Ort oder Remote per Online-Schalte
   - Reisezeit, Reisekosten, Verpflegungsmehraufwand
   - Postproduktion und Audioschnitt
   - Distribution auf Verbreitungskanälen
   - Ggf. Honorare für Co-Hosts und Sprecher
   - Ggf. weitere Musik- und Archivrecherche, Lizenzen, Technikmiete
   - Ggf. Marketing auf Social Media

3. Jährliche Kosten
   - Hostinggebühren

Während Hostinggebühren, Reisekosten, Technikmiete und Musiklizenzen Fremdkosten sind und auf den Kunden umgelegt werden können, sollten Sie für die Kalkulation der Produktionskosten einen Stundensatz für sich ermitteln. Denken Sie daran: Sie müssen nicht nur Ihr eigenes Honorar berücksichtigen, sondern auch Sachkosten für Computer, Büromiete und weitere regelmäßige Ausgaben. In Ihrem Angebot rechnen Sie mit Stundensätzen oder Stückzahlen pro Arbeitsschritt – beides ist möglich.

Neben klassisch journalistischen Abnehmern hat sich auch ein Markt für Branded Podcasts etabliert. Darunter versteht man Podcasts im Auftrag für Unternehmen. Branded Podcasts werden in der internen und externen Unternehmenskommunikation eingesetzt, aber auch in der Öffentlichkeitsarbeit von Verbänden, Organisationen oder politischen Institutionen und Parteien. Für freie Podcasterinnen und Podcaster ergeben sich hier neue Märkte und Einsatzmöglichkeiten. Wichtig im Sinne der Transparenz ist, einen kommerziellen Herausgeber und Sponsor zu nennen, beispielsweise im Intro oder in der Anmoderation. So lassen sich Journalismus und PR deutlich voneinander trennen.

6.2 Erlösmodelle für unabhängige Produktionen

Wenn Sie Ihren Podcast eigeninitiativ planen, also ohne Medienhaus oder Streamingdienst im Rücken, wird es etwas komplizierter. Sie sind nicht mehr allein für die Inhalte verantwortlich, sondern auch für den Vertrieb und fürs Marketing. Durch das Wachstum der vergangenen Jahre in der Podcastbranche haben sich in den USA diverse Erlösmodelle für freie Podcasterinnen und Podcaster entwickelt. Einige Modelle haben es auch nach Deutschland geschafft.

1. Werbefinanzierung

Ein gängiges Modell für freie Podcasterinnen und Podcaster ist die Kooperation mit einem Vermarkter. Bekannte Vermarkter sind die Online Marketing Rockstars (OMR) in Hamburg, Zebra Audio in Berlin, die ARD-Werbung Sales & Services GmbH (AS&S), Julep in München und Media Impact von Axel Springer in Berlin. Die Unternehmen sind darauf spezialisiert, Podcaster und Werbekunden zusammenzubringen. Der Deal: Werbekunden schalten einen Spot oder buchen eine „Native Ad", also eine vom Host eingesprochene Werbebotschaft, die als solche akustisch gekennzeichnet wird. Im Gegenzug bekommen Podcaster Anzeigenerlöse – abzüglich einer Provision von beispielsweise 30 Prozent für den Vermarkter.

Der Vorteil der meist ein bis zwei Minuten langen, vom Host eingesprochenen Native Ads liegt in der Nähe zum redaktionellen Teil. Da die Kennzeichnung von Werbung wettbewerbsrechtlich erforderlich und auch in Bezug auf die redaktionelle Qualität geboten ist, sind Anfang und Ende des Native Ads akustisch gekennzeichnet, zum Beispiel durch einen Jingle. Produzierte Werbespots hingegen werden entweder direkt in die Episode geschnitten oder separat ausgespielt und in Spotify & Co. eingefügt. Mithilfe von Algorithmen lassen sich solche eigenständigen „Programmatic Ads" spezifischer einer Zielgruppe zuordnen.

Möglich ist auch das Sponsoring von Podcasts durch Unternehmen, Verbände und andere Werbetreibende. So begnügte sich der Newsletter-Service Mailchimp beim berühmten Podcast „Serial" mit einem schlichten Hinweis auf den Sponsor zu Beginn einer Episode („Support for Serial comes from MailChimp!") Das Engagement eines Sponsors läuft meist über einen längeren Zeitraum, zum Beispiel über eine gesamte Staffel. Es können aber auch weitere Werbelinks in den Shownotes vereinbart werden, zum Beispiel auf der Website des Podcasts. Das alles ist in Deutschland in der Branche noch selten. Die werbetreibende Industrie setzt hier lieber auf bewährte Spots und Formate.

Das Geschäft mit Podcast-Werbung hat in den USA schwindelerregende Höhen erreicht. Nach einer Erhebung von PricewaterhouseCoopers sind die Umsätze von 68,6 Millionen US-Dollar im Jahr 2015 auf rund 694 Millionen US-Dollar in 2021 gestiegen. Und das trotz der verheerenden Wirtschafts- und Medienkrise während der Corona-Pandemie. In Deutschland läuft das Geschäft dagegen auf Sparflamme. Doch auch hier steigen die Umsätze stetig, von neun Millionen Euro im Jahr 2019 auf voraussichtlich 20 Millionen in 2021.

Das Problem an der Werbefinanzierung: Sie müssen mit Ihrem Podcast aus dem Stand heraus erfolgreich sein – oder die erste Staffel auf eigene Kappe produzieren. Vermarkter sind in der Regel an Podcasts interessiert, hinter denen eine feste Community steht. Zwar vermittelt Julep schon ab 2000 Hörern pro Folge Werbung. Mit weniger als 10.000 Downloads und Streams pro Episode haben es andere Vermarkter wie Zebra Audio aber schwer, lukrative Anzeigenerlöse zu generieren. Das Geschäft für Podcaster, Werbetreibende und Agenturen lohnt sich also erst für etablierte Formate.

Sie können sich allerdings auch selbst auf die Suche nach Sponsoren und Werbepartnern machen. Dann sparen Sie sich die hohen Provisionen der Vermarkter. In diesem Fall ist Verhandlungsgeschick und unternehmerisches Denken gefragt. Die gute Nachricht: Wenn Sie als freie Journalistin oder Journalist einen eigenen Podcast herausgeben und Werbung abrechnen, ändert sich nichts an Ihrem Status. Sie bleiben weiterhin bei der Künstlersozialkasse versichert, es entsteht keine „gewerbliche Nebentätigkeit". Dies hat das Bundessozialgericht erst 2014 so festgestellt.

2. Tantiemen von Apps und Plattformen

Neben der Zusammenarbeit mit Vermarktern gibt es noch weitere Erlösstrategien für unabhängige Podcastproduktionen. Wie in Abschn. 6.1 beschrieben, erarbeiten Streamingdienste wie Audible oder Spotify exklusive Formate in Kooperation mit freien Podcastern und Hosts. Darüber hinaus entwickeln sie in jüngster Zeit aber immer öfter Modelle, die „Tantiemen per Klick" zulassen

6.2 Erlösmodelle für unabhängige Produktionen

Bei Podimo funktioniert das so: Jeder Producer entscheidet, ob er seinen Podcast frei zugänglich oder hinter der Bezahlschranke veröffentlichen möchte. Wer sich für die Bezahlschranke entscheidet, erhält Tantiemen. Das monatliche Abo kostet jeden Nutzer derzeit 4,99 Euro. Ein Teil aus dem Bezahltopf leitet Podimo nun aufgeteilt nach einem Schlüssel an die Producerinnen und Producer weiter. Auch Apple hat seine App überarbeitet und Paid-Funktionen eingeführt. Ob am Monatsende tatsächlich ein angemessenes Honorar erwirtschaftet wird, bleibt abzuwarten. Die Modelle mit Tantiemen sind noch recht neu. Legt man die Erfahrungen von Musikerinnen und Musikern auf Spotify zugrunde, dürften wohl nur Podcaster mit Spitzenreichweiten auf eine nennenswerte Beteiligung hoffen.

3. Crowdfunding und Freemium

Das Crowdfunding hat bei der Finanzierung digitaler Formate in den vergangenen Jahren eine immer größere Rolle gespielt. Während auf Startnext vor allem Anschubfinanzierungen mit Spenden finanziert werden, ermöglichen es Plattformen wie Steady oder Patreon den Medienschaffenden, mit regelmäßigen Spenden der Community oder Abonnements Inhalte zu finanzieren. Die Technik für Bezahlschranke und Abrechnung stellen die Plattformen gegen eine Provision zur Verfügung. Ist ein Teil der Medieninhalte frei Verfügbar, ein anderer Teil hinter der Bezahlschranke, spricht man von einem „Freemium"-Modell – also einer Mischung aus freien Inhalten und bezahlten Premium-Inhalten.

In Deutschland ist Steady eine der bekanntesten Dienstleister für Crowdfunding. Magazine wie „Krautreporter", „Edition F", die „Prenzlauer Berg Nachrichten" oder „Übermedien" arbeiten mit Steady zusammen. Aber auch Newsletter, Blogs und eben Podcasts können darüber finanziert werden. Das Prinzip ist einfach: Die Producer entscheiden selbst, welche Abomodelle sie zur Verfügung stellen wollen. Oft werden Einstiegs-Abos zwischen fünf und zehn Euro monatlich angeboten, teils auch Unterstützer-Abos von bis zu 20 Euro pro Monat. Für die jeweiligen Pakete erhalten die Nutzer einen abgestimmten Leistungsumfang. So haben Fördermitglieder bei Krautreporter zum Beispiel die Möglichkeit, eine Mitgliedschaft zu verschenken. Premium-Abonnenten bei Übermedien werden zu Redaktionskonferenzen eingeladen. **In der Podcast-Branche gibt es mit Crowdfunding bereits erstaunliche Erfolgsgeschichten.** Der wöchentliche Film-Podcast „Kack & Sachgeschichten" konnte bereits 4000 Premium-Mitgliedschaften verkaufen und erzielt damit knapp 17.000 Euro pro Monat. Und mit den Podcasts ihres Labels „The Pod" erzielen die Games-Journalisten André Peschke, Jochen Gebauer, Sebastian Stange und Wolfgang Walk sogar mehr als 23.000 Euro im Monat – allein auf Steady. Die Erlöse auf Patreon sind da noch nicht einmal eingerechnet.

Wer eine große Community im Rücken hat, zum Beispiel über Social-Media-Kanäle wie Instagram, kann seine Fans mittels Steady und Patreon also gut an der Finanzierung eines Podcasts beteiligen. Einige Podcaster Podcasterinnen und Podcaster gehen sogar einen Schritt weiter und setzen ihre eigene Crowdfunding-Plattform auf. So wie Phillip Banse und Ulf Buermeyer, Gründer des Labels Küchenstudio, mit dem sie den News-Podcast „Lage der Nation" herausgeben. Den Podcast gibt es seit 2016, die Community wächst stetig. Mit knapp fünf Euro im Monat oder 50 bis 150 Euro pro Jahr können Fans die „Lage Plus" beziehen – und den Podcast somit werbefrei hören .

Darüber hinaus haben Banse und Buermeyer einen Fan-Shop über die Plattform Spreadshirt auf ihrer Website eingebunden. Dort lassen sich allerhand Fanartikel mit dem Logo der „Lage der Nation" kaufen: T-Shirts, Hoodies, Jutebeutel und Tassen. Dabei dürfte es sich aber eher um ein Nebengeschäft handeln.

6.3 Podcasting in Verlagen

Die Verlage stecken tief in der Krise. Leserschwund, Anzeigenkrise und steigende Vertriebskosten verhageln ihnen das klassische Printgeschäft. Seit einigen Jahren treiben sie daher die Digitalisierung voran – auch mit Podcasts. Rund zwei Drittel der Tages- und Wochenzeitungen in Deutschland geben mittlerweile Podcasts heraus. 29 Prozent haben sogar drei Formate und mehr im Angebot.

Für die Redakteurinnen und Redakteure ist das eine gute und schlechte Nachricht zugleich. Auf der einen Seite steht die Frage: Wie lassen sich personelle und inhaltliche Ressourcen bündeln, um einen neuen Audiokanal mit gedeckelten Etats bespielen zu können? Und auf der anderen Seite: Wie erstelle ich ein möglichst attraktives Angebot für eine junge Zielgruppe, das gehört wird und sich monetarisieren lässt? Nicht selten reiben sich Redaktionen zwischen den beiden Polen auf und haben das Gefühl, immer mehr Kanäle mit gleichbleibenden oder gar schrumpfenden personellen Ressourcen befüllen zu müssen.

Mit Blick in die USA sehen wir, dass es anders gehen kann. Die „New York Times" hält mit ihrer Qualitätsstrategie beim Podcasting einen erfolgreichen Kurs, auch finanziell, wie der Host von „The Daily", Michael Barbaro, zu seiner eigenen Überraschung im Gespräch mit der „Vanity Fair" feststellte. Die „New York Times" verdient mit ihren Podcasts Geld, gerade auch wegen hoher Startinvestitionen. Zum einen können Werbeerlöse erzielt, zum anderen Hörerinnen und Hörer auch als Nutzer der Bezahlangebote der „New York Times" gewonnen werden.

Auch in Deutschland haben die meisten großen Verlage wie der „Spiegel", die „Süddeutsche Zeitung" oder das „Handelsblatt" in den vergangenen Jahren

Stellen in ihren Digitalteams geschaffen, um Podcastproduktionen umzusetzen – wenn auch in kleinerem Rahmen. Auch Audiostudios sind in den Verlagshäusern entstanden. Teils greifen die Redaktionen auf externe Dienstleister zurück, so wie die „Zeit", die ihre Podcasts mit den Pool Artists in Berlin produziert.

Ob Sie Ihren Podcast selbst in die Hand nehmen wollen oder externe Dienstleister hinzuziehen, hängt vom Budget, aber auch von Ihren Vorkenntnissen und der Komplexität des Projekts ab. Ein einfaches Interview mit zwei Mikrofonen auf zwei Spuren können Laien auch selbst aufnehmen. Sie sollten sich mit dem Handling von Aufnahmegerät und Mikrofon auskennen sowie über Grundkenntnisse im Audioschnitt verfügen. Bei Audiofeatures mit hochwertigem Sounddesign und komplexer Dramaturgie braucht es dagegen häufiger Teamarbeit.

Immer mehr Medienhäuser schmieden daher Kooperationen. An der Produktion des Storytelling-Formats „Cui Bono: WTF happened to Ken Jebsen?" waren Redaktionen von RBB und NDR sowie Producer von Studio Bummens und K2H beteiligt. Der Podcast „Faking Hitler" vom „Stern" über die Hintergründe zu den gefälschten Hitler-Tagebücher war eine Kooperation des Magazins mit den Pool Artists. 13 Personen waren an der Produktion von „Faking Hitler" beteiligt. Da die Konkurrenz auf dem Podcast-Markt steigt, könnte die dramaturgische und akustische Unterscheidbarkeit gerade für große Medienmarken immer wichtiger werden. Mehr Storytelling statt Talk - die „Süddeutsche Zeitung" fährt diese Strategie. In Produktionen wie „Wirecard: 1,9 Milliarden Lügen" oder „Die Mafiaprinzessin" gestalten sie aufwendige Recherchen in akustischen Features, meist in Kooperation mit Streamingdiensten.

Komplett abgeben wollen die meisten Verlage ihre Produktionen aber nicht, sondern ihre Redakteurinnen und Reporter beteiligen, zum Beispiel als Autoren, Hosts oder Sprecherinnen. So bietet sich die Möglichkeit, die eigene Expertise aus Recherchen zu nutzen und das Team markenwirksam zu präsentieren. Zugleich stehen große Medienmarken nach wie vor für Seriosität, zumindest in der Altersgruppe der 30- bis 49-Jährigen. Knapp ein Drittel von ihnen gab in einer Umfrage des Online Audio Monitors 2020 an, die Glaubwürdigkeit der Medienmarke hinter einem Podcast sei ihnen wichtig.

Die „Zeit" stellt mit dem „Verbrechen"-Podcast zum Beispiel die Gerichtsreporterin und stellvertretende Chefredakteurin Sabine Rückert prominent in den Vordergrund. Und im Auslands-Podcast „Acht Milliarden", der nach eigenen Angaben rund 55.000 Hörer pro Ausgabe erreicht, spricht der „Spiegel"-Redakteur Olaf Heuser mit den Korrespondentinnen und Korrespondenten des Blatts aus aller Welt. Kürzere Nachrichtenformate wie „Auf den Punk" der „Süddeutschen Zeitung" setzen ebenfalls auf Kompetenz aus den eigenen Reihen. Die Talks werden meist mit Redakteuren oder Korrespondentinnen geführt.

Bei der Mehrfachverwertung von Recherchen tappt man leicht in die „Making-of"-Falle. Berichten Reporterinnen und Reporter lediglich darüber, wie ihre Recherchen entstanden sind, wird es schnell langweilig. Die Storys sollten umgedacht werden. Persönlich, auditiv und dialogisch erzählt, mit passender Dramaturgie und geeignetem Sounddesign. Nur so wird die Fülle des Mediums Podcast wirklich ausgeschöpft.

6.4 Erlösmodelle für Verlagspodcasts

Auf der Erlösseite haben Verlage den Vorteil, dass sie gut vernetzte Abteilungen für Anzeigenakquise und Vertrieb aufgebaut haben. Dort spielen Podcasts in der Digitalvermarktung oft schon eine Rolle. Analog zu den Erlösmodellen für unabhängige Podcasts bieten sich auch Verlagen unterschiedliche Wege.

1. Abomodelle

Ähnlich wie die großen Streamingdienste experimentieren reichweitenstarke Medienmarken mit Abomodellen. Das heißt: Audio rutscht hinter eine Bezahlschranke. Der „Spiegel" bietet für rund 15 Euro monatlich ein „Audio+"-Abonnement an. Darin enthalten sind der Podcast „Spiegel Daily", ein Coaching-Podcast, vertonte Beiträge aus „Spiegel Geschichte" und mehr. Einen ähnlichen Weg geht der Journalist Gabor Steingart mit seinem Unternehmen Media Pioneer. Während der Podcast „Morning Briefing" frei verfügbar ist, stehen andere Produktionen wie „Wall Street Daily" und „Der 8. Tag" hinter der Bezahlschranke. Wer Podcasts hören und Newsletter lesen will, muss ab 25 Euro monatlich zahlen.

Alternativ zur eigenen Paywall gehen starke Medienmarken wie der „Spiegel" oder „Geo" auch Partnerschaften mit Streamingdiensten ein. So ist der Podcast „Spiegel Daily" auch als Abo bei Audible erhältlich. „Geo – Der Podcast" und „brand eins – Das Gespräch" mit Jörg Thadeusz werden sogar exklusiv über den Streamingdienst Audible bezogen.

2. Werbung

Eine andere Möglichkeit der Monetarisierung liegt in der Kombination aus Reichweite und Werbung. Für ihre frei verfügbaren Podcasts verkaufen die Anzeigenabteilungen der Verlage meist digitale Bundles. Der „Tagesspiegel" beispielsweise bietet Werbeplätze für seine Podcasts „Eine Runde Berlin" und „Gyncast" an, entweder einzeln oder in Kombination mit einem Werbeplatz in dem

6.4 Erlösmodelle für Verlagspodcasts

täglichen Newsletter „Checkpoint". Auch bei „SZ" und „FAZ" werden Native Ads oder Spots in den Hauseigenen Podcasts standardisiert verkauft. Mit ihrem Nachrichtenformat „Auf den Punkt", mit dem die „SZ" nach eigenen Angaben 130.000 Hörer pro Woche erreicht, lassen sich bis zu 30.000 Euro für fünf Folgen erwirtschaften. Andere Publikationen wie „National Geographic Deutschland" lassen ihren Podcast vom ausgelagerten Vermarktern vertreten, in diesem Fall von Zebra Audio.

Strategisch muss die Entscheidung nicht zwischen Bezahlschranke und Werbeerlös fallen. Es ist auch beides möglich. Die „Süddeutsche Zeitung" setzt sowohl auf frei zugängliche Formate wie „Auf den Punk", die viele Hörer ansprechen und für die Werbevermarktung interessant sind. Und zugleich auf Premium-Inhalte, die es nur gegen Gebühr gibt. Wichtig ist, die Formate rechtzeitig auf Zielgruppen und Potenziale abzuklopfen. Welcher Podcast verspricht hohe Reichweite? Und welche Shows taugen eher zum Premium-Produkt? Fragen, die man besser rechtzeitig mit den Fachkräften für Marketing und Vertrieb bespricht.

3. Events

Live-Events zum Podcast sind eine weitere, wenn auch bislang eher wenig ausgeschöpfte Strategie. Die Wochenzeitung „Freitag" beispielsweise bietet gemeinsam mit dem RBB und der Berliner Volksbühne den regelmäßigen Salon „2 um acht" an. Auf einer Theaterbühne trifft Verleger Jakob Augstein auf prominente Gäste, diskutiert mit ihnen über Politik und digitale Medien. Die mehreren hundert Besucher zahlen Eintritt, um am Salon teilzunehmen. Wer die Debatte kostenfrei nachhören mag, kann das in einem begleitenden Podcast. Auch die Macher des wöchentlichen Nachrichten-Talks „Lage der Nation" bieten regelmäßige Live-Events an.

Auch große Verlagshäuser wie die „Süddeutsche Zeitung" oder der „Tagesspiegel" setzen zunehmend auf Nebengeschäfte. In ihren Shops werden Wein, Kunstwerke oder sogar Möbel angeboten – alles unter dem Label der Verlagsmarke. Man soll sich beim Einkauf als Teil einer Community fühlen. Den Effekt nutzen die Verlage zunehmen auch in der Veranstaltungsbranche.

So veranstaltet der Süddeutsche Verlag jährlich den SZ-Wirtschaftsgipfel, der Verlag Der Tagesspiegel bietet Events zu Themen wie Diversity, Zukunft der Mobilität und anderen Schwerpunkten an. Sponsoren sind Unternehmen, die sich einen Platz auf dem Panel sichern. Begleitend zu solchen Veranstaltungen entstehen – gerade nach der Pandemie – immer mehr digitale Formate, darunter auch Podcasts.

Geschäftsführerinnen sprechen mit Redakteuren über Gleichberechtigung und Teilhabe in ihren Unternehmen, plaudern über alternative Antriebe und deren Zukunft. Solche Podcast-Formate gleichen einem gedruckten Advertorial, gehören also zum Content Marketing. Sie sollten daher unbedingt von journalistischen Inhalten abgegrenzt und als Verlagssonderveröffentlichung gekennzeichnet werden. Im Gesamtmix können solche Branded Podcasts die digitale Erlösstrategie von Verlagen sinnvoll erweitern.

6.5 Podcasting im Rundfunk

Während die Verlage Streamingdienste wie Spotify oder Audible als strategische Partner verstehen, sieht es bei den Rundfunksendern etwas anders aus. Seit Streamingdienste auch als Produzenten auftreten, sind sie für Radiosender eine bedrohliche Konkurrenz auf dem Podcastmarkt. Gerade junge Hörerinnen und Hörer kehren dem Radio den Rücken. Über 90 Prozent der 14- bis 29-Jährigen nutzen Musikstreamingdienste, um Musik zu hören, Spaß zu haben oder zu entspannen. Im Gegensatz zum Radio können die Nutzer selbstbestimmt Musik und Podcasts auswählen, die sie wirklich interessieren.

Wenn es um Glaubwürdigkeit und gesellschaftlicher Relevanz der Inhalte geht, ergibt sich ein anderes Bild. Hier liegt der öffentlich-rechtliche Rundfunk auch bei der Zielgruppe der 14- bis 29-Jährigen vorn: 72 Prozent geben an, Radiohinhalten mehr Vertrauen zu schenken. Die Jugendmarken der ARD-Sender wie „1Live" oder „Fritz" erreichen noch immer ein Stammpublikum. Auch die Expertise ist in den Anstalten mit ihren hoch qualifizierten Radiojournalistinnen und -journalisten vorhanden. Die Finanzierung der Projekte ist durch Gebührengelder gesichert. Eigentlich gute Aussichten. Und doch wirken die Rundfunksender oft nicht als Treiber, sondern als Getriebene auf dem Podcastmarkt.

In der Anfangszeit des Podcastings waren die Öffentlich-Rechtlichen tatsächlich Vorreiter. Sie hatten einige Inhalte schnell online gebracht, zum Beispiel eine Hörversion der „Tagesschau". Allein durch die Fülle ihres Angebots und der spärlichen Konkurrenz waren sie lange die Platzhirsche. Doch in den vergangenen Jahren hatte sich der Wind gedreht. Die Öffentlich-Rechlichen kamen der dynamischen Entwicklung im Podcastmarkt oft nicht hinterher, sie passten ihre Formate nicht an neue Hörgewohnheiten an. On-Air-Sendungen online zu stellen, mag bei Talkformaten oder Radiofeatures funktionieren. Die Klangfarbe vieler Podcasts aber hat sich verändert.

Die Anspruchshaltung ist in Podcasts wie in ihren US-Radiovorbildern lockerer, es wird munter geduzt – anders als in den deutschen Info- und Kulturwellen, in denen es förmlicher zugeht. Auch strukturell unterscheiden sich öffentlich-rechtlichen Radiosendungen und Podcasts. In den Magazinen wird Musik zwischen Moderationen und Beiträgen ausgespielt. In Podcasts ist das technisch bislang schwierig und auch rechtlich problematisch. Musikstrecken müssen vor der Online-Distribution der On-Air-Programme entfernt werden.

Zwar gibt es mittlerweile öffentlich-rechtliche Podcasts, die vor allem für On-Demand-Audio produziert werden. Es sind aber noch immer vergleichsweise wenige. Das hat auch juristische Gründe. Der Rundfunkstaatsvertrag, der die rechtlichen Spielräume der Anstalten definiert, setzte nach 2009 enge Grenzen für die nicht-lineare Verbreitung von Angeboten im Netz. Sendungen durften nur eine begrenzte Zeit online stehen, um die Geschäftsmodelle der Verlage und des Privatfunks nicht zu gefährden. Alle Sendungen, die länger als sieben Tage online bleiben sollten, mussten einen aufwendigen und bürokratischen Drei-Stufen-Test bestehen. War der bestanden, durften Podcasts ein halbes Jahr, in manchen Fällen bis zu fünf Jahre online stehen. Auch der strikte Sendungsbezug zum On-Air-Programm wirkte wie eine Fessel. Die Verlage wollten sich mit Verweis auf eine angebliche Wettbewerbsverzerrung durch öffentlich-rechtliche Inhalte die Konkurrenz vom Hals halten.

Das alles hat sich aber mit der 22. Novelle des Rundfunkstaatsvertrags vom 1. Mai 2019 gelockert. Die Verweildauer wurde flexibilisiert. Interaktive Kommunikation und Social-Media-Nutzung ist ausdrücklich erwünscht. Die Online-Angebote der Öffentlich-Rechtlichen dürfen miteinander vernetzt werden. Allerdings müssen ARD, ZDF und Deutschlandradio „von ihrer Anmutung her" den Schwerpunkt auf Video und Ton setzen, um sich von den Angeboten der Presseverlage zu unterscheiden. Für öffentlich-rechtliche Podcasts aber heißt das: eigenständigen Formaten steht nichts mehr im Weg. Die Sender gründen daher vermehrt Podcast-Units, die sich mit Plattformstrategien und neuen Formaten beschäftigen.

Die „Tagesschau" von der ARD hat die Chance ergriffen und den Zukunfts-Podcast „Mal angenommen" ins Leben gerufen. Jeden Donnerstag wird in einem Gedankenexperiment durchdacht, was passieren könnte, wenn sich politische Zukunftsszenarien erfüllten. Im Kern ist der 20- bis 30-minütige Podcast ein Talk zwischen einem Redakteur und einer Redakteurin, angereichert mit O-Tönen von Aktivisten und Forschenden. Auch bekannte Moderatoren der „Tagesschau" kommen vor, als Sprecher von fiktiven Nachrichten aus der Zukunft. Der Podcast ist hochwertig produziert und orientiert sich am Modell des konstruktiven Journalismus, der die Welt nicht nur beschreiben, sondern Probleme lösen will.

Mit ihrem Podcast will sich die „Tagesschau" zum einen verjüngen, was der ARD mit dem linearen Programm immer weniger gelingt. Zum anderen möchte sie in andere Nutzungssituationen vordringen. Bei der Autofahrt oder beim Joggen lässt sich die „Tagesschau" als Video schlecht sehen. Das Konzept kommt an. „Mal angenommen" ist regelmäßig unter den Top-20-Podcasts bei Spotify und erreicht nach Angaben der Redaktion regelmäßig 100.000 Hörerinnen und Hörer. Um Synergien zu nutzen, läuft der Podcast auch im linearen Programm von NDR Info, SWR Aktuell und WDR 5.

Auch das Deutschlandradio ist in die Produktion von Online-Only-Podcasts eingestiegen, wenn auch verhalten. „Der Tag" vom Deutschlandfunk resümiert werktäglich in etwa einer halben Stunde die wichtigsten politischen Entwicklungen. Die Talks finden mit den Korrespondentinnen und Korrespondenten statt. Die Gespräche werden von einem sechsköpfigen Moderationsteam geführt, das sich abwechselt. Einen etwas anderen Ansatz wählt das Partnerprogramm Deutschlandfunk Kultur mit seinem Podcast „Lakonisch elegant". Hier arbeiten sich zwei Hosts in 45 Minuten durch die aktuelle Kulturlandschaft, mit O-Tönen aus Filmen und externen Gästen im Studio.

Besonders progressiv ist das Jugendangebot von funk. Hier haben sich die Programmmacher von Beginn an gegen klassische Radio- oder Fernsehfrequenzen entschieden. Funk erscheint ausschließlich online auf den von Jugendlichen genutzten Plattformen – von TikTok über YouTube bis Spotify. Ein erfolgreicher Funk-Podcast der Talk „Deutschland3000" mit Eva Schulz. Eine Stunde lang trifft die Moderatorin auf Menschen zwischen Pop und Politik – und kommt mit jüngerer Ansprache bei der Zielgruppe offenbar gut an. Allein auf Apple Podcasts ist „Deutschland3000" regelmäßig unter den Top 10.

Andere Sender wie RBB und der NDR haben den Spieß umgedreht. Statt Radioinhalte nach der On-Air-Sendung online zu stellen, verfolgen sie eine Online-First-Strategie. Das bekannteste Beispiel ist hier das „Coronavirus-Update", das als Podcast gedacht ist, nach Veröffentlichung aber auch im Programm von NDR Info läuft. Hörspiele und Features werden vom RBB immer häufiger seriell produziert und zunächst als Podcast veröffentlich. Erst anschließend erscheinen die Sendungen im linearen Programm. Eine Strategie, die Prioritäten im Digitalen setzt und gleichzeitig Synergien schafft.

Um die Budgets zu schonen, setzt auch der öffentlich-rechtliche Rundfunk immer öfter auf Kooperationen – auch mit privaten Verlegern. Der RBB hat sein sechsteiliges Podcast-Hörbuch „Wo warst du?" über die Anschläge vom 11. September 2001 gemeinsam mit der „Berliner Zeitung" und dem „Spiegel" herausgebracht. Im Fernsehsegment ist das schon länger üblich. Über Tochtergesellschaften von ARD oder ZDF werden erfolgreiche Serien wie „Babylon Berlin" auch an andere Plattformen verkauft, um die hohen Produktionskosten auszugleichen. Für prominente Podcasterinnen und Podcaster sind solche Public-Private-Partnerships, also Kooperationen zwischen Öffentlich-Rechtlichen und Privaten, besonders interessant. Sie können dadurch exklusivere Honorare aushandeln.

Neben der Kooperation zwischen privaten und öffentlich-rechtlichen Medien ist auch eine verstärkte Kooperation innerhalb der ARD zu erwarten, zum Beispiel zwischen Radio- und Fernsehsendern. So startete im Oktober 2021 ein begleitender Podcast zu den Krimiserien „Tatort" und „Polizeiruf 110". In den Hörformaten sollen gesellschaftlich relevante Themen aus der TV-Serie vertieft werden.

Die privaten Rundfunkanbieter stecken noch tiefer in der Klemme, was das Podcasting angeht. Wenn es um die Relevanz von Inhalten geht, liegen die Privaten in Umfragen weit hinter dem öffentlich-rechtlichen Radio. Nur 42 Prozent der Befragten erklären, sie fänden im Privatradio interessante Inhalte. Andererseits können sie mit den Musikstreamingdiensten nicht mithalten, wenn es um gute Unterhaltung geht – wenngleich sie mit 71 Prozent Zustimmung hier noch am meisten zu holen ist.

Dennoch versuchen die Privaten nun, ihr Podcast-Angebot auszubauen, vor allem im Unterhaltungssegment. Da sie Produktionskosten scheuen, werden Podcasts jedoch allzu oft als Resterampe der TV-Produktionen verstanden. Preiswerte Reportage-Formate mit O-Tönen aus Recherchegesprächen lassen aber kein typisches Podcast-Feeling aufkommen. Weiterhin verfolgen die Privatsender eigene Plattformstrategien – so wie das 2019 von RTL gegründete Audio Now. Der RTL-Gruppe zufolge wolle man langfristig neben Spotify und Apple zu den Top-3 der deutschen Podcast-Plattformen gehören. Ob das gelingt, bleibt abzuwarten: Die Konkurrenz-Plattform FYEO, bei der Podcasts aus der Schmiede von ProSiebenSat.1 liefen, wurde nach gerade einem Jahr wieder eingestellt. Die Original-Shows wurden von Podimo übernommen. Einem Streamingdienst aus Skandinavien.

6.6 Plattformstrategien von ARD und Deutschlandradio

Doch nicht nur die privaten Sender bauen an ihren eigenen Plattformen. Auch die Öffentlich-Rechtlichen haben ihre eigenen Audiotheken entwickelt und in die App-Stores gestellt. WDR-Intendant Tom Buhrow vermutet, dass die lineare Radionutzung bis 2030 stetig abnehmen und Audio on Demand immer stärker nachgefragt wird. Die Radiosender stehen damit auch als Infrastruktur-Dienstleister vor einem bedeutenden Wandel.

Um sich aus dem Griff der Musikstreamingdienste zu befreien, will man bei ARD und Deutschlandradio eigene Audiotheken weiter vorantreiben. Beide Sendergruppen haben 2017 ihre Apps auf den Markt gebracht und bauen sie seither stetig aus. Rund 90.000 Beiträge und Podcasts werden in der ARD-Audiothek angeboten. Im Gegensatz zu Spotify und Apple Podcasts können die Channel-Manager unter

Federführung des SWR redaktionelle Empfehlungen auf der Startseite herausstellen und die Gewichtung des Angebots beeinflussen. Hörspiele, Lesungen und Informationsformate werden Erhebungen zufolge besonders nachgefragt.

Mit ihren Audiotheken wollen die Verantwortlichen die journalistische Marke ARD und Deutschlandradio online sichtbarer machen. Ob das mit eigenen Plattformen gelingt, bleibt fraglich – denn die App der ARD wird bislang vor allem von 45- bis 54-Jährigen genutzt. Die Öffentlich-Rechtlichen fahren daher eine duale Strategie. Sie liefern ihre Inhalte sowohl an Musikstreamingdienste als über ihre eigenen Plattformen.

Die Not zur Verjüngung scheint so groß zu sein, dass es auch mit dem privaten Rundfunk Kooperationen gibt, mit dem der Öffentlich-Rechtliche seit Beginn des dualen Rundfunksystems in den 80er-Jahren eine innige Feindschaft verbindet. Podcasts der ARD sind seit 2019 auch in der Audio-Now-App von RTL erhältlich.

Checkliste: Drei Punkte für den Einstieg in die Strategie
Podcasts sind nicht allein akustische Storys. Sie sind digitale Produkte, die vermarktet werden müssen. Wenn sich freie Medienschaffende an ihren ersten Podcast machen, werden neue Skills erwartet; sie müssen unternehmerisch denken. Das gilt aber auch für Redakteurinnen und Redakteure. Hier die wichtigsten Punkte in der Zusammenfassung.

1. Redaktionelle Anbindung
Ihr Podcast passt gut zu einer Tageszeitung, einem Streamingdienst oder einem Radiosender? Dann einen Pitch formulieren, auf Nachfrage eine erste Kalkulation erstellen und los geht's. Wenn der Podcast in Eigenregie erscheinen soll, stellt sich schnell die Frage nach geeigneten Erlösmodellen. Die hängen davon ab, wie prominent Ihre Hosts sind oder ob sie eine starke Community im Rücken haben. In dem Fall könnten Crowdfunding- und Abomodelle interessant werden. Vermarkter helfen dabei, passende Werbekunden für Ihren Podcast zu finden.

2. Argumente vorbereiten
Gerade in großen Medienhäusern gibt es Interesse am Experiment, gelegentlich aber auch Vorbehalte. Wer seinen Podcast platzieren will, sucht sich am besten ein paar gute Argumente zusammen – auch für die Finanzierung des Angebots und die zu erreichende Zielgruppe. So lässt sich ein Projekt auch hausintern viel leichter verkaufen.

3. Teams zusammenstellen

Wenn Sie die ersten Episoden oder auch die erste Staffel grob planen und merken, dass Ihnen das Projekt über den Kopf wächst – suchen Sie sich Verbündete. Das können Kolleginnen im Sender oder Verlag sein. Oder auch externe Producer oder Medienschaffende, die Sie in Ihr Team holen. Gerade Fragen zu Plattformstrategien und Erlösmodelle sollten Sie mit Fachkräften aus der Anzeigenabteilung oder Vermarktern diskutieren.

Interview mit Tina Jürgens, Managing Director Zebra Audio

Frau Jürgens, was genau macht Zebra Audio eigentlich?

Wir sind ein Netzwerk, das sich um die Konzeption, Distribution, Promotion und Vermarktung von Podcasts kümmert. Wir helfen Medienschaffenden aber auch dabei, ihren Podcast besser und erfolgreicher zu machen. Das reicht von der Distribution über den Social-Media-Auftritt bis hin zu der Promotion bei den Plattformen.

Es geht also darum, die Reichweite zu steigern. Die ist ja wichtig, wenn man mit seinem Podcast Geld verdienen will, zum Beispiel mit Werbung.

Da geht es aber nicht nur um die reine Menge der Hörerinnen und Hörer. Ein kleiner, sehr spezialisierter Podcast kann für Werbekunden unter Umständen viel interessanter sein, weil er die Zielgruppe besser erreicht. Unsere Aufgabe ist es, Podcasts und Werbekunden so zusammenzubringen, dass es für beide Seiten optimal passt.

Gibt's denn Macherinnen und Macher, die alleine vom Podcasten leben können?

Die gibt es. Vor allem die Podcast-Produzenten. Viertausendhertz, Pool Artists, Auf die Ohren, Kugel und Niere, Ikone Media – diese ganzen Podcast-Schmieden leben von einer Mischung aus Auftragsproduktionen, zum Beispiel für Plattformen wie Audible, und eigenen Projekten, die sie über Werbung finanzieren. Aber Werbung ist nicht alles. Manche verkaufen Produkte zu ihrem Podcast über einen Merchandise-Shop, veranstalten kostenpflichtige Liveshows. Oder sie werden als Hosts so bekannt, dass sie in ihrem jeweiligen Fach als Speaker auftreten oder Coachings geben.

In dem Fall würde man sein Geld nicht über den Podcast selbst verdienen, sondern über die Bekanntheit, die durch den Podcast entsteht?

Genau. Der Podcast wirft vielleicht über Werbung ein bisschen was ab, aber das Geld kommt vor allem über die fachliche Expertise. Was in letzter Zeit auch zugenommen hat: Es gibt immer mehr Influencer, die schon auf Videoplattformen aktiv sind und zusätzlich noch einen Podcast aufbauen.

So wie die Influencer Bibi und Julian Claßen, die mit ihrem zwischenzeitlich pausierenden Podcast einen weiteren reichweitenstarken Kanal im Portfolio hatten. Das hat so zugenommen, dass sogar schon von der „Instagramisierung des Podcasts" die Rede ist.

Da wäre ich vorsichtig. Viele erhoffen sich, dass sie ihre Reichweite zum Beispiel von Instagram einfach so auf den Podcast übertragen können. Aber das funktioniert nicht. Im Podcast ist Content King. Man sollte schon etwas zu sagen haben. Selfies und TikTok-Clips sind etwas anderes als ein halbstündiger Podcast.

Zeitungsverlage haben ihre Inhalte lange kostenfrei im Netz zur Verfügung gestellt. Von dieser Gratis-Kultur kommen sie nur mit Mühe weg. Sehen Sie dieselbe Gefahr auf dem Podcastmarkt?

Die Gratismentalität hat auch etwas damit zu tun, dass die Podcastszene am Anfang von Laien geprägt war – zwei Jungs sitzen in der Garage und labern über irgendwas. Und das wird dann über RSS-Feeds in die Welt geblasen. Ist ja erst mal ein charmanter Ansatz. Aber in dem Moment, wo sich die Mediengattung weiterentwickelt und die Produktionen aufwendiger werden, ist das nicht mehr haltbar. Es kann nicht sein, dass nur die Plattformen an den Inhalten verdienen. Denkbar wäre zum Beispiel eine Art „Revenue Share" wie es sie für Musiker und Hörbücher bei den Plattformen wie Apple, Spotify, etc. bereits gibt. Podcaster wären dadurch an anderen Umsätzen neben den aus der Werbung beteiligt – je nachdem wie oft eine Folge gehört wurde. Das ist so noch nicht umgesetzt. Es gibt aber mit den neuen Subscription-Angeboten bei Apple und Spotify eine neue Möglichkeit, über Bonus-Content und Ähnliches direkt Geld zu verdienen.

Was wäre die Alternative?

Man kann natürlich Exklusivverträge mit Plattformen abschließen. Auch die Refinanzierung über Crowdfunding, Sponsoring und Werbung ist eine Option.

6.6 Plattformstrategien von ARD und Deutschlandradio

Ich glaube aber, dass ein Teil der Premiuminhalte in Zukunft zunehmend Teil von Bezahlangeboten sein werden. Das können auch Podcast-Specials sein, Bonusmaterial oder ähnliches. Ein anderes Modell für serielle Formate wären Staffelpässe, so wie es sie bei TV-Serien gibt. Freie Medienschaffende sind am besten mit einer Mischkalkulation aufgestellt: Man verkauft seine Produktionsexpertise an Plattformen wie Audible und finanziert eigene Projekte über Werbung oder Crowdfunding. Der Podcastmarkt ist extrem dynamisch. Deswegen würde ich dazu raten, immer verschiedene Eisen im Feuer zu haben.

Macht es aus Sicht der Medienhäuser Sinn, Inhalte doppelt zu verwerten? Der Podcast „Cui Bono" soll zum Beispiel verfilmt werden.

Es lohnt sich definitiv zu überlegen, wie kann ich eine Geschichte über Mediengattungen hinweg erzählen kann. Das funktioniert in beide Richtungen.

Lohnt es sich aus finanzieller Sicht, mit seinem Podcast Nischen zu bedienen?

Wir können Werbung in einem Nischen-Podcasts zu einem höheren Tausenderkontaktpreis verkaufen, weil die Streuverluste niedriger sind. Aber die meisten Werbekunden setzen zurzeit noch auf reichweitenstarke Podcasts. Generell werden Podcasts durch die Ad-Insertion-Technik interessanter für Kampagnen. Mithilfe dieser Technik werden Werbeanzeigen über einen Ad-Server an festgelegten Plätzen eingespielt. Damit können wir mit geringem Aufwand eine größere Werbewirkung schaffen. Und wir können auch in ältere Podcasts nachträglich Werbung einspielen – im Sinne einer Longtail-Auswertung. Auch schon veröffentlichte Folgen können so nachträglich monetarisiert werden.

Braucht es einen langen Atem, um mit Podcasts Geld zu verdienen?

Es ist definitiv nicht so, dass es reicht, einen Podcast zu veröffentlichen und die Werbepartner rennen einem die Bude ein. Interessant für eine Monetarisierung über Werbung wird ein Podcast ab einer Reichweite von 10.000 Downloads und Streams pro Episode. Aber: Es gibt im Moment unglaublich viel Content für relativ wenig Hörer. Man muss sich schon hervorheben, inhaltlich und auch in der Produktionsqualität.

Technische Ausrüstung für die Audioaufnahme

7

Steigen wir ein in die technische Praxis des Podcastings. Wenn das Format gefunden, das Konzept formuliert und die Erlösstrategie festgelegt ist, muss die erste Aufnahme in den Kasten. Mit einem Mikrofon pro Gast, einem Recorder und einem Laptop kann man bereits in guter Qualität einen Podcast produzieren. Während ein simples Talkformat manche Redaktionen mit Bordmitteln stemmen können, kann es bei steigenden Ansprüchen an das Format sinnvoll sein, professionelle Producerinnen und Producer ins Boot zu holen. Je nach Anforderungen sind für die technische Ausrüstung Investitionen im vierstelligen Bereich nötig.

Ob Sie selbst produzieren oder Dienstleister briefen wollen – sich mit der Technik von Aufnahme und Schnitt zu beschäftigen, lohnt in jedem Fall. In diesem Kapitel werden wir uns geeignete Orte für die Audioaufnahme anschauen. Mikrofone, Recorder und gängige Schnittsoftware besprechen. Und überlegen, wie wir Interviews online mit bestmöglicher Qualität mitschneiden können.

7.1 Studio, Konferenzraum oder auf der Straße – Aufnahmeorte für Podcasts

Sie verfügen über einen Raum in der Redaktion, in dem Sie regelmäßige Talks aufnehmen wollen? Den können Sie mit wenigen Handgriffen in ein Studio verwandeln. Zunächst brauchen Sie einen Tisch, Stühle und bestenfalls ein paar Akustikelemente. Absorber aus Schaumstoff sorgen dafür, dass der Raum weniger hallt und die Stimmen sauber klingen. Sie bekommen sie im gut sortierten Musikfachhandel. Die rechteckigen Absorberplatten befestigen Sie einfach mit Akustikkleber an der Wand. Insbesondere im Dead End, also im Teil des Raums, in dem Sie mit ihren Gästen sprechen, sollten Sie für eine gute Schallabsorption sorgen.

Bei der Zahl der Paneele gilt ein gesundes Mittelmaß. Der Raum muss nicht schalltot sein, die Stimme sollte aber satt und möglichst hallfrei klingen. Hängen Sie die Paneele in luftigem Abstand zueinander, notfalls kleben Sie nach. Eine Alternative zu den Absorberplatten aus Schaumstoff sind Akustikvorhänge, vor allem vor Fensterflächen. Besonders glatte Flächen wie Glas reflektieren den Schall und erzeugen zusätzlichen Raumhall. Die Vorhänge können Sie während der Aufnahme einfach zuziehen.

Achten Sie darauf, Vorhänge aus dickem Moltonstoff zu wählen. Am besten eignet sich Molton mit einer Dichte von 500 Gramm pro Quadratmeter. Sie sollten die Vorhänge auch etwas breiter bestellen, damit sie Falten werfen. Dies verbessert die akustische Dämmung zusätzlich. Teppiche oder Teppichböden machen sich in Ihrem improvisierten Podcaststudio ebenfalls gut. Auch Deckensegel aus Basotect können den Nachhall reduzieren. Achten Sie darauf, dass die Tür zum Flur gut abgeschirmt ist, damit keine Störgeräusche eindringen können.

Der hintere Teil des Raums wird von Tontechnikern als Live End bezeichnet. Hier können schallreflektierende Oberflächen hängen. Nackte Wände wären eher schlecht – sie erzeugen Flatterechos. Bücherregale, Aktenschränke oder auch spezielle Diffusor-Elemente aus Holz, die es im Musikfachhandel zu kaufen gibt, machen sich gut.

Wenn Sie keinen festen Raum haben und in Büros oder Konferenzräumen aufnehmen, haben Sie unerwünschten Raumhall schlechter im Griff. Testen Sie möglichst einige Räume aus, klatschen Sie laut in die Hände und achten Sie auf akustische Reflexionen. Moderne Konferenzräume haben abgehängte Decken für bessere Raumakustik. Grundsätzlich eignen sich auch alle Räume mit vielen Textilien und Gegenständen, die Schall schlucken oder ihn brechen. Ein Büro mit Teppichboden, ein Wohnzimmer mit schweren Gardinen oder eine Bibliothek mit gefüllten Bücherregalen können die Raumakustik positiv beeinflussen.

Sie können auch Talks außerhalb der Redaktion aufnehmen, wenn es zu ihrem Konzept passt. In seinem Podcast „Durch die Gegend" vom Label Viertausendhertz spaziert der Journalist Christian Möller mit prominenten Gästen durch deren Wohnviertel, Geburtsstädte und über ihre Lieblingsplätze. Die Aufnahmen solcher Spaziergänge werden meist mit Bügelmikrofonen gemacht, die auf Sprache ausgerichtet sind. Denn das größte Problem im Freien sind unkontrollierbare Nebengeräusche.

Autohupen und Motorenjammern, Gesprächsfetzen und Geschirrklappern – das alles kann durchaus Atmosphäre schaffen. Wenn Sie aber die Umge-

7.1 Studio, Konferenzraum oder auf der Straße – Aufnahmeorte für Podcasts

bungsgeräusche getrennt vom Interview aufnehmen und anschließend unter das Gespräch legen, steuern Sie die Lautstärken von Talk und Atmo. Ist der Straßenlärm zu laut und liegt auf derselben Spur wie das Interview, haben Sie keine Möglichkeit zu regulieren. Suchen Sie sich für die Interviewaufnahmen daher eine ruhige Umgebung, zum Beispiel ein paar Schritte vom Straßencafé entfernt. Und zeichnen Sie die Geräusche anschließend separat auf.

Sie können auch mit einer Schallschutzkabine oder auch „Vocal Booth" arbeiten. Die kommt für Remote-Schalten über das Internet, das nachträgliche Einsprechen von Anmoderation, Abmoderation und Zwischenfazits oder auch von Autorentexten infrage. Solche Kabinen gibt es als kleinen Bausatz für ein bis zwei Personen. Freien Radiojournalisten leisten sie schon lange gute Dienste (vgl. Abb. 7.1 und 7.2). Ausgekleidet mit Absorberplatten aus Schaumstoff lässt sich in den Kabinen eine gute Akustik ohne Raumhall herstellen. Zugleich können kleine Räume und Kabinen aber auch schnell „boxig" klingen. Hier ist der Rat eines Toningenieurs gefragt.

Abb. 7.1 Schallschutzkabine für Nachvertonungen oder das Einsprechen von Autorentexten. (Bild: privat)

Abb. 7.2 Innenansicht der Schallschutzkabine mit Mikrofon, USB-Audiointerface, Laptop und Absorbern. (Bild: privat)

Wenn Ihnen die Anschaffungskosten zu hoch sind oder der Platz fehlt, können Sie auch über einen mobilen Schallschutz nachdenken, den Sie hinter das Mikrofon klemmen oder auf ein Stativ schrauben. Einige Hersteller bieten solche absorbierende Akustikschirme oder auch „Reflection Filter" an. Davon sollte man keine Wunder erwarten. Der Sound wird etwas trockener, der Nachhall reduziert. Einen halligen Raum werden sie mit dem kleinen Schirm aber nicht in ein Tonstudio verwandeln.

7.2 Aufnahmegeräte und mobile Recorder

Ob Studio oder Konferenzraum – in jedem Fall brauchen Sie einen passenden Recorder. Für ein Talkformat empfiehlt sich ein stationäres Setting an einem Tisch, an dem sich Hosts und Gäste gegenübersitzen. Als Basispaket brauchen Sie einen Laptop mit Audioschnittsoftware (vgl. Kap. 9), den Sie mit einem USB-Audiointerface verbinden. Mit dem Audiointerface wiederum werden Mik-

7.2 Aufnahmegeräte und mobile Recorder

rofone über XLR-Kabel verbunden, außerdem die Kopfhörer. XLR-Kabel sind der übliche Standard für professionelle Audioaufnahmen. Sie sind gut gegen Interferenzen abgeschirmt und sitzen stabil an Mikrofon und Recorder. Versehentliches Herausziehen ist durch die Konstruktion der XLR-Stecker praktisch ausgeschlossen.

USB-Audiointerfaces von Herstellern wie Steinberg oder aus der Reihe Focusrite Scarlett sind bereits ab 100 Euro aufwärts erhältlich. Die Geräte verfügen über eine 48-Volt-Phantomspeisung, also eine elektrische Verstärkung, auf die einige Studiomikrofone angewiesen sind. Wichtig sind außerdem genügend XLR-Eingänge – hier unterscheiden sich die Geräte in der Scarlett-Serie. Um die Stimmen nah aufzunehmen, brauchen Sie unbedingt ein Mikrofon pro Sprecherin oder Sprecher. Für eine Talkrunde mit einem Host und zwei Gästen sollte das USB-Audiointerface also mindestens drei Mikrofoneingängen haben.

Ein Gerät des australischen Mikrofonherstellers Røde hat die Podcastbranche durchgeschüttelt: der Rødecaster Pro. Das Audiointerface mit integriertem Mischpult wurde speziell für die Aufzeichnung von Podcasts entwickelt. Mit jeweils vier Eingängen für Mikrofone und Kopfhörer lässt er sich auch für kleinere Talkrunden einsetzen. Mittels Kabel oder Bluetooth-Verbindung kann außerdem ein Handy an den Rødecaster gekoppelt werden. Auf acht programmierbaren Pads lassen sich vorproduzierte Jingles, O-Töne oder auch Intro und Outro in die Aufzeichnung einblenden. Ein Extra, das für Livestreams von Podcasts interessant sein kann.

Wie bei allen anderen USB-Audiointerfaces lässt sich der Rødecaster per USB-Kabel mit einem Computer verbinden. Gespräche können aber auch direkt auf dem Gerät mittels MicroSD-Karte mitgeschnitten werden. Das ist vor allem für mobile Anwendungen interessant. Der Rødecaster lässt sich schnell in Konferenzräumen oder auch bei Gesprächspartnern vor Ort aufbauen. Lediglich eine Stromversorgung ist nötig. Anschließend lassen sich die Audiodaten in der Redaktion vom Gerät auf den Rechner kopieren, um sie dort zu bearbeiten.

Mobile Recorder und Mehrspurrecorder eignen sich mit eingebauten Stereomikrofonen vor allem für die Aufnahme von Umfragen und Statements, Atmos und Geräuschen. Bekannt sind vor allem die Geräte aus der Zoom-Serie. Der Zoom H-2N ist kaum größer als ein Diktiergerät, passt in jede Tasche und überzeugt mit guter Aufnahmequalität. Das Gerät ist mit einem Einstiegspreis ab 150 Euro außerdem recht erschwinglich.

Der Zoom H-4N, der große Bruder, verfügt zusätzlich über zwei XLR-Mikrofoneingänge. Mit dem Gerät lassen sich also auch externen Mikrofone anschließen und Talks mit maximal zwei Personen aufnehmen. Damit ist der Zoom H-4N so was wie ein handlicher Allrounder. Etwas höherpreisig, dafür auch für die Aufnahme von Audiofeatures geeignet ist der Tascam DR-100 MKIII. Das Gerät ist mit exzellenten Audiovorverstärkern und Stereomikrofonen ausgestattet, allerdings auch etwas größer und teurer als die Geräte aus der Zoom-Reihe. **Wählen Sie vor der Aufzeichnung unbedingt eine unkomprimierte Aufnahmequalität.** In der Regel ist das WAV. Dieses Format verschlingt zwar viel Speicherplatz, gewährleistet aber die höchste Qualität während der Produktion. Sollten Sie über ein USB-Audiointerface in einer Audioschnittsoftware mitschneiden, wird dort automatisch die bestmögliche Qualität ausgewählt.

7.3 Podcastmikrofone

Die Auswahl an Studiomikrofonen ist riesig. Für welche Modell Sie sich auch entscheiden: Für die Aufzeichnung eines Talkformats in hoher akustischer Qualität brauchen Sie zwingend ein Mikrofon pro Sprecherin oder Sprecher. Ihr Aufnahmegerät sollten Sie so einstellen, dass jeder Sprecher auf einer eigenen Spur aufgenommen wird (Multitrack Recording). Das erweitert Ihre Möglichkeiten in der Postproduktion. Und: Sie müssen nah ran an die Schallquelle. Ein bis zwei Handbreit Abstand zum Mund von Sprecherin und Sprecher sind eine gute Faustformel. Nur so nutzen sie den Nahbesprechungseffekt vieler Studiomikrofone. Die Stimme klingt voll, breit und kräftig.

Welches aber ist nun das richtige Mikro für Podcasterinnen und Podcaster? Zunächst ein paar Worte zu den unterschiedlichen Richtcharakteristiken. Besonders verbreitet sind Kugelmikrofone, Richtrohrmikrofone und Nierenmikrofone (Abb. 7.3).

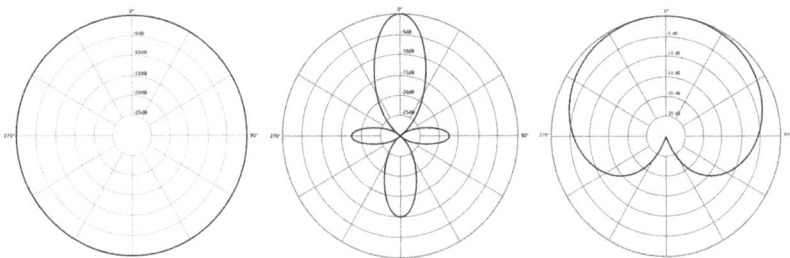

Abb. 7.3 Richtcharakteristik von Mikrofonen: Kugel, Richtrohr und Niere (von links). (Bild: Galak76 / CC BY-SA 3.0 https://creativecommons.org/licenses/by-sa/3.0/, https://de.wikipedia.org/wiki/Richtcharakteristik (abgerufen am 23. Februar 2022))

7.3 Podcastmikrofone

Kugelmikrofone nehmen Schall, wie in Abb. 7.3 links ersichtlich, aus allen Richtungen auf. Damit eigenen sie sich gut für den rauen Reporteralltag in Funk und Fernsehen. Bei einem Interview muss das Mikrofon nur grob zum Sprecher gehalten werden, die exakte Ausrichtung ist zweitrangig. Das Problem: Kugelmikrofone nehmen auch Umgebungsgeräusche und Raumhall besonders stark mit auf. Für Talkpodcasts sind sie daher nicht die erste Wahl.

Richtrohrmikrofone hingegen nehmen den Schall zielgerichtet von vorne auf, nur teils von hinten, wie in Abb. 7.3 in der Mitte zu sehen ist. Sie werden von Aufnahmeteams im Fernsehen eingesetzt – der Tontechniker „angelt" ein Gespräch oft mit Teleskopstab und Richtrohr. Dieser Mikrofontyp ist für Podcastaufzeichnungen nur zu empfehlen, wenn ein Producer die Aufnahme überwacht. Wenn sich ein Gast im Stuhl zurücklehnt oder aus dem Aufnahmefeld bewegt, wird die Tonqualität schnell mangelhaft.

Ideal ist das Nierenmikrofon. Hier wird der Schall vor allem von vorne aufgenommen (Abb. 7.3, rechtes Bild). Ungenauigkeiten und Bewegungen des Kopfes verzeiht das Mikrofon aber. Außerdem ist es weniger anfällig für Nebengeräuschen und Raumhall. Studiomikrofone sind in der Regel Nierenmikrofone.

Dynamische Mikrofone oder Mikrofone mit Kondensatorkapsel – bei Studiomikrofonen werden beide Bauarten angeboten. In professionellen Tonstudios werden oft Großmembran-Kondensatormikrofone verwendet. Das Neumann TLM 102 Mikrofon Studio Set spielt in dieser Königsklasse. Die Aufnahmen der Stimmen sind satt, füllig und präzise – kein Wunder, dass auch Radiosender wie der Deutschlandfunk daraufsetzen. Mit rund 700 Euro pro Set inklusive Aufhängung ist das Mikrofon aber nicht das Preiswerteste. Und es ist für Podcastanwendungen auch nicht unbedingt die beste Wahl. Großmembran-Kondensatormikrofone sind außerordentlich empfindlich, nehmen jeden Schmatzer, Raumhall und Nebengeräusche auf. Außerhalb gut abgeschirmter Tonstudios sind sie überambitioniert. Viele Podcaster setzen daher auf dynamische Nieren-Studiomikrofone. Ihr Prinzip der Schallwandlung macht sie unempfindlicher gegenüber Hall und Nebengeräuschen bei guter Sprachverständlichkeit.

Der Røde Procaster und das Shure SM 7B sind mit die verbreitetsten Mikrofone in der Podcastszene. Beides sind dynamische Studiomikrofone, die für rund 200 bis 400 Euro eine gute Qualität liefern. Im Gegensatz zum Neumann TLM 102 brauchen die Mikrofone keinen separaten Popkiller gegen explosive Sprachlaute (P- und T-Laute). Das Shure kommt mit einem einfachen Windschutz aus Schaumstoff aus, der Procaster hat einen Poppkiller bereits integriert. Beide Modelle werden mittels XLR-Kabel mit dem USB-Audiointerface verbunden. Es gibt aber auch Varianten, die direkt per USB-Kabel an den Laptop angeschlossen werden: der Røde Podcaster zum Beispiel. Wenn Sie über das

Internet aufnehmen oder Moderationen nachvertonen wollen, sind USB-Mikrofone eine gute Wahl. Für Talks sind sie hingegen ungeeignet – hier ist ein USB-Audiointerface wie in Abschn. 7.2 beschrieben als Hub nötig. Ein echter Allrounder ist hier das Shure MV7: Der kleine Bruder des SM 7B ist zugleich mit einem USB- und XLR-Ausgang ausgestattet.

Studiomikrofone sollten immer aufgehängt werden, am besten an einem Mikrofonstativ, das von der Tischplatte entkoppelt ist (vgl. Abschn. 7.4). Solche Aufhängungen gibt es oft schon für ein paar Euro im Musikfachhandel. Sollte Ihnen eine feste Installation zu aufwendig sein: Eine kompakte Mischung aus Mikrofon und Kopfhörer bieten Hör-Sprech-Garnituren wie das Beyerdynamic DT 297 PV/80. Der Podcaster Philip Banse von der „Lage der Nation" schwört auf das rund 240 Euro teure Modell. Die Vorteile: Das Mikrofon wird stets am Kopf mitgeführt. Da es sich um ein Kondensatormikrofon handelt, ist es aber anfälliger für Störgeräusche.

Und das Smartphone? Für kurze Statements und andere O-Töne kann es eine gute Alternative zum Mobile Recorder sein. Die besten Ergebnisse lassen sich mit einem externen USB-Mikrofon wie dem IK Multimedia iRig Mic HD 2 erzielen. Es kostet rund 115 Euro und wird direkt ins iPhone oder iPad gestöpselt. Ein simples Tischstativ ist enthalten. Aufzeichnen und auf den Rechner überspielen lassen sich die Sound dateien mit der App iRig Recorder LE. Alternativ eignet sich auch die App Hindenburg Field Recorder, mit der sich die Aufnahmen sauber pegeln und überspielen lassen.

7.4 Pro Audio Zubehör

Damit Studiomikrofone am Tisch halten, ist für feste Installationen ein Mikrofonarm die beste Wahl. Der wird wie eine Schreibtischlampe an die Tischplatte geschraubt. Für mobile Anwendungen sind auch Tischstative verbreitet, die sich ausklappen und leicht transportieren lassen. Aber Vorsicht: Rumpler auf dem Tisch oder gegen das Stativ lassen sich von der Aufnahme nur schwer entfernen. Denken Sie auch daran, die Aufnahme über Kopfhörer mitzuhören. Nur so bekommen Sie Störungen mit. Als Kopfhörer empfehlen sich geschlossene Modelle, die während der Aufnahme keine Gesprächsfetzen durchdringen lassen. Bei offenen Modellen können Echos entstehen. Zuletzt brauchen Sie an Zubehör vor allem Kabel: XLR-Kabel für die Mikrofone, USB-Kabel für die Recorder. Beachten Sie, dass nicht bei allen Geräten die passenden Kabel mitgeliefert werden.

SD-Speicherkarten, auf denen Sie mit dem Rødecaster oder mobilen Recordern aufnehmen können, müssen Sie ebenfalls separat bestellen. Die falsche SD-Karte ist eine beliebte Fehlerquelle. Bei großen Datenmengen brauchen Sie nicht nur eine Karte mit hoher Kapazität, sondern auch mit hohem Transfervolumen. Oft nicht mitgeliefert werden bei Mikrofonen und mobilen Recordern die passenden Windschützer aus Schaumstoff oder Fell. Der Windschutz sollte aber immer verwendet werden, er reduziert explosive Sprechlaute (in der Regel Wörter, die mit P, T oder K beginnen). Gerade bei Kondensatormikrofonen ist ein langhaariger Fellwindschutz eine gute Wahl.

7.5 Remote Recording und Tape-Sync

Wie kann ich Talks über größere Distanzen aufnehmen – und sollte ich das überhaupt tun? Nicht nur in Zeiten von Pandemien und Lockdowns stellt sich diese Frage. Gerade mit medienunerfahrenen Gästen sind Aufzeichnungen vor Ort meist die bessere Option. Wenn man sich gegenübersitzt, können Anspannung oder Misstrauen gegenüber dem Host einfach besser abgebaut werden. Das Gespräch wird vertrauensvoller und vielleicht auch persönlicher. Nicht immer ist es aber möglich, mit dem Equipment von Hamburg nach München oder von Berlin nach Karlsruhe zu reisen. Für das schnelle Interview eignen sich Remote-Verbindungen übers Internet.

Im Rødecaster kann ein Smartphone direkt per marktüblichem TRRS-Kabel verbunden und so ein Telefongespräch auf einem separaten Kanal aufgezeichnet werden. Die Qualität ist aber wie bei Mobilfunkverbindungen üblich schwankend. Auch Gespräche über Smartphone-Apps wie Skype oder WhatsApp lassen sich über diese Methode mitschneiden. Doch auch hier sind die Ergebnisse wenig zufriedenstellend. Plattformen für Videokonferenzen wie Zoom oder Teams sind ebenfalls eine Möglichkeit. Die Vorteile liegen auf der Hand: Die meisten Gäste nutzen solche Plattformen bereits, das Angebot ist niederschwellig. Aber auch hier kann die Aufnahmequalität nicht überzeugen. Zoom verwendet Echo-Filter, die es ermöglichen, Videokonferenzen ohne Headset zu führen. Die Filter sind komfortabel, mindern aber die Sprachqualität.

HD-Audiosoftware wie ZenCastr, Studio-Link, SquadCast oder Riverside ist unter Podcastern daher sehr beliebt. Der Clou dabei ist: Die Audioverbindungen werden in HD-Qualität auf den jeweiligen lokalen Festplatten mitgezeichnet und von dort Stück für Stück in die Cloud geladen. Ruckler und Aussetzer durch instabile Online-Verbindungen können so ausgeglichen werden. Ansonsten funktionieren die Programme ähnlich wie die üblichen Konferenztools: Der Host generiert einen Link und versendet ihn an die Gesprächspartner. Ein Mausklick und man gelangt ins virtuelle Podcaststudio.

Die Programme unterscheiden sich in Preis und Funktion. ZenCastr und Studio-Link sind in der Basisversion komplett gratis. SquadCast kostet 20 US-Dollar im Monat, dafür bietet es Extra-Funktionen wie die Aufzeichnung des Videobildes. Folgendes ist in jedem Fall wichtig.

Übersicht

- Alle Teilnehmenden an der Aufzeichnung sollten USB-Mikrofone und Kopfhörer verwenden. Nur dann kann auf die Echo-Unterdrückung verzichtet und ein wirklich gutes Ergebnis erzielt werden. Verwenden Sie möglichst hochwertiges Equipments und verzichten Sie auf Bluetooth-Headsets. Riverside bietet alternativ eine App an, über die sich Gäste in relativ hoher Qualität zuschalten lassen.
- Nutzen Sie eine schnelle Internet-Verbindung, am besten per LAN-Kabel. Auch wenn mit den Tools Ruckler in der Internetverbindung ausgeglichen werden können – ein flüssiges Gespräch führt sich einfach leichter.
- Checken Sie, ob Ihr Browser kompatibel ist. Apples Safari wird von vielen Anbietern nicht unterstützt. Sie sollten in diesem Fall auf Chrome, Edge oder Firefox ausweichen.
- Welche Funktionen brauchen Sie wirklich? Für Ihre ersten Aufzeichnungen muss es vielleicht nicht die teure Software ein. Starten Sie mit den Basics und rüsten Sie langsam auf.

In den USA setzen Podcaster für qualitativ hochwertige Fernaufzeichnungen auf „Tape Sync". Wenn die „New York Times" in Manhattan einen Talk mit einem Schweinezüchter in Texas in guter Qualität aufzeichnen will, beauftragt sie Kolleginnen oder Kollegen vor Ort. Die fahren mit ihrem Equipment zum Farmer, bauen alles auf und schneiden mit. Im New Yorker Studio läuft ebenfalls eine Aufnahme. Das eigentliche Gespräch wird mit Zoom, Skype oder per Telefon geführt.

Kurze Zeit später versenden die Tape Syncer ihre Originalspuren per Web-Transfer in die Redaktion, dort werden die Spuren übereinandergelegt und synchronisiert. Im besten Fall können sie sogar noch Atmos oder eine kleine Szene aufnehmen und mit versenden. Rund 150 US-Dollar werden für schnelle Mitschnitte gezahlt. Während es in den USA inzwischen Netzwerke von Podcastern und freien Radioschaffenden gibt, zum Beispiel die Association of Independents in Radio (AIR), ist die Branche in Deutschland weniger gut organisiert. Auch Tape Sync ist hier weitgehend unbekannt.

Checkliste: Einkaufsliste für die Audioaufnahme

1. Schalldämmung
Schwere Vorhänge vor den Fenstern können Wunder bewirken. Am besten aus Molton mit 500 Gramm pro Quadratmeter. Absorber, Diffusoren und Deckensegel leisten ebenfalls gute Dienste.

2. Aufnahmegeräte
In jedem Fall brauchen Sie ein USB-Audiointerface und einen Laptop. Für die Aufnahme von Szenen und Sounds zusätzlich einen mobilen Recorder.
3. Studiomikrofone
Am besten eigenen sich dynamische Studiomikrofone, aufgehängt an einem Schwenkarm. Für mobile Anwendungen sind auch Hör-Sprech-Garnituren verbreitet, die Kopfhörer und Mikrofon kombinieren. USB-Mikrofone sind vor allem für Offsprecher und die Nachvertonung von Moderationen oder auch Remote-Aufzeichnungen sinnvoll.
4. Zubehör
Pro Mikrofon ein XLR-Kabel, außerdem Kopfhörer mindestens für den Host. Je nach Aufnahmegerät brauchen Sie Speicherkarten und Akkus. Taschen, Hüllen und Koffer sind meist separat erhältlich.

Interview mit Nicolas Semak, Gründer von Viertausendhertz

Herr Semak, mit welcher Ausrüstung haben Sie Ihre ersten Podcasts aufgenommen?

Wir kommen bei Viertausendhertz alle vom Radio und haben an Mikrofonen und Aufnahmegeräten mitgebracht, was wir schon hatten. Dazu ein einfaches zweispuriges USB-Interface, das damals um die 200 Euro gekostet hat. Es war uns wichtig, Gespräche von Anfang an mehrspurig aufzunehmen, damit wir die Spuren im Nachhinein getrennt bearbeiten können.

Heute haben Sie einen eigenen Sprecherraum und ein Aufnahmestudio für Gespräche mit professioneller Akustikverkleidung. Eine beachtliche Entwicklung.

So weit sind wir gar nicht von unseren Anfängen entfernt. Wir schneiden noch immer mit Adobe Audition auf dem Mac, das bietet einfach die meisten Möglichkeiten. Besonders wichtig waren für uns von Anfang an die Mikrofone. Da haben wir viel experimentiert, zum Beispiel mit Headsets. Vor fünf, sechs Jahren war die Auswahl noch nicht so groß. Inzwischen ist der Markt aber gewachsen. Es gibt geeignete Mikrofone für jede Preisklasse.

Mit welchen Mikrofonen arbeiten Sie heute?

Wir benutzen das Modell SM 7B von Shure, ein dynamisches Mikrofon, das schon lange auf dem Markt ist und auch für Musikaufnahmen eingesetzt wird.

Ich erwähne an der Stelle immer gerne die Kuriosotät, dass damit sogar Michael Jackson sein „Thriller"-Album eingesungen hat. Es liefert diesen typisch bassbetonten amerikanischen Podcastsound – vorausgesetzt, man geht bei der Aufnahme wirklich nah an das Mikrofon ran. Wir machen damit gute Erfahrungen vor allem bei Gästen, die keine professionellen Sprecher sind. Im Gegensatz zu den Großmembran-Mikrofonen, die man oft in Sprecherkabinen einsetzt, sind dynamische Mikrofone viel weniger anfällig für Störgeräusche. Sie verzeihen mehr. Und man braucht auch keinen komplett schalltoten Raum, sondern kann am Küchentisch aufnehmen. Tipp: Das Shure SM 7B ist viel billiger, wenn man es in den USA bestellt – trotz Einfuhrzöllen.

Trotzdem haben Sie in Ihrem Studio aufwendige Schallschlucker installiert. Warum?

Wir sind Perfektionisten, was den Klang angeht. Außerdem liegt unser Studio in einem Altbau mit hohen Decken und Steinfußboden. Wir wollten für unsere Podcasts keine total clean Studioatmosphäe. Wir wollten einen Raum, der gut klingt. Deshalb haben wir eine Firma beauftragt, die hat die Akustik für uns optimiert. Podcast-Einsteiger müssen aber keinen so großen Aufwand betreiben. Wenn sie mit einem guten dynamischen Mikrofon arbeiten und nah am Mikrofon sprechen, ist viel gewonnen. Statt in Akustik-Elemente würde ich lieber in ein gutes Plug-In investieren, mit dem man den Raumhall in der Postproduktion rausfiltern kann.

Was ist Ihr Tipp für ein gutes Audiointerface?

Auch da sind wir Klangfetischisten und haben eine ziemlich aufwendige Lösung: Wir nutzen ein Interface von Motu, dass sich wie ein Mischpult über eine Browseroberfläche einstellen lässt. Damit kann man zum Beispiel Presets für Sprecher oder bestimmte Aufnahmesituationen konfigurieren. Als Ergänzung für O-Ton-Einspieler nutzen wir den Rødecaster Pro, der sich einfacher bedienen lässt. Wenn es noch einfacher sein soll: Der Rødecaster Pro liefert auch als Interface einen akzeptablen Sound. Noch günstiger und einfacher wird es mit einem USB-Mikrofon wie dem Shure MV7. Dort ist das Interface schon eingebaut.

Wie sind Sie während der Corona-Lockdowns mit dem Thema Remote Recording umgegangen?

Am Anfang haben wir versucht, mit der Hardware zu arbeiten, die unsere Gäste zuhause hatten: eingebaute Laptopmikros, Bluetooth-Kopfhörer, Headsets. Das klang aber oft furchtbar und die Gesprächssituation war unnatürlich. Inzwischen schicken wir den Gästen vor dem Gespräch das USB-Mikrofon Shure MV7 zusammen mit einer Anleitung und nutzen die Plattform Riverside für die Aufzeichnung der Gespräche. Mit der Kombination klingen auch Remote-Gespräche fast wie im Studio, mit dem Equipment kommen auch Laien klar. So kann trotz der Distanz eine Nähe im Gespräch entstehen.

Podcasts werden häufig über Kopfhörer gehört. Bedenken Sie das schon bei der Aufnahme?

Wir produziere unsere Podcasts von der Aufnahme bis zur Mischung komplett mit Kopfhörern und nicht mit Monitorboxen. Dadurch sind sie automatisch für das Hören mit Kopfhörern optimiert.

Für welche Podcasts nutzen Sie Ihre Sprecherkabine?

Die kommt vor allem bei aufwendig produzierten Storytelling-Formaten zum Einsatz. Da arbeiten wir mit professionellen Sprechern und wollen auch aus dramaturgischen Gründen einen Kontrast zu den eingespielten O-Tönen setzen. Früher habe ich manchmal meine Moderationen in der Sprecherkabine nachvertont, aber das kann ich nicht empfehlen. Man hört den Unterschied. Deshalb sollten An- und Abmoderation immer in derselben Aufnahmesituation eingesprochen werden wie das Interview.

Es gibt große Qualitätsunterschiede bei Podcastproduktionen. Auch erfolgreiche Formate sind nicht immer perfekt produziert. Lohnt sich der Mehraufwand, den Sie in die Aufnahmen stecken?

Ich glaube, nur wenige Hörerinnen und Hörer können den Unterschied zwischen zwei Mikrofonen benennen. Aber sie merken trotzdem einen Unterschied. Wir bekommen oft das Feedback: Eure Podcasts klingen so professionell. Und das hat zur Folge, dass auch die journalistischen Inhalte als hochwertiger und seriöser wahrgenommen werden.

Gibt es also doch einen Zusammenhang zwischen der Aufnahmequalität und dem Erfolg eines Podcasts?

Nicht unbedingt. Es gibt sehr erfolgreiche Podcasts, die für geschulte Ohren nicht gut klingen. Aber ich glaube, dass die Ansprüche an die Produktionsqualität steigen werden, wenn mehr Menschen regelmäßig Podcasts hören. So wie bei Fernsehserien, die auch inzwischen viel aufwendiger produziert werden. Die Zuschauer sind durch Netflix anspruchsvoller geworden.

Moderieren und Sprechen vor dem Mikrofon

8

Vermutlich haben die wenigsten Podcasterinnen und Podcaster eine Moderationsausbildung oder eine Sprecherschulung absolviert. Die ersten Podcasts sind in der freien Szene entstanden. Eine natürliche Gesprächsführung kann besser wirken als technische Perfektion. Machen Sie sich bewusst: Viele Podcaster kamen unvorbereitet in eine Moderatorenrolle. In diese Rolle können auch Laien hereinwachsen.

8.1 Die richtige Vorbereitung

Jede Moderation beginnt mit einer gründlichen Vorbereitung. Als erstes sollten Sie Ihr eigenes Rollenverständnis überdenken. In einem Talkformat können die Hosts klassisch-journalistische Moderatorinnen und Moderatoren sein, wie man es aus dem Radio kennt. Sie stellen Fragen, spielen den Gästen die Bälle zu, nehmen konträre Positionen ein. Sie können Ihren Gästen in einem Talkformat aber auch auf Augenhöhe begegnen, ihnen die Bühne bereiten und sie zum Erzählen bringen. Sie setzen dann lediglich den Rahmen für das Gespräch. Denkbar ist aber auch, dass der Host selbst der Star ist, sich mit seiner Persönlichkeit einbringt und den Podcast nutzt, um mit anderen ins Gespräch zu kommen.

In Storytelling-Podcasts geben Hosts meist noch mehr von sich preis. In Erfolgs-Formaten wie „Serial" oder auch „Cui Bono" treten sie als Erzählerinnen und teils auch Protagonisten auf. Sie beschreiben Menschen, die sie getroffen haben, erzählen ihre Geschichten. Sie führen Interviews und Talks, moderieren O-Töne. Häufig sprechen sie die Hörerinnen und Hörer direkt an. Die Hosts bringen sich mit ihrer ganzen Person in die Geschichte ein. In „Cui Bono" hat Moderator Khesrau Behroz sogar seine Eltern vors Mikrofon geholt. Von seiner Mutter wollte er wissen, warum sie kurzzeitig zur Impfskeptikerin wurde – und welche Rolle YouTube dabei gespielt hat.

Die Wahl einer Rolle und einer geeigneten Haltung im Podcast wird häufig unterschätzt. Die Hosts geben dem Podcast Charakter und Persönlichkeit. Sie stellen eine Hörerbindung her, verbinden Inhalte, Gäste und Protagonisten mit der Community. Die meiste Zeit verwenden Moderatorinnen und Moderatoren jedoch auf die Vorbereitung ihrer Inhalte. Sie wollen auf der Sachebene glänzen.

Dem Kommunikationspsychologen Friedemann Schulz von Thun zufolge ist die Sachinformation aber nur ein Teil, den die Hörerinnen und Hörer wahrnehmen. In seinem Kommunikationsquadrat (Abb. 8.1) benennt er die Bestandteile einer Botschaft:

- ein Sachinhalt (worüber ich informiere)
- eine Selbstkundgabe (was ich von mir zeige)
- eine Beziehungshinweis (wie ich zum Hörer stehe)
- einen Appell (was ich bei ihm bewirken möchte)

Das Modell des Kommunikationsquadrats von Friedemann Schulz von Thun kann dazu anregen, den eigenen Auftritt zu reflektieren. Durch die Analyse der vier Seiten, mit denen wir uns im Podcast zu erkennen geben, nehmen wir unser Kommunikationsverhalten auch auf nonverbaler Ebene besser wahr. Schulz von Thun schreibt:

„Man könnte geneigt sein anzunehmen, dass die expliziten Botschaften die eigentlichen Hauptbotschaften sind, während die impliziten Botschaften etwas weniger wichtig am Rande mitlaufen. Dies ist keineswegs der Fall. (…) Für implizite Nach-

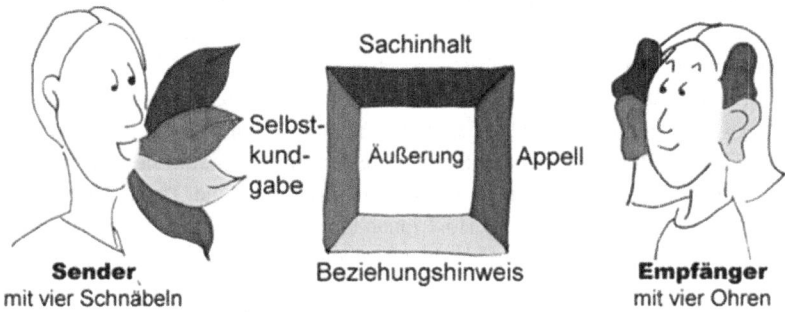

Abb. 8.1 Die vier Seiten einer Nachricht nach Schulz von Thun. (Bild: Schulz von Thun Institut für Kommunikation, https://www.schulz-von-thun.de/die-modelle/das-kommunikationsquadrat (Abgerufen am 23. Februar 2022))

richten wird oft der nichtsprachliche Kanal bemüht: Über die Stimme, über Betonung und Aussprache (…) werden teils eigenständige und teils ‚qualifizierende' Botschaften vermittelt." (Schulz von Thun 2021, S. 36 f.)

„Inkongruente Nachrichten" (ebd., S. 41), in denen Sachinhalt, Selbstkundgabe, Beziehungshinweis und Appell einander widersprechen, könnten sogar im kommunikativen Desaster enden. Zum Beispiel im fiktiven Fall eines Sachbuchautors, der als Host eines Podcast über seine Recherchen spricht (Sachinhalt), in erster Linie aber mit dem Podcast mehr Bücher verkaufen will (Appell) und gegenüber den Hörerinnen und Hörern überheblich (Selbstkundgabe) und belehrend (Beziehungshinweis) auftritt.

Neben der Wahl von Rolle und Haltung der Hosts sind auch Recherchen über beteiligte Personen und Gäste nötig. Ein Interview oder Talk ist kein Recherchegespräch. Hosts müssen immer vorbereitet in ihre Gespräche gehen. Das heißt: Sie müssen Biografien der Gäste kennen, sich in Hintergründe einlesen. Neben den üblichen Online-Quellen wie Google und Wikipedia gibt es weitere gut zugängliche Datenbanken.

> **Übersicht**
>
> - Statista. Auf dem Online-Portal finden Sie über eine Million Statistiken, Studien und Reports aus mehr als 18.000 Quellen.
> - Munzinger. Hier finden Sie Biografien, Länderinformationen, Wörterbücher und Lexika, alles in einer Datenbank.
> - Genios. Die Datenbank umfasst Pressearchive von Tageszeitungen und Unternehmensinformationen.
> - Archive.org. Hilft bei der Suche nach historischen Bildern, Video- und Tonmaterial, das auch in Moderationen eingeblendet werden kann.

Während Archive.org grundsätzlich frei verfügbar ist, können Sie viele andere Dienste kostenfrei über die öffentlichen Bibliotheken nutzen. Wenn Sie alle Informationen beisammenhaben, machen Sie sich ans Texten Ihrer Moderation.

8.2 Schreiben fürs Hören

Ob Sie für die Zeitung oder für einen Podcast texten, ist durchaus ein Unterschied. Was wir hören, vergessen wir schnell. Wenn wir einen Beitrag im Radio oder einen Podcast verfolgt haben, können wir uns an den Aufbau und viele Details schon Minuten später nicht mehr genau erinnern. Umso wichtiger ist es, mit den wichtigsten Informationen und Emotionen im Gedächtnis zu bleiben. Das gelingt am ehesten mit einer Sprache, die bildhaft, prägnant und verständlich ist. Weniger Feuilleton und mehr Straßenslang – das ist das Motto. Hier ein paar wichtige Punkte zusammengefasst.

1. Sprechen Sie natürlich

Wie würden Sie Ihren Text sprechen, wenn Sie ihn nicht geschrieben hätten? Orientieren Sie sich an Ihrer natürlichen Alltagssprache. Natürlich zu sprechen, ist eine wichtige Leitlinie beim Podcasting – nur so kommt ein echter Dialog zwischen Hosts und Gästen zustande. Tipp: Wenn Sie Ihren Text formuliert haben, sprechen Sie ihn laut. Wenn Sie über Sätze stolpern, sind sie offenbar nicht fürs Sprechen getextet.

2. Fassen Sie sich kurz

Einfach sprechen lassen sich kurze Sätze, ohne Einschübe oder komplizierte Konstruktionen. Sich kurzfassen heißt aber nicht, ausschließlich Hauptsätze zu formulieren. Das würde zu einem Stakkatostil führen und letztlich wieder unnatürlich klingen. Arbeiten Sie aber mit maximal einem Komma, vermeiden Sie Schachtelsätze. Heinrich von Kleist war ein Fan solcher Formulierungen:

> „Es traf sich, daß der Junker eben, mit einigen muntern Freunden, beim Becher saß, und, um eines Schwanks willen, ein unendliches Gelächter unter ihnen erscholl, als Kohlhaas, um seine Beschwerde anzubringen, sich ihm näherte." (von Kleist 2016, S. 2)

Was in der Literatur gefällt, lässt sich aber nicht immer gut und natürlich sprechen. Machen Sie statt einem langen Schachtelsatz lieber mehrere Sätze.

3. Keine Angst vor Wiederholung

Fassen Sie Erkenntnisse in Zwischenmoderationen noch einmal zusammen. In 30-minütigen Episoden geht der rote Faden schnell mal verloren. Greifen Sie ihn wieder auf, indem Sie Wichtiges herausstellen und wiederholen. Was beim Texten fürs Lesen gern vermieden wird, hilft den Hörern, dranzubleiben.

4. Wenig Zahlen, Daten, Fremdwörter

Beim Hören schmeißen uns Zahlen, Daten und Fakten schnell aus dem Podcast. Daher besser auf wenige Zahlen und Daten reduzieren und Vergleiche suchen.

Eine Fläche kann zum Beispiel zwei- oder dreimal so groß wie ein Fußballfeld sein – mit einem simplen Vergleich entsteht ein Bild im Kopf. Auch Fremdwörter sollten sparsam verwendet werden, außer sie sind der Zielgruppe eindeutig bekannt.

5. Schreiben Sie aktiv

Passiv-Konstruktionen und Substantivierungen können schnell ermüden. Schreiben Sie lieber aktiv. „Die Wäsche wird von der Mutter gewaschen" – klingt korrekt, ist aber unnötig lang. „Die Mutter wäscht die Wäsche" – das ist kurz und knackig.

6. Bilder im Kopf erzeugen

Nutzen Sie die besten Reporter-Qualitäten und erzählen Sie, statt nur zu berichten. Arbeiten Sie mit bildhaften Vergleichen, beschreiben Sie Menschen und Landschaften, Farben und Gerüche. So entstehen Bilder im Kopf, die im Gedächtnis bleiben.

8.3 Skript und Leitfaden

Im Radio werden wichtige Moderationen wie die An- und Abmoderation sowie die Vorstellung der Gäste vorformuliert, zumindest in den Info- und Kulturwellen der Öffentlich-Rechtlichen. Im Talk-Podcast darf es etwas lockerer und freier zugehen. Andererseits: Nichts wirkt unsouveräner, als Namen von Gästen falsch zu sprechen, Berufstitel zu verwechseln oder zu Beginn der Episode völlig den Faden zu verlieren. Die wichtigsten Basics sollten also notiert werden, damit der Start sitzt.

In der Anmoderation sollten Sie nach der Begrüßung und Vorstellung mit einem Höhepunkt einsteigen. Das kann eine freundliche Anekdote sein über den Gast oder ein Konflikt, der zum Thema führt. Oder Sie arbeiten mit Bildern und Szenen, die in Ihre Story hineinziehen. Geben Sie Orientierung: Wer spricht mit wem über was und warum? Diese Fragen sollten Sie beantworten. In der Abmoderation können Sie ein Fazit ziehen, nach der Verabschiedung alle beteiligten am Podcast nennen, zum Abonnieren des Podcasts auffordern, um Feedback bitten oder auf die Shownotes verweisen. Vieles ist möglich.

Trauen Sie sich nach der Anmoderation, sich vom Manuskript zu lösen und nicht etwa Frage um Frage abhaken. Das Gespräch wirkt sonst schnell dröge und gestelzt. Podcasts leben ein Stück weit von der Improvisation, dem Unvorhergesehenen. Lassen Sie dem Raum. Falls Ihnen das schwerfällt, formulieren Sie weniger aus und arbeiten Sie mit Stichpunkten. Die müssen sie live vor dem Mikrofon zu ganzen Sätzen zusammenfügen – und das klingt natürlicher. Neben Stichworten können noch weitere Techniken freies Sprechen fördern.

Übersicht
- Verwenden Sie in Ihrem Skript halbe Sätze und Satzbrüche, die Sie während der Moderation vervollständigen.
- Notieren Sie sich Konkretes, Bildliches.
- Arbeiten Sie mit Füllwörtern. Wenn Sie Ihren Satz gelegentlich mit einem Füllwort beginnen, kommen Sie in einen ganz anderen Sprechrhythmus.

Nach der Anmoderation notieren Sie Fragen, Themen, Geschichten oder Fakten, die Sie zur Gesprächsführung brauchen. In klassischen Interviews spricht man bei so einer Vorbereitung von einem Leitfaden. Würfeln Sie Fragen und Gedanken nicht wild durcheinander. Sortieren sie Ihre Notizen nach Blöcken. Hier eine mögliche Struktur für einen Leitfaden.

Übersicht
1. Anmoderation mit Begrüßung und Vorstellung
2. Themenblock 1
   a. Fragestellung 1
   b. Fragestellung 2
   c. Fragestellung 3
   d. ggf. Zwischenfazit
3. Themenblock 2
   a. Fragestellung 1
   b. Fragestellung 2
   c. Fragestellung 3
   d. ggf. Zwischenfazit
4. Themenblock 3
   a. Fragestellung 1
   b. Fragestellung 2
   c. Fragestellung 3
   d. ggf. Zwischenfazit
5. Ausblick oder Fazit
6. Abmoderation

Es gibt offene und geschlossene Fragen. Geschlossene Fragen lassen sich mit Ja oder Nein beantworten („Haben Sie Bestechungsgelder gezahlt?", „Waren Sie während des Mordes am Tatort?"). Sie helfen uns, unsere Gesprächspartnerinnen und -partner zu einer klaren Position zu drängen. In vielen Podcasts aber wollen wir unsere Gäste öffnen und ins Erzählen bringen. Hier helfen offene Fragen, also die bekannten W-Fragen („Wie ist es Ihnen nach dem Tod Ihres Geliebten ergangen?", „Was haben Sie aus dieser schwierigen Zeit mitgenommen?"). Sie bringen unsere Gäste zum Nachdenken und Reflektieren.

Bei einem Storytelling-Podcast wird mit Skripten statt mit Leitfäden gearbeitet (vgl. Abschn. 3.6). Moderationen und O-Töne, Talks und Musik werden transkribiert und in einem Manuskript arrangiert. Die Struktur eines Skripts ist in jedem Storytelling-Podcast etwas anders. Wichtig ist: Schneiden Sie erst alle O-Töne, Talkpassagen und anderes Audiomaterial, das sie später verwenden möchten. Transkribieren Sie dann erst Ihren Vorschnitt – und texten Sie die Moderationen drum herum. So behalten Sie den Überblick über Ihr Material und moderieren später zielsicher. Außerdem sparen Sie viel Zeit. Sämtliches Audiomaterial zu transkribieren, ist sehr aufwendig.

Sollte man den aufgeregten Gesprächspartnern die Fragen vorab senden, damit sie sich auf das Gespräch besser einstellen können? Diese Frage kommt bei vielen Podcasterinnen und Podcastern auf. Die klare Antwort: Nein. Im Journalismus ist es unser Gestaltungsspielraum, Fragen zu stellen. Aber auch bei Branded Podcasts für die Öffentlichkeitsarbeit von Unternehmen gilt: Vermeiden Sie es, Fragen zu schicken – auch wenn die Gäste darauf bestehen. Die Gefahr ist groß, dass sie sich Antworten vorformulieren, während des Talks ablesen – und der Talk später klingt wie ein Laientheater.

8.4 Während des Interviews

Für die Aufzeichnung Ihres Podcasts halten Sie Leitfaden oder Skript parat, ob am Laptop, auf dem iPad oder ausgedruckt auf Papier. Wenn Sie Gäste im Studio oder in einem Konferenzraum haben, legen Sie nach dem Verkabeln von Mikrofonen, USB-Audiointerface und Computer aber nicht sofort mit der Anmoderation los. Gehen Sie es entspannt an.

Starten Sie mit einem kurzen Small Talk – den können Sie auch nutzen, um die Lautstärke der Aufnahme zu pegeln. Wie bist du zum Studio gekommen? Was gab's zum Frühstück? Ist die Lautstärke auf den Kopfhörern so angenehm? Das sind klassische Fragen, mit denen Sie Ihren Gesprächspartnern ermöglichen, im Studio anzukommen und sich mit der Technik vertraut zu machen.

Um eine vertrauensvolle Atmosphäre zu schaffen, hilft es auch, den groben Rahmen des Gesprächs kurz vor der Aufnahme durchzugehen. Auch hier geben wir keine einzelnen Fragen preis. Sie können aber kurz den Aufbau beschreiben, die wichtigsten Themenblöcke erläutern. Vereinbaren Sie auch, ob Sie sich duzen oder siezen wollen. Das Du wirkt in einem intimen Podcast nahbarer und ist in vielen Formaten gängig. Bei Themen aus Politik und Wirtschaft kann das Sie aber sinnvoller sein. Es wirkt seriös und schafft journalistische Distanz.

Wenn die Aufnahme läuft, beginnen Sie mit Ihrer Moderation. Vergewissern Sie sich einmal zu Beginn, dass die Technik läuft. Dann seien Sie ganz beim Gespräch. Denken Sie stets daran: Sie sprechen zu einem Publikum, auch wenn Sie es nicht sehen. Es erfahrene Radiomoderatoren geben, die eine Spielzeugfigur ins Studio mitbringen und sich neben das Mikrofon stellen. So vergessen Sie nie, eine natürliche Ansprechhaltung zu finden – und nicht einfach nur einen Text abzulesen.

Wenn Sie sich in einem Talkformat die Rolle des fragenden Journalisten ausgewählt haben, stellen Sie immer nur eine konkrete Frage aus Ihrem Leitfaden, nicht zwei oder drei auf einmal. Viele Interviewer fühlen sich verleitet, mehrere Fragen miteinander zu koppeln. Für die Gäste ist dann unklar, welche davon sie beantworten sollen, sie werden fahrig oder weichen aus. Klare Fragen führen zu klaren Antworten.

Auch in der Rolle des Fragestellers sollten Sie als Mensch sichtbar werden. Lachen Sie, wenn etwas lustig ist. Reagieren Sie überrascht oder gerührt, wenn das Gespräch es hergibt. Und haken Sie nach, wenn etwas unverständlich bleibt. Ihr Podcast wird dadurch persönlicher und lebendiger. Denken Sie auch daran, die verschiedenen Themenblöcke miteinander zu verbinden, vom einen zum anderen überzuleiten.

Falls in Ihrer Moderation mal ein Satz ins Leere läuft oder Sie sich versprechen – keine Panik. Das ist ganz normal. Wenn wir im Gespräch noch einmal ansetzen oder uns korrigieren, überhört das unser Publikum. Wenn wir Texte ablesen und uns dann versprechen, hören wir es aber meist sehr genau. Denken Sie daran – Natürlichkeit ist der Schlüssel beim Podcasting.

Wenn Ihnen eine Antwort Ihres Gastes zu lang ist oder zu unverständlich – wiederholen Sie die Frage einfach. Sie können sie auch leicht umformulieren, damit es nicht zu sehr auffällt. In der Postproduktion entscheiden Sie dann, ob Sie eine Variante herausschneiden möchten.

Auch Pannen kommen vor. Folgendes Szenario: Sie sind bei Ihrem Gast zu Hause, sitzen am Wohnzimmertisch, während mitten in der Aufnahme der Hund des Gesprächspartners hereinplatzt. Es bellt, raschelt, wimmert. Was tun Sie? Beschreiben Sie den Hörern, was geschieht („Oh, da platzt gerade ein Hund herein, jetzt wühlt er unter dem Tisch – wie heißt der denn?"). Wenn wir Geräusche nicht einordnen können, ist das rätselhaft. Und Rätsel wollen wir lösen. Wir sind mit unseren Gedanken dann nur noch bei den unbekannten Geräuschen, nicht beim Gespräch. Wenn Sie Ihre Hörerinnen und Hörer einmal aufgeklärt haben, können die mit der Störung gut leben.

Checkliste: Der schnellste Weg zur Moderation
Sie haben wenig Zeit und müssen einen Talk vorbereiten? Hier ein paar Hinweise aus der Praxis.

1. Hintergrundinfos besorgen

Finden Sie alles über Ihre Gäste, was Sie kriegen können. Wo sind sie aufgewachsen? Welche Wendungen hat ihr Leben genommen? Gibt es Anekdoten über sie? Sammeln Sie außerdem Fakten und Daten zu den Themen, die Sie ansprechen möchten. Gehen Sie nie unvorbereitet in ein Gespräch.

2. Einstieg finden

Was ist besonders überraschend, amüsant, widersprüchlich? Steigen Sie genau damit in Ihrer Anmoderation ein. Ziehen Sie Ihre Hörerinnen und Hörer in den Podcast herein – wenn Sie die ersten Sekunden überstanden haben, steigt die Chance, dass das Publikum bei Ihnen bleibt. Denken Sie auch daran, Orientierung in der Anmoderation zu bieten: Wer spricht mit wem über was und warum?

3. Struktur schaffen

Sie für ein halbstündiges Gespräch zwei bis drei große Themenblöcke und sammeln Sie zu jedem Block Fragen, Fakten, Gedanken und Geschichten. So schaffen Sie Struktur. Trauen Sie sich später im Gespräch, sich von Ihrer Vorlage zu lösen. Bleiben Sie offen für Spontanes und haken Sie nach, wenn etwas unklar bleibt.

4. Fazit ziehen

Fassen Sie zwischendurch wichtige Erkenntnisse zusammen, haben Sie Mut zur Wiederholung. Das gleich gilt für die Abmoderation. Was können die Hörerinnen und Hörer aus dieser Episode für sich mitnehmen? Denken Sie auch an eine Verabschiedung. Auch ein Hinweis zum kostenlosen Abonnement des Podcasts macht sich in der Abmoderation gut.

Interview mit dem Moderationstrainer Markus Tirok

Herr Tirok, Sie trainieren nicht nur Podcast-Hosts, sondern auch Moderatorinnen und Moderatoren für Veranstaltungen oder Videoformate. Worauf kommt es beim Podcasten an?

Die Herausforderung ist, dass man beim Podcasten – anders als bei einer Live-Konferenz – die Zielgruppe nicht vor Augen hat. Deswegen vergisst man schnell, dass ein Interview mehr als ein Gespräch zwischen zwei Menschen ist. Die Hörerinnen und Hörer muss man immer mitbedenken, auch wenn sie nicht sichtbar sind.

Aber ist die Stärke des Mediums nicht gerade die Intimität? Dass man das Gefühl hat: da unterhalten sich zwei Menschen ganz ohne Filter?

Podcasts sind definitiv ein Medium der Nähe. Wenn mir jemand über die Kopfhörer ins Ohr flüstert, komme ich ihm nahe. Aber die Nähe zwischen Host und Gast darf nicht zum Insiderkreis werden. Sonst fühlen sich die Zuhörerinnen und Zuhörer ausgeschlossen. Und das Gespräch muss – anders als ein Party-Gespräch in der Küche – einer Dramaturgie folgen. Sonst hat das Gespräch für die Hörenden keinen Mehrwert.

Wenn jemand zu Ihnen kommt und sagt: Ich kann als Host aus meinem Podcast noch mehr rausholen. Wie gehen Sie vor?

Es ist eine Arbeit auf verschiedenen Ebenen. Wir schauen uns Fragestellung und Dramaturgie an, aber auch die Moderationspersönlichkeit. Und da wird es sehr individuell, weil Authentizität beim Podcasten so wichtig ist.

Können Sie ein Beispiel nennen?

Ich hatte kürzlich eine Kundin, die hat sich gut vorbereitet und hatte eine tolle Stimme. Aber als ich ihre Interviews angehört habe, klang alles gleich. Es stellte sich dann raus, sie war vorher als Musicaldarstellerin aktiv und hatte sich da so eine Art Dauergrinsen antrainiert. Beim Hören wirkte das nicht ansprechend, sondern eher distanziert und aufgesetzt.

Erstaunlich, was für feine Antennen die Hörerinnen und Hörer haben ...

Ich habe das mal in einem Seminar getestet. Die Teilnehmenden sollten nach einem 30-sekündigen Ausschnitt aus einer Aufnahme angeben, was sie für einen Eindruck von der Sprecherin oder dem Sprecher haben. Wie alt, was für ein Typ, etc. Die Antworten waren erstaunlich identisch. Und auch zutreffend.

8.4 Während des Interviews

Man sollte als Podcaster also möglichst viel von seiner Persönlichkeit preisgeben?

Unbedingt! Das heißt aber nicht, dass Podcasts eine Ego-Show sein müssen. Niemand will wissen, was Sie gefrühstückt haben. Persönlich heißt nicht privat – das wird oft verwechselt. Es geht darum, sich zu zeigen, durchlässig zu sein, aber dabei trotzdem professionell zu .

Was heißt das für die Sprache? Wie umgangssprachlich darf man vor dem Mikrofon sein?

Ich würde niemals einem Host das perfekte Hochdeutsch eines Nachrichtensprechers antrainieren. Klar, man sollte nicht extrem nuscheln oder zu schnell sprechen. Aber regionale Dialekte und individuelle Sprechstile darf und soll man im Podcast hören.

Bedeutet Authentizität auch: Ich schreibe mir vorher keine Fragen auf, sondern lasse mich spontan durch das Gespräch treiben?

Definitiv nein! Ich arbeite seit 30 Jahren als Moderator und ich formuliere meine Fragen immer noch aus. Ich lege auch die Reihenfolge fest. Das hat den großen Vorteil, dass ich mir jede einzelne Frage wirklich anschauen kann: Ist sie belastbar? Hält sie der Nachfrage stand? Bringt sie mich im Gespräch weiter? Das merke ich nur, wenn ich die Fragen tatsächlich ausformuliere. Und: Keine Angst vor geschlossenen Fragen. Auch wenn man die mit Ja oder Nein beantworten könnte, passiert das in der Realität selten. Oft bekommt man eine konzentriertere Antwort als bei offenen Fragen.

Aber dann ist man doch gar nicht mehr offen für das Gespräch?

Den Einwand höre ich oft. Natürlich muss man zuhören und offenbleiben. Aber ich würde sagen, 70 Prozent der Interviews sind vorhersehbar – im positiven Sinne. Und ich habe dann die Sicherheit: Auch wenn ein Gast ausschweift, finde ich wieder zurück zu meinem Konzept. Es geht letztlich um Führung. Durch eine gute Vorbereitung strahlt man auch eine ganz andere Sicherheit aus.

Und wenn etwas schiefgeht, kann man immer noch schneiden ...

So ranzugehen, würde ich nicht empfehlen. Viele denken: Ich frage mal bunt in der Gegend rum, irgendetwas Spannendes wird schon kommen. Das klappt nicht immer und man sitzt ewig im Schnitt. Ich empfehle, das Interview so zu führen, als wäre es live. Und natürlich darf man die Fragen den Gästen nicht vorab geben.

Warum?

Die bereiten sich dann akribisch vor, überlegen sich Antworten oder nehmen im schlimmsten Fall sogar Spickzettel mit ins Gespräch. Das zerstört jede Gesprächsatmosphäre.

Welchen Fehler sollte man als Podcast-Host unbedingt vermeiden?

Auf keinen Fall sollte man den Gast sich selbst vorstellen lassen. Das klappt nie. Die Folge ist ein total verlaberter Einstieg. Und ich finde es auch viel höflicher, den Gast selbst vorzustellen. Schließlich ist der Host auch der Gastgeber.

Aber wie steigt man stattdessen gut in einen Podcast ein?

Die erste Frage sollte überraschen, vielleicht sogar provozieren, auf jeden Fall das Wichtigste nach vorne holen. Da sollte eine Idee drinstecken. Und sie sollte keine lange Antwort produzieren.

Postproduktion und Audioschnitt 9

Wenn Sie Ihren Podcast aufzeichnen, spätestens aber nach der Aufnahme auf einem Mobilen Recorder oder dem Rødecaster Pro, muss Ihr Projekt in einer Audioschnittsoftware angelegt werden. Nehmen Sie jedes Mikrofon pro Sprecherin oder Sprecher auf einer separaten Spur auf. So können Sie in der Nachbearbeitung Ihr Talkformat besser montieren und Störungen beheben.

Die Auswahl an Programmen für die Audiobearbeitung ist groß. Die Adobe Creative Cloud hat mit Audition bereits ein schlagkräftiges Werkzeug an Bord. Auch Reeper mit dem Add-on Ultraschall sowie Apples Garageband werden häufig für Podcastproduktionen verwendet. Eine Profilösung wie Pro Tools ist für Musik der Goldstandard, dürfte für ein simples Talkformat aber zu überladen sein. Wählen Sie grundsätzlich immer die Software, die Ihnen leicht von der Hand geht. Wenn Sie bereits mit der Adobe Creative Cloud arbeiten, wäre Audition also zumindest einen Versucht wert. Immerhin kennen Sie bereits die Funktionen und Menüführung der weiteren Programme aus der Softwarefamilie.

Im Folgenden möchte ich mich auf zwei Tools konzentrieren, die mit am gängigsten sein dürften und auch im Preis-Leistungsverhältnis weit vorne stehen: Audacity und Hindenburg Lite. Wenn Sie sich für eine andere Software entscheiden – keine Sorge. Die Programme funktionieren im Grunde recht ähnlich.

9.1 Die Software Audacity und Hindenburg

Audacity dürfte weltweit eine der bekanntesten Tools für Audioschnitt sein. Der größte Vorteil dieser Open Source Software: Sie ist kostenfrei für Windows, Mac OS und Linux erhältlich. Gerade bei der Montage mehrerer Spuren, zum Bei-

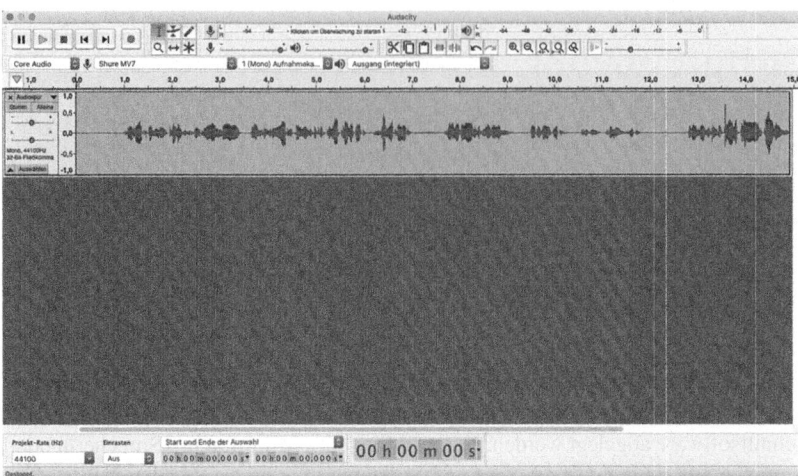

Abb. 9.1 Die Schnittsoftware Audacity. (Bild: Eigene Darstellung/Screenshot)

spiel Talk und Musik, zeigt Audacity aber Schwächen. Das Pegeln der Lautstärke bei den Blenden i fummelig. Zum simplen Schnitt eines Takes oder der Aufnahme eines Talkformats ist Audacity aber bestens geeignet (Abb. 9.1).

Am oberen Rand des Fensters befindet sich die Steuerleiste mit den Buttons Start, Stopp und Aufnahme, die Pegelanzeige sowie die Toolbox mit Auswahlwerkzeugen. Mithilfe der Tools können Tonspuren markiert, geschnitten oder verschoben, die Lautstärke gepegelt oder Tonspuren geblendet und an die Hüllkurven herangezoomt werden. Außerdem werden hier Mikrofon und Kopfhörer ausgewählt. Am unteren Bildschirmrand, unter der Zeitleiste, befindet sich die Statusleiste. Hier lesen Sie Zeitmarken oder auch die Gesamtlänge der Audioproduktion ab.

Bei Audacity können Sie nach einem Klick auf den roten Record-Button sofort mit der Aufnahme beginnen. Kontrollieren Sie aber vorher noch einmal, ob Mikrofon und Kopfhörer korrekt ausgewählt sind. Wenn Sie mit einem externen Recorder aufgezeichnet haben, laden Sie die Tonspuren auch über die Importfunktion ins Projekt. Mehrere importierte Tonspuren werden automatisch übereinander gelegt.

Ähnlich im Aufbau, aber etwas simpler in der Bedienung ist das Programm Hindenburg. Die Software läuft auf Windows und Mac OS, eine Lizenz gibt es ab 85 Euro. Hindenburg ist eine Audioschnittsoftware für Journalistinnen und Journalisten, nicht für Tontechniker – und daher bedienerfreundlicher (Abb. 9.2).

9.1 Die Software Audacity und Hindenburg   145

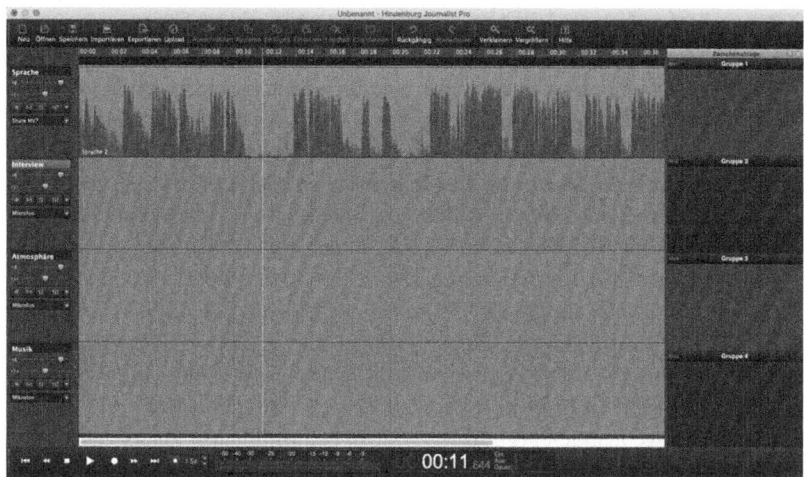

Abb. 9.2 Die Schnittsoftware Hindenburg (Bild: Eigene Darstellung/Screenshot)

Der Aufbau des Programms ist dem von Audacity recht ähnlich. Ein paar Unterschiede gibt es aber. Je nach Position meiner Maus kann ich die Tonspuren einfach markieren oder verschieben. Die Lautstärke markierter Passagen lässt sich weiterhin recht einfach und schnell pegeln, indem man den Cursor mit der Maus an den Rand der Tonspur führt und die Spuren nach oben oder unten zieht. Start, Stopp und Aufnahme, die Pegelanzeige sowie die Statusleiste befinden sich am unteren Fensterrand. Die einzelnen Tonspuren sind bei Hindenburg vorbeschriftet. Der Text kann per Doppelklick auf das Feld geändert werden.

Um eine Aufnahme zu starten, müssen Sie die jeweiligen Spuren scharfschalten. Dazu klicken Sie auf den kleinen roten Aufnahmebutton an der Toolbox links von der Spur. Nun können Sie schon einmal pegeln, ohne dass die Aufnahme läuft. Um die Aufzeichnung zu starten, klicken Sie auf den zweiten Aufnahmebutton in der Toolbox am unteren Bildschirmrand. Nun läuft die Zeit, die Spur zeichnet auf. Auch bei Hindenburg lassen sich Aufzeichnungen von mobilen Audiorekordern einfach in das Projekt laden – entweder über eine Importfunktion oder per Drag-and-drop.

Besonders praktisch ist bei Hindenburg die Zwischenablage am rechten Fensterrand. In den vier verschiedenen Gruppen können O-Töne, Atmos, Musik oder auch ganze Tonspuren per Copy-and-paste geparkt werden. Das ist vor allem bei komplexen Produktionen hilfreich, um nicht die Übersicht zu verlieren. Ein weiterer Vorteil: Importierte Tonspuren werden automatisch auf Normallevel gepegelt, also auf eine Lautstärke, wie man sie aus dem Radio kennt.

9.2 Aufnahmen kürzen – Arbeiten mit einer Spur

Im Folgenden werde ich einige Standardschnitte erläutern, die in der Bearbeitung von Podcasts regelmäßig anfallen. Die Schritte werde ich am Beispiel von Hindenburg skizzieren. Bei Audacity ist die Vorgehensweise sehr ähnlich.

Die meisten Podcasterinnen und Podcaster werden ihre Aufnahme in der Postproduktion etwas kürzen wollen, um beispielsweise langweilige Passagen oder störende Versprecher herauszunehmen. In der Radioproduktion werden auch „Ähms" und andere Füllworte gern entfernt. Bei Podcasts muss das nicht sein. Verlassen Sie sich auf Ihr Gefühl. Wenn ein „Ähm" stört oder Gestotter unangenehm auffällt – raus damit. Die Schnitte sollten aber möglichst nicht hörbar sein. Falls doch – lassen Sie den Versprecher einfach drin. Authentizität geht vor.

Das Kürzen mit einer Spur ist denkbar einfach. Mit dem Cursor wird die zu kürzende Passage markiert (vgl. Abb. 9.3). Um den natürlichen Sprechfluss zu erhalten, kürzt es sich am besten nach Atempausen. Das heißt: Der erste Atmer bleibt stehen, danach wird hart aufs anschließende Wort gekürzt. Es klingt meist besser, wenn der erste Atmer stehen bleibt – vor allem bei Aufnahmen, die nicht im Studio entstanden sind. Der Nachhall vom zuvor Gesprochenen liegt häufig noch über der Atempause. Wird sie geschnitten, fehlt der Nachhall plötzlich. Das fällt auf, wenn auch unbewusst.

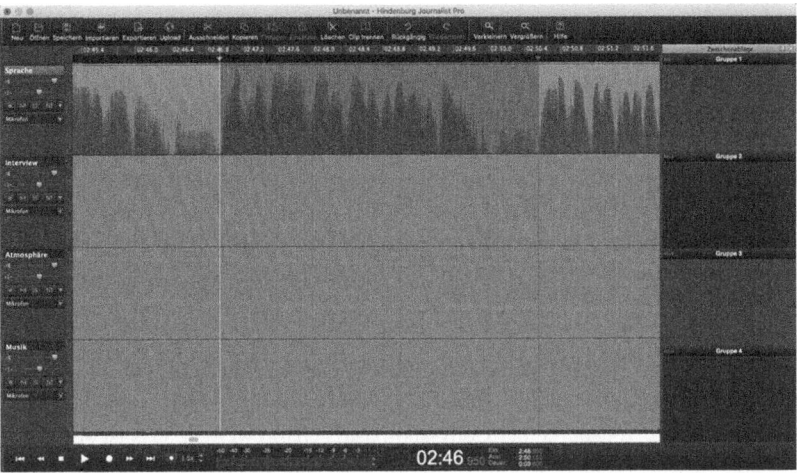

Abb. 9.3 Kürzen eines Interviews mit einer Spur. (Bild: Eigene Darstellung/Screenshot)

9.2 Aufnahmen kürzen – Arbeiten mit einer Spur

Müssen die Atmer denn überhaupt drinbleiben? Ja, unbedingt! Wenn Atempausen rausgekürzt werden, klingt Ihr Podcast unnatürlich, wie ein langer Werbespot im Radio. Auch Denkpausen gehören zu echten Gesprächen dazu. Sparen Sie nicht an Pausen, lassen Sie Raum zu. Das macht Ihren Podcast stärker.

Neben harten Schnitten werden auch Kreuzblenden in der Audioproduktion eingesetzt (vgl. Abb. 9.4). Die erste Tonspur wird aus- und in eine zweite Tonspur eingeblendet. Dadurch können verschiedene Passagen in einem fließenden Übergang miteinander verbunden werden. Diese Technik ist vor allem für die Montage von Atmos, also atmosphärischen Geräuschen, oder auch Musik geeignet. Gerade bei der Blende von Musik ist aber etwas Erfahrung und Taktgefühl nötig, damit die Blende nicht auffällt.

Das Arbeiten mit einer Spur ist schnell und simpel. Mit etwas technischem Verständnis können sich angehende Podcaster schnell darin einfinden. Profis arbeiten allerdings auch bei Interviewaufnahmen mit mehreren Spuren. Sie erinnern sich: Jedes Mikrofon wird am besten in einer eigenen Spur aufgezeichnet. In der Schnittsoftware werden die Spuren dann direkt übereinandergelegt. So lassen sich Lautstärken individuell anpassen und klangliche Defizite ausbessern.

Wenn Sie ein Interview mit mehreren Spuren in Hindenburg kürzen wollen, ist das problemlos möglich. Führen Sie Ihre Maus in den oberen Bereich der ersten Tonspur, bis Sie einen Cursor sehen. Dann markieren Sie den zu schneidenden Be-

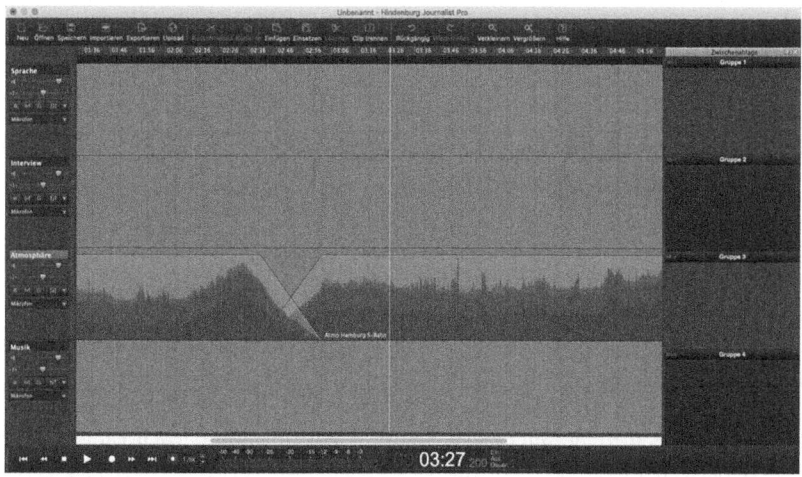

Abb. 9.4 Kreuzblende von Atmo aus der Hamburger S-Bahn. (Bild: Eigene Darstellung/ Screenshot)

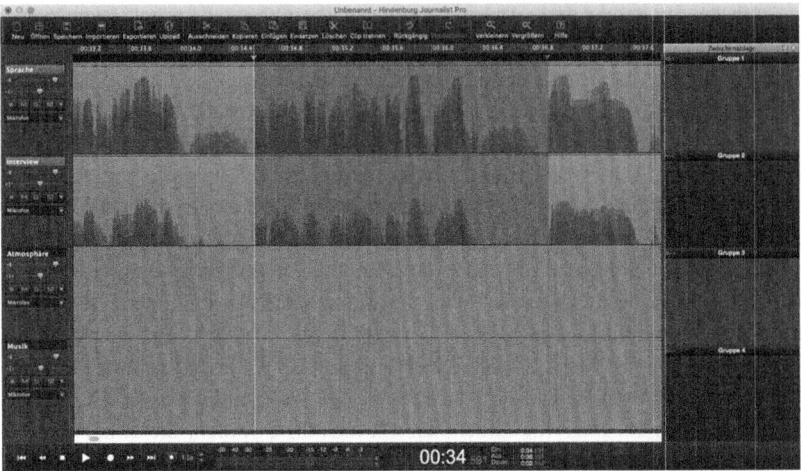

Abb. 9.5 Kürzen eines Interviews mit zwei Spuren. (Bild: Eigene Darstellung/Screenshot)

reich, führen Sie aber die Maus dabei auch in die nächste Spur hinein (vgl. Abb. 9.5). Nun können Sie wie gewohnt schneiden.

Denken Sie aber daran, beim Markieren keine Spur zu vergessen – ansonsten verschieben sich die Aufnahmen ineinander und Sie erhalten eine unsaubere Mischung.

9.3 Multitrack Editing – Schneiden mit mehreren Spuren

Bei komplexeren Montagen in Storytelling-Podcasts werden Interviews und O-Töne, Atmos und Soundscapes, Musik und Klangcollagen miteinander verwoben. Aber selbst beim Schnitt eines simplen Intros und Outros brauchen Sie in der Regel mehrere Spuren. Keine Sorge – auch „Multitrack Editing" ist kein Hexenwerk.

Um ein Intro mit Musik zu bauen, brauchen Sie zwei Spuren. Auf einer Spur liegt der Sprechertext, der zuvor aufgenommen wurde – zum Beispiel Titel, Slogan und Herausgeber des Podcasts. Auf der zweiten Spur liegt ein Musiktrack (vgl. Abb. 9.6). Nun brauchen Sie nur noch die Musik unter der Sprache leiser zu pegeln, damit der Sprechertext verständlich bleibt.

9.3 Multitrack Editing – Schneiden mit mehreren Spuren

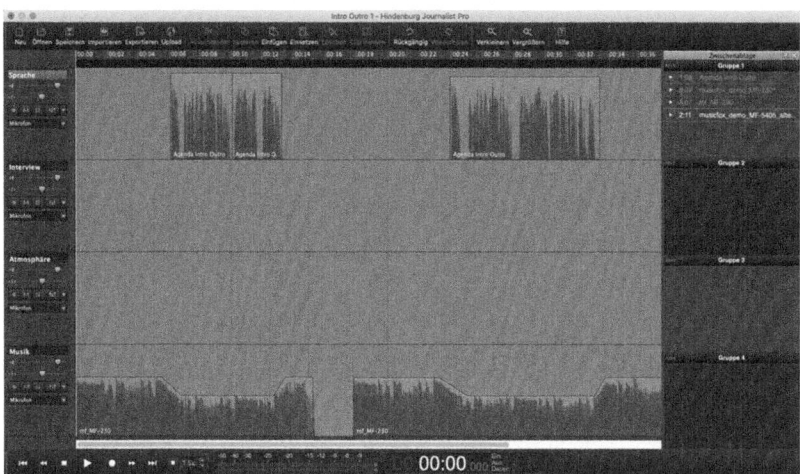

Abb. 9.6 Produktion von Intro (links) und Outro (rechts) in Hindenburg. (Bild: Eigene Darstellung/Screenshot)

Markieren Sie in Hindenburg einfach den entsprechenden Bereich Ihrer Musikspur. Anschließend führen Sie die Maus an den Rand der Spur und ziehen den markierten Bereich nach unten. So können Sie die Lautstärke schnell anpassen. Um den Übergang geschmeidiger zu machen, können Sie die Pegelpunkte am oberen Spurrand horizontal verschieben. Mit dem Outro verfahren Sie genauso.

Außer Intro und Outro können Sie auch weitere Musiktitel oder Atmos in Ihre Podcasts montieren. Fragen Sie sich aber immer: Was steht gerade im Vordergrund? Sprache oder Musik? Was muss laut, was muss leise gepegelt sein? Auch sollten Sie vermeiden, Musik zu flächig einzusetzen. Das wirkt schnell langweilig. Nutzen Sie Musik akzentuiert.

Für das Mastering hochwertiger Produktionen bearbeiten Podcasterinnen und Podcaster mehrere Spuren gleichzeitig. So lassen sich unterschiedliche Lautstärken besser anpassen und akustische Mängel beheben – zum Beispiel das akustische Übersprechen, auch Bleeding genannt.

Wenn Sie mit drei Mikrofonen in einem Raum arbeiten, erhalten Sie am Schluss drei Spuren. Das Problem: Jedes Mikrofon nimmt nicht nur den vorgesehenen Sprecher, sondern auch die jeweils anderen Gesprächsgäste auf – allerdings mit einer minimalen Verzögerung. In perfekt schallisolierten Räumen fällt das nicht groß auf. In normalen Konferenzräumen aber führt das Übersprechen zu sich verstärkendem Hall.

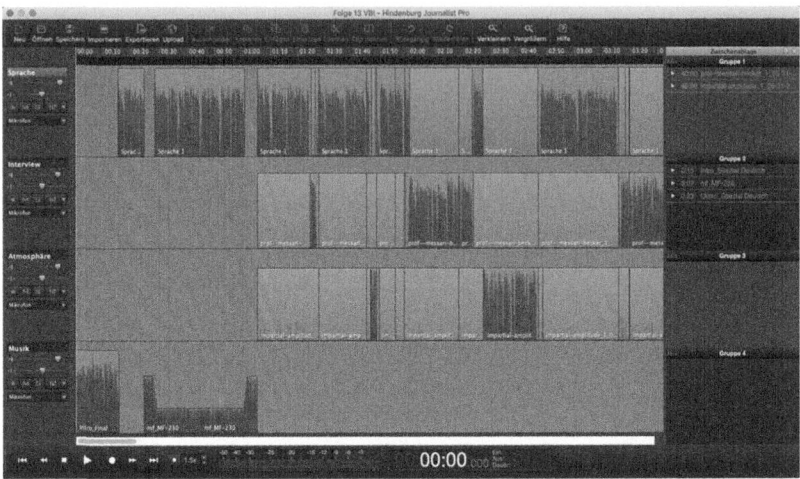

Abb. 9.7 Postproduktion mit mehreren Spuren in Hindenburg. Bild: Eigene Darstellung/ Screenshot

Die Lösung ist einfach, aber zeitaufwendig. Producerinnen und Producer müssen während des Masterings die jeweiligen Passagen auf den inaktiven Spuren markieren und „muten", also stummschalten. Die gemuteten Spuren werden optisch grau markiert (vgl. Abb. 9.7). Der Hall wird so entfernt, die Aufnahme sauberer.

9.4 Die Masteringtools Auphonic und iZotope RX

Smarte Masteringtools helfen bei der Postproduktion und Fehlerreparatur. Das wohl bekannteste Tool für Podcaster ist Auphonic. Für den gelegentlichen Einsatz ist die Software sogar kostenfrei. Auphonic kann online über den Browser genutzt werden. Die Audiospuren der Gesprächsgäste werden noch vor dem Schnitt hochgeladen, über das Tool analysiert und automatisch bearbeitet – zum Beispiel auf ein einheitliches Level gepegelt. Auphonic erkennt auch Bleeding und mutet die inaktiven Spuren automatisch. Außerdem hilft Auphonic dabei, Hintergrundgeräusche zu reduzieren und die Soundfiles zu transkribieren.

Der Goldstandard sind die Produkte des Unternehmens iZotope, wie zum Beispiel die Repairsoftware iZotope RX. Hintergrundgeräusche, aber auch unerwünschte Laute beim Sprechen wie zum Beispiel Schmatzen oder lautes Atmen

9.5 Export Ihrer Produktion als MP3   151

Abb. 9.8 Die Repairsoftware iZotope RX (Bild: Eigene Darstellung/Screenshot)

können damit effektiv repariert werden. Auch Raumhall lässt sich mit iZotope RX reduzieren. Das Tool wird sich im Gegensatz zu Auphonic in die Schnittsoftware integriert, zum Beispiel in Hindenburg. Es läuft aber auch als eigenständiges Programm (vgl. Abb. 9.8). Die Standardversion kostet rund 300 US-Dollar.

Tatsächlich funktionieren die Tools recht gut und können aus verunglückten Aufnahmen noch eine Menge rausholen. Funktionen wie die „Normalisierung" von Lautstärken sollten aber mit Vorsicht eingesetzt werden. Über eine berührende oder auch schmerzhafte Erinnerung sprechen wir in einem Podcast anders als über ein lustiges Erlebnis. Solche Schattierungen in der Stimmlage sind völlig in Ordnung, sogar gewünscht. Übertreiben Sie es daher nicht mit Filtern, Plug-Ins und Masteringtools.

9.5 Export Ihrer Produktion als MP3

Wenn Sie Ihren Podcast fertig geschnitten haben, müssen Sie Ihr Projekt exportieren. Bislang liegen alle Audiodateien in einem Projektordner. Das hat den Vorteil, dass die Originaldateien nicht verloren gehen. Sie haben einen groben Fehler beim Schnitt gemacht? Nicht so schlimm – die ursprüngliche Aufnahme ist noch immer unversehrt auf Ihrer Festplatte.

Mit der Funktion „Exportieren" in der Symbolleiste bei Hindenburg gelangen Sie zu einem Fenster, in dem Sie Speicherort, das Dateiformat (mp3) und die Qualität des Exports auswählen („hoch"). Bei Audacity können Sie über das Menü „Datei" und „Exporieren" dorthin. Ihr Podcast wird nun gemischt und als versandfähige mp3-Datei ausgespielt. So kann der Podcast auf die entsprechenden Online-Plattformen geladen werden. Wie das geht, erfahren Sie in Kap. 11.

9.6 All-in-One Podcast Tools

Seit einiger Zeit wächst das Angebot an Tools, mit denen sich die Podcastproduktion automatisieren lässt. Ein wichtiger Player dieser All-in-One Plattformen ist Anchor, das mittlerweile zu Spotify gehört. Auf der Website lassen sich einfache Gesprächsformate aufnehmen, mit vorproduziertem Intro und Outro versehen, auf den Server laden und von dort weiterverbreiten. Sogar bei der Monetarisierung unterstützt Anchor. Auf dem eigenen Profil können Podcaster Spendenbuttons fürs Crowdfunding einblenden.

Zu Anchor gehört auch eine App, die Mobile Podcasting ermöglichen soll. Gesprächsgäste werden online zusammengeschaltet, Talks können so über das Smartphone aufgezeichnet und weitervertrieben werden. Anchor setzt dabei radikal auf Einfachheit und niederschwelligen Zugang.

Eine weitere Innovation in der automatisierten Podcastproduktion ist das Tool Descript aus San Francisco. Online aufgenommene Gespräche werden automatisch transkribiert und anhand des Manuskripts geschnitten. Wie in einem Word-Dokument lassen sich Passagen löschen – das Tool kürzt entsprechend auch die Audiofiles. Bislang funktioniert Descript nur auf Englisch. Auch hier ist der Ansatz klar: Podcasting für alle verfügbar zu machen, auch ohne große Kenntnisse in der Audioproduktion.

Checkliste: Die wichtigsten Schritte in der Postproduktion

1. Audioschnittsoftware auswählen

Wer sich neu in eine Audioschnittsoftware einarbeitet, ist später zu faul zum Wechseln. Wählen Sie ein Programm, mit dem Sie lange zufrieden sein werden. Audacity ist gratis, Reaper mit Ultraschall und Hindenburg kosten einmalig zwischen 50 und 100 Euro. Wer die Adobe Creative Cloud nutzt, hat Zugang zu Audition. Hier laufen aschnell Kosten zwischen 20 und 50 Euro pro Monat auf.

9.6 All-in-One Podcast Tools

2. Audioschnitt, aber natürlich

Immer daran denken: Podcasts leben von Authentizität und Natürlichkeit. Es ist nicht zielführend, Atmer und Pausen zu schneiden oder jeden Versprecher glatt zu bügeln – vor allem dann nicht, wenn die Schnitte anschließend stark zu hören sind. Was stört, kann weg. Was authentisch und natürlich klingt, bleibt drin. Mit dieser Guideline klingt der Podcast nach der Postproduktion auch wirklich besser.

3. Musik einsetzen, aber mit Bedacht

Mischen Sie Musik nicht flächig unter Ihren Podcast. Nutzen Sie Musik akzentuiert, um Emotionen zu erzeugen oder einzelne inhaltliche Passagen voneinander zu trennen. Dann wirkt Ihre Mischung auch stark. Spielen Sie Musik am besten für einige Sekunden frei an, bevor Sie den Track unter eine Moderation mischen. Wenn Sie die Musik unter eine Moderation schummeln, ohne sie einzuführen, kann sie schnell wie ein Störelement wirken.

4. Masteringtools einsetzen, aber gekonnt

Nutzen Sie Masteringtools wie Auphonic oder iZotope RX nur, wenn es wirklich nötig ist. Die Tools sind fehleranfällig, wenn sie nicht richtig konfiguriert wurden. Werden Masteringtools falsch eingesetzt, können sie die Audioqualität in Mitleidenschaft ziehen.

Interview mit dem Audioproducer Moritz Metz

Herr Metz, wann beginnt eigentlich die Podcastproduktion – beim Schnitt oder bei der Aufnahme?

Bei der Aufnahme. Die Wahl des Mikrofons und die Aufnahmesituation geben viel vor. Wen man von Anfang an professionell und sauber arbeitet, hat man es bei den weiteren Schritten viel leichter.

Falls doch was schiefgeht: Kann ich jeden Schnitzer in der Postproduktion ausbessern? Oder gibt es Grenzen?

Man kann schon viel korrigieren, aber oft mit überbordendem Aufwand. Ich habe mal ein Hörbuch aufgenommen und wollte, dass es intim klingt. Deswegen haben sich die Sprechenden nah vor ein Großmembran-Mikrofon gesetzt. Aber dadurch waren auf der Aufnahme lauter kleine Mundgeräusch: Schmatzen, Klicken. Das hätte Tage gedauert, die einzeln rauszuschneiden. Ich habe dann ein Plug-In gefunden, das aufs Filtern von Mundgeräuschen spezialisiert ist: ein sogenannter Mouth-De-Clicker. Das hat ganz gut funktioniert. Aber so ein Filter nimmt immer auch Dinge raus, die man eigentlich gerne behalten hätte. Wobei auch immer die Frage ist: Wie viel von dem, was ich auf Monitorboxen oder transparenten Profikopfhörern höre, kommt letztlich beim Konsumenten an? Die meisten nutzen wohl Musik-optimierte Kopfhörer oder das Autoradio.

Wie hören Sie die Produktionen beim Schneiden ab?

Das ist wie beim Tischlern: Mit gutem Werkzeug bekommt man präzisere Schnitte hin. Und dazu gehören hochwertige neutrale Abhörkopfhörer, zum Beispiel die AKG K271. Die meisten Kopfhörer aus dem Elektromarkt verstärken die Bässe. Wenn man danach schneidet, neigt man dazu, zu viele Tiefen rauszunehmen. Das Audio klingt am Ende möglicherweise dünn.

Welche Plug-Ins oder Filter gehören für Sie zur Grundausstattung?

Einige Schnittprogramme haben Standards wie die Equalizer schon integriert. Damit kann man die Höhen und besonders die Tiefen einer Aufnahme kappen. Die Tiefen korrigiere ich eigentlich immer. Vor allem bei männlichen Sprechern, die mit wenig Abstand in Mikrofone sprechen, entsteht der sogenannte Nahbesprechungseffekt, ein tiefes Dröhnen, was die Aufnahme eher unverständlich macht. Gleichzeitig erhöht es die Sprachverständlichkeit, wenn man mittelhohe Frequenzen anhebt, dann können aber auch Sprachfehler wie Nuscheln oder Lispeln mehr auffallen. In dem Fall hilft ein sogenannter De-Esser, der scharfe S-Laute dämpft. Doch je besser die Ur-Aufnahme, desto weniger Aufwand am Ende.

Können Sie eine Software empfehlen, die mit den meisten Problemen fertig wird?

Die Plugin-Suite iZotope RX bietet sehr gute Funktionen zur Audiorestauration in besonders schweren Fällen. Vieles geht aber auch mit den mitgelieferten Effekten von Audioschnittsoftware oder manchmal des Betriebssystems.

Ein häufiges Problem ist auch Hall, wenn zum Beispiel in einem Büro mit viel Stahl und Glasfenstern aufgenommen wurde. Kann man da in der Postproduktion etwas retten?

9.6 All-in-One Podcast Tools

Auch hier gilt: Lieber gleich bei der Aufnahme auf eine gute Qualität achten und das Interview anderswo führen. Hall kann man beispielsweise mit iZotope RX versuchen herauszufiltern. Aber es kann dabei zu „Artefakten" kommen, dann entsteht auf einmal ein digitales Klirrgeräusch. Oder der Hall ist weg, man merkt aber, dass der Aufnahme auch sonst etwas fehlt - ähnlich wie bei einem Handytelefonat. Was sich leichter filtern lässt, sind konstante Hintergrundgeräusche, die vielleicht noch auf einer Frequenz bleiben. Eine rauschende Lüftung zum Beispiel. Da markiert man eine Stelle, an der das Geräusch freisteht – und die Software kann das bequem aus der gesamten Audiospur entfernen.

Was halten Sie von Masteringtools wie Auphonic?

Ich nutze den Auphonic Leveler gelegentlich selbst zur Lautstärkeanpassung, also um den Pegel in Gesprächen zu vereinheitlichen. Der pegelt nach „Lautheit", quasi der empfundenen Lautstärke und nicht stur nach dem Pegel – das bekommt man manuell nicht so schnell hin. Den Rest behalte ich lieber selbst in der Hand. Aber wenn man sich nicht so tief in die Programme einarbeiten möchte, funktioniert Auphonic schon bestechend gut.

Sie produzieren auch Sendungen fürs klassische Radio wie den Deutschlandfunk. Gehen Sie da anders vor als bei Podcasts?

Früher hätte ich gesagt: Ja, Podcasts können ein bisschen unperfekter sein, je nach Format. Das ist weiterhin so, inzwischen haben sich die beiden Welten aber komplett vermischt. Radiosendungen laufen als Podcasts und einige Podcasts sind so aufwendig produziert wie große Radiofeatures. Der Inhalt zählt. In meiner Twitter-Bio stand früher, ich sei Journalist und Producer für „Radio und Podcast". Jetzt steht da nur noch „Audio".

Gibt es eine technische Innovation im Bereich der Podcastproduktion, auf die Sie schon sehnsüchtig warten?

Da wird sich in Zukunft vor allem durch Machine Learning manches tun. Schon jetzt gibt es Programme, die automatisch „Ähms" entfernen. Wobei ich ja finde, dass „Ähms" oder auch Pausen manchmal wichtig sind und dem Gespräch Struktur geben. Was ich vielversprechend finde, ist die Verknüpfung von Transkript und Schnittsoftware. Audioproduktion über einen Texteditor – da geht die Entwicklung vielleicht hin. Aber das Wichtigste bleibt: Zuhören, bei der Aufnahme und im Schnitt. Es bringt nichts, wenn ein Satz „auf dem Papier" gut aussieht, er muss ja vor allem klingen.

Podcasting und Medienrecht 10

Wer podcastet, muss ein paar grundsätzliche juristische Fakten kennen. Das gilt zunächst einmal, wenn wir fremde Inhalte in unseren Podcast schneiden – zum Beispiel Musik unter Intro und Outro mischen. Aber auch Kennzeichnungspflichten müssen beachtet werden, wenn wir unseren Podcast auf einer Website veröffentlichen. Festgeschrieben sind diese Pflichten im Telemediengesetz. Was Podcaster darüber wirklich wissen müssen – hier ein kurzer Überblick.

10.1 Pflichtangaben für Podcast und Website

Wenn Sie einen Blog oder eine Microsite für Ihren Podcast erstellen, müssen Sie den allgemeinen Informationspflichten nachkommen, das heißt: ein Impressum auf Ihre Seite stellen. Wer Ihr Angebot nutzt, soll deren Seriosität überprüfen, Sie kontaktieren und notfalls auch rechtliche Ansprüche gegen Sie durchsetzen können. Daher gehören in ein Impressum folgende Angaben.

Übersicht
- Vor- und Nachname, bei juristischen Personen (Unternehmen) Unternehmensname mit Rechtsform und Vertretungsberechtigte.
- Bei journalistisch-redaktionellen Inhalten muss auch der Name des Verantwortlichen genannt werden, der für diese Inhalte einsteht (§ 55 Absatz 2 Rundfunkstaatsvertrag). Bei größeren Projekten oder Verlagen sind dies in der Regel Geschäftsführerin oder Chefredakteur.

- Ins Impressum muss auch eine Anschrift, bestehend aus Straße, Hausnummer, Postleitzahl und Ort. Die Angabe eines Postfachs genügt nicht.
- Eine elektronische und nicht elektronische Möglichkeit zur Aufnahme eines Kontakts, in der Regel E-Mail-Adresse und Telefonnummer.
- Bei Unternehmen die Umsatzsteuer-Identifikationsnummer, ggf. auch das Handels-, Vereins-, Partnerschafts- oder Genossenschaftsregister mit Registernummer.

Das Impressum muss auf einer Website leicht zugänglich, eindeutig erkennbar und von jeder Seite aus erreichbar sein. Meist befindet sich der Link direkt in der Menüleiste im Header oder am unteren Ende der Website, im Footer. Wird die Impressumspflicht missachtet, drohen Geldbußen von bis zu 50.000 Euro, daneben kostenpflichtige Abmahnungen von Wettbewerbern.

Auf die Impressumspflicht kann nur verzichtet werden, wenn eine Website zu „ausschließlich persönlichen oder familiären Zwecken" betrieben wird (§ 18 Medienstaatsvertrag). Wenn Sie einen Podcast auf ihrem Blog veröffentlichen, der sich in der Regel über Werbung finanziert, wird dagegen eine Gewinnerzielungsabsicht unterstellt. Es handelt sich dann um ein kommerzielles Projekt – auch wenn kein Geld fließt.

Wenn Sie personenbezogene Daten der Nutzerinnen und Nutzer sammeln und verarbeiten, zum Beispiel für statistische Erhebungen, brauchen Sie außerdem eine Datenschutzerklärung. Das ist seit Einführung der Datenschutzgrundverordnung (DSGVO) am 28. Mai 2018 so vorgeschrieben. Allein schon, wenn Sie Cookies setzen, Logfiles erstellen, Web-Analysetools installieren oder einen Play-Button für Ihren Podcast integrieren, sammeln Sie Nutzerdaten. Weitere klassische Fälle sind ein Anmeldeformular für Newsletter, Kontaktformulare oder Social-Plug-ins. Um eine Datenschutzerklärung kommen Sie in der Praxis also nicht herum. Beantworten Sie dort am besten folgende Fragen.

Übersicht
- Auf welcher Rechtsgrundlage arbeiten Sie? (vgl. Art. 6 DS-GVO)
- Welche Daten werden für welchen Zweck verarbeitet? Nennen Sie Art, Umfang und Zweck der Datenverarbeitung.
- Wie lange werden Daten gespeichert, wann werden sie gelöscht?
- Welche Widerspruchs- und Widerrufsmöglichkeiten der Datennutzung gibt es?
- Welche Rechte auf Auskunft, Berichtigung oder Löschung ihrer Daten haben die Nutzerinnen und Nutzer?
- Gibt es Beschwerdemöglichkeiten oder Aufsichtsbehörden?

Die Datenschutzerklärung sollte von der Startseite aus gut zugänglich sein, am besten mit einem Link auf eine eigene Unterseite. Die Vermischung mit dem Impressum wird nicht empfohlen, es wird sonst schnell unübersichtlich.

Sollten Sie Cookies auf Ihrer Seite setzen, die über den rein technischen Betrieb hinausgehen, so ist dies nach einem Urteil des Bundesgerichtshofs vom 28.05.2020 nur nach aktiver Zustimmung der Nutzerinnen und Nutzer möglich (AZ I ZR 7/16). Solche Cookies braucht es beispielsweise in Online-Shops, bei der Sprachauswahl oder für Log-Ins zu Nutzerprofilen. Da die Zustimmung noch vor Beginn der Datenverarbeitung eingeholt werden muss, empfiehlt sich die Installation eines Cookie-Banners. Dieses Banner poppt direkt beim Besuch der Website auf.

Oft werden Sie auf Websites auch einen Disclaimer finden. Grundsätzlich gilt: Wenn Sie eigene Inhalte bereitstellen, haften Sie dafür. Heikel für Medienschaffende: Wer Falschbehauptungen in die Welt setzt, muss womöglich für entstehende Vermögensschäden aufkommen. Ein Beispiel: Wenn Sie in einem Podcast beklagen, in einem Restaurant seien die Salmonellen ausgebrochen, dies aber nachweislich nicht stimmt – dann kann Sie der Besitzer wegen ausbleibender Kundschaft auf Schadenersatz verklagen. Vorausgesetzt, er kann vor Gericht nachweisen, dass der Gästeschwund tatsächlich auf Ihren Audiobeitrag zurückgeht. Selbst wenn solche Fälle selten vorkommen, empfehlen Berufsverbände eine Vermögenschadenhaftpflichtversicherung. Damit sind Sie besser geschützt.

Was aber ist mit Links auf fremde Websites? Hier sollen die genannten Disclaimer helfen und Haftungsrisiken für verlinkte Inhalte ausschließen. Die Rechtsgültigkeit solcher Disclaimer ist aber umstritten. Sie sind als Website betreiber verpflichtet, auch Links auf fremde Seiten sorgfältig zu prüfen. Wenn auf verlinkten Seiten Rechtsverstöße begangen werden, zum Beispiel Urheberrechtsverletzungen, müssen Sie die Links sofort entfernen. Ansonsten machen Sie sich nach einem Urteil des Landgerichts Hamburg vom 18. November 2016 selbst der Urheberrechtsverletzung schuldig (AZ: 310 O 402/16).

Zuletzt noch ein paar Worte zu Urheberrechten und Verwertungsrechten. Wenn Sie mit eigener geistiger Leistung ein Werk schaffen, also auch einen Podcast, sind Ihre Urheberpersönlichkeitsrechte daran in Deutschland automatisch geschützt. Die Verwertungsrechte an Ihrem Werk können Sie als Urheber dagegen veräußern – zum Beispiel an einen Verlag oder Streamingdienst. In der Regel werden solche Rechte auf Zeit verkauft.

Gemeinnützige Organisationen wie zum Beispiel die Bundeszentrale für politische Bildung, haben einige ihrer Podcasts hingegen unter Creative Commons Lizenz gestellt. Dahinter verbirgt sich eine US-Organisation. Sie stellt standardisierte Lizenzverträge zur Verfügung, mit denen ein Autor der Öffentlichkeit Nutzungsrechte an seinen Werken einräumen kann, meist für nicht-kommerzielle Verwendung. Sollten Sie eine Veröffentlichung unter Creative Commons Lizenz planen, müssen Sie darauf ebenfalls auf Ihrer Website hinweisen, also die entsprechende Lizenz nennen und darauf verlinken.

10.2 Musik im Podcast – Gema-Lizenzen und Alternativen

Bevor Sie Musik in Ihrem Podcast verwenden, müssen Sie die Verwertungsrechte von Komponisten und Interpreten einholen. Die Musik brauchen Sie mindestens für Intro und Outro. Also einfach die neuesten Songs von Apple oder Amazon ziehen, reinschneiden und hochladen? Besser nicht. Wenn Sie Musik verwenden, müssen Sie Beiträge an Verwertungsgesellschaften wie die Gema zahlen, die Textdichter, Komponisten und Musikverleger vertritt.

Tatsächlich bietet die Gema spezielle Lizenzen für Podcasterinnen und Podcaster an. Aber natürlich nicht gratis. Im Lizenzshop der Gema füllen Sie ein Formular aus, in dem Sie Laufzeit, Musikminuten, Abrufe und mehr angeben müssen. Für eine Musikminute in einem Podcast bis 10.000 Abrufe zahlen Sie ab fünf Euro pro Monat. Das klingt zunächst einmal preiswert. Allerdings zahlen Sie, solange der Podcast online steht. Je erfolgreicher Ihr Projekt wird und je mehr Musik Sie verwenden, desto teurer wird es für Sie. Bei einem nachgefragten Storytelling-Format mit 50.000 Abrufen pro Folge und zehn Musikminuten kommen schnell 250 Euro monatlich zusammen. Das muss nicht sein – denn es gibt Alternativen.

Komplett gratis ist auch hier Musik unter Creative Commons Lizenz (CC Lizenz). Eines der weltweit bekannten Portale ist das Free Music Archive aus den USA (freemusicarchive.org). Die Datenbank ist auf den ersten Blick gut gefüllt. Allerdings sind nicht alle Lizenzen für Ihr Projekt auch geeignet. In der Regel haben wir es bei journalistischen Podcasts mit kommerziellen Angeboten zu tun. Achten Sie daher unbedingt darauf, dass Sie Musik auswählen, die für die kommerzielle Nutzung und Bearbeitung zugelassen ist. Das Angebot reduziert sich dadurch erheblich.

Jeder Urheber, der Werke unter CC Lizenz zur Verfügung stellt, kann über die Weitergabe frei entscheiden. Auf der sicheren Seite sind Sie mit einer CC 0-Lizenz. Hier sind alle Verwendungszwecke und die Bearbeitung frei (vgl. Abb. 10.1). Denken Sie bei allen anderen CC Lizenzen daran, die Bedingungen haargenau zu erfüllen. Oft müssen Urheber und Lizenz genannt, teils auch auf die Lizenzbedingungen von Ihrer Website aus verlinkt werden. Nicht selten machen sich Urheber ein Geschäft daraus, nach Lizenzverletzungen zu fahnden. Da kann schnell eine teure Abmahnung in Ihrem Briefkasten landen.

Mit kommerziellen Anbietern von „Podsafe Music" sind Sie am besten aufgehoben, wenn Sie auf Nummer Sicher gehen und ein breiteres Angebot nutzen wollen. Es gibt mittlerweile eine große Anzahl an Musikproduktionen speziell für Film- und

10.2 Musik im Podcast – Gema-Lizenzen und Alternativen

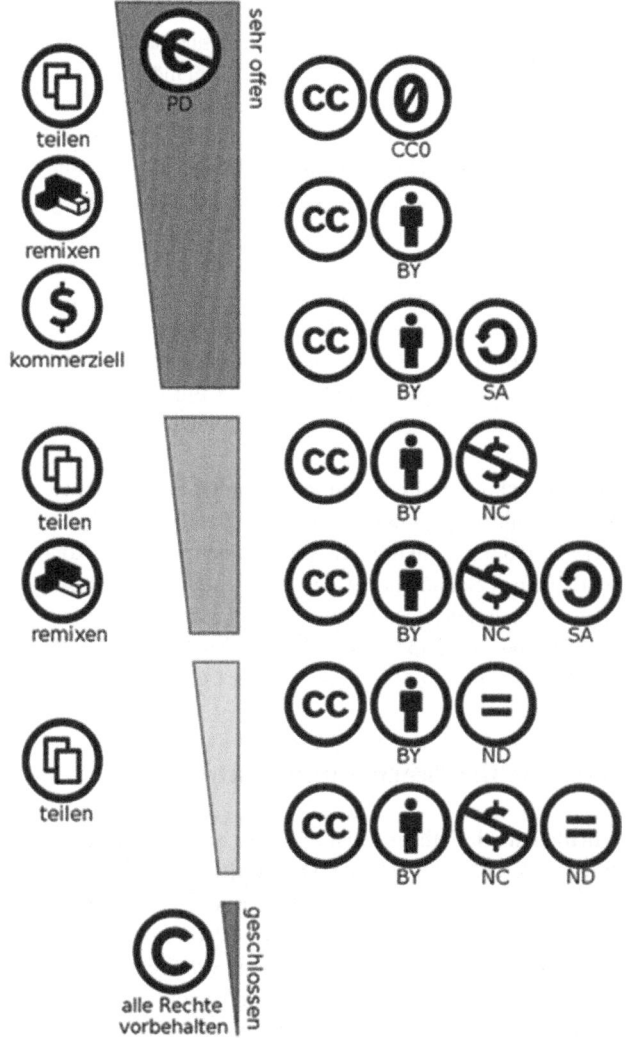

Abb. 10.1 Unterschiedliche Modelle von Creative Commons Lizenzen. (Bild: CC-BY 4.0 / https://de.wikipedia.org/wiki/Creative_Commons#/media/Datei:Creative_Commons_Lizenzspektrum_DE.svg (Abgerufen am 28. Februar 2022))

Audioshows – unabhängig von der Gema. Gegen eine einmalige Gebühr oder bei manchen Anbietern auch im Rahmen einer Flatrate erhalten Sie Zugang zu entsprechenden Musikdatenbanken. Ein bekanntes Bezahlportal aus dem deutschsprachigen Raum ist Musicfox (musicfox.com). Für knapp 40 Euro pro Titel bekommen Sie dort

Produktionsmusik für Ihren Podcast. Der schwedische Anbieter Epidemic Sound (epidemicsound.com) bietet unbegrenzten Zugriff auf Soundtracks für monatlich ab 50 Euro an, alternativ ist auch eine Einmalzahlung pro Titel möglich. Die Datenbanken sind alle recht ähnlich aufgebaut. Sie können Titel nach Genres, Stimmungen oder auch freien Suchbegriffen filtern. Um die Titel vorzuhören, brauchen Sie keinen Account. Erst wenn Sie die Sounddateien herunterladen, müssen Sie zahlen. Größere Datenbanken wie Epidemic Sound ermöglichen außerdem, die Titel in einzelne Elemente zu unterteilen. Melodie, Bass, Drums oder Gitarren können also in separaten Spuren geladen und so in der Postproduktion an den eigenen Geschmack angepasst werden.

Wenn Sie die Rechte für Ihren Wunschtitel erwerben, achten Sie darauf, die passende Lizenz für Ihren Podcast zu wählen. Musicfox zum Beispiel bietet sieben verschiedene Lizenzen an – von „Mini" für 14,98 Euro bis „Superstar" für 749 Euro. Die Unterschiede liegen größtenteils in der Nutzung, also zum Beispiel für Video, Podcast oder Werbung.

Neben Musik verkaufen die Datenbanken auch Soundeffekte, von Wellenrauschen bis Stadionjubel. Ein besonders umfangreiches Archiv ist sogar gratis: Freesound (freesound.org) funktioniert Nutzerbasiert, die User können also ihre selbst aufgenommenen Sounds hochladen und kostenfrei zur Verfügung stellen. Von Tiergeräuschen auf den Alpen bis zu U-Bahnfahrten aus Santiago de Chile ist vieles dabei. Allerdings schwankt die Qualität. Achten Sie auch hier darauf, Sounds auszuwählen, die für kommerzielle Nutzung unter CC 0-Lizenz zugelassen sind.

10.3 Persönlichkeitsrechte und Zitatrecht

Die Persönlichkeitsrechte Ihrer Gäste gibt es zuletzt auch noch zu beachten, bevor Sie Ihren Podcast veröffentlichen. Das betrifft zum Beispiel die Persönlichkeitsrechte Ihrer Gäste. Es gilt in Deutschland das Recht am eigenen Wort. Ihre Gesprächspartner müssen also einverstanden mit der Veröffentlichung ihrer Aufnahmen sein. Wenn Sie sich für eine Aufzeichnung verabreden und die Publikation mit Ihrem Gast besprechen, können Sie das Einverständnis voraussetzen. Auch die Postproduktion ist problemlos, solange Sie Versprecher oder Füllworte schneiden.

Gehen die Schnitte aber so weit, dass sie den Sinnzusammenhang entstellen, könnte das juristische Folgen haben. Gleiches gilt für die Verwendung für andere Zwecke. Wenn Sie einen Podcast für den „Spiegel" aufzeichnen, aber später im Auftrag der Unternehmenskommunikation im Feed eines Konzerns zweitverwerten, brauchen Sie das Einverständnis Ihres Gesprächspartners.

Ähnliches gilt übrigens auch für das Recht am eigenen Bild. Wenn Sie ein Foto Ihres Gesprächspartners für Website oder Podcast-Cover verwenden, lassen Sie es

sich unbedingt zuschicken und die kostenfreie Verwendung per Mail freigeben. Einfach vom LinkedIn- oder Facebook-Profil klauen geht nicht.
Was aber ist mit Inhalten aus Büchern, Zeitungen oder anderen Medien? Auch hier gilt zunächst das Urheberrecht, das allerdings eine Ausnahme gestattet: das Zitieren. Wenn Sie in Ihrem Podcast eine Schöpfungshöhe erreichen, also ein neues, eigenes Werk schaffen und sich mit deren Inhalten der Zitate auseinandersetzen, ist das Zitieren zulässig.

10.4 Podcasting und Werbung

Wenn Sie Werbung in Ihrem Podcast schalten, muss die eindeutig gekennzeichnet werden. In Zeiten von Hostreads, also Werbebotschaften, die von Moderatoren verlesen werden, stellt sich die Frage: Wann genau handelt es sich bei einem Beitrag eigentlich um Werbung? Der Gesetzgeber sagt: Wenn in dem Beitrag ein Produkt empfohlen und dafür vom Hersteller oder Eigner ein Entgelt gezahlt oder eine andere Gegenleistung versprochen wird. Das kann auch die Einladung zu einer Reise oder auch zu einem kostspieligen Dinner sein. Setzen sich Redaktionen hingegen mit einem Produkt auseinander und geben anschließend eine Empfehlung, sprechen wir nicht von Werbung. Wohl aber von Schleichwerbung, wenn ein Produkt ungeprüft verkaufsfördernd angepriesen wird. Ein Fall von Schleichwerbung kann auch vorliegen, wenn kein Geld fließt.

Sollten Sie Werbung in Ihrem Podcast platzieren oder einen werblichen Podcast für ein Unternehmen erstellen, heißt das ganz praktisch: Kennzeichnen Sie alles, was werblich ist. Das geschieht meist durch einen kurzen Jingle, also ein akustisches Signal. Auch kann der Werbespot zusätzlich durch einen Sprecher oder eine Sprecherin angekündigt werden. Das gilt auch für entgeltliche Produktplatzierungen. Sie müssen ebenfalls gekennzeichnet werden, sobald die Bagatellgrenze von 100 Euro überschritten wird. Verboten sind Produktplatzierungen im nachrichtlichen Umfeld und wenn sich das Angebot an Kinder richtet.

Und wie ist es mit dem Sponsoring von Podcasts? Wenn kein Produkt beworben und der Sponsor tatsächlich nur die Produktion eines Podcasts ohne Gegenleistung ermöglicht („echtes Sponsoring"), handelt es sich nicht um Werbung. In der Praxis wird der Sponsor aber für sein Engagement genannt. Dies ist auch möglich. Verboten ist allerdings das Sponsoring von Nachrichten.

Grundsätzlich nicht gestattet ist politische Werbung in „rundfunkähnlichen Telemedien", also auch in Podcasts. Seien Sie also vorsichtig, wenn Sie Podcasts für Parteien oder Ministerien entwickeln. Wenn Sie wettbewerbsrechtliche Grauzonen betreten oder das Wettbewerbsrecht verletzen, drohen kostspielige Abmahnungen.

> **Checkliste: Der schnellste Weg zur Musik**
>
> 1. Musik unter Creative Commons Lizenz
>
> Sie sind mit einem Low-Budget-Podcast unterwegs? Dann finden Sie auf Portalen wie dem Free Music Archive (freemusicarchive.org) kostenfreie Musik für Ihr Projekt. Achten Sie aber unbedingt darauf, dass Sie nur Musik verwenden, die Sie für kommerzielle Projekte nutzen und auch bearbeiten und kürzen dürfen. Das erspart Ihnen viel Ärger.
>
> 2. Gema-freie Musikportale
>
> Wenn Sie ein paar Euro übrighaben, finden Sie preiswerte Musik auf Gemafreien Portalen wie Musicfox (musicfox.com) oder Epidemic Sound (epidemicsound.com). Hier können Sie Lizenzen für einzelne Titel erwerben oder auch Monatspauschalen vereinbaren. Eine Pauschale ist aber nur sinnvoll, wenn Sie regelmäßig mehrere Formate produzieren.
>
> 3. Gema-Lizenz für Podcasts
>
> Aufwendig, kompliziert, kostspielig – es spricht nicht viel für eine Gema-Lizenz. Wenn Sie einen ganz bestimmten Titel für Ihren Podcast im Sinn haben, besuchen Sie den Lizenz-Shop der Gema (online.gema.de). Lizenzen kosten mindestens fünf Euro im Monat, meist müssen Sie aber tiefer in die Tasche greifen.

> **Interview mit dem Rechtsanwalt Thomas Schwenke**

Herr Schwenke, Sie produzieren seit 2012 einen Podcast mit dem Titel „Rechtsbelehrung". Macht es Sinn, sich juristisch beraten zu lassen, bevor man einen Podcast startet?

Es gibt an sich kein eigenes Podcast-Recht. Vielmehr gelten dieselben presserechtlichen und urheberrechtlichen Regeln, wie zum Beispiel beim Schreiben von Beiträgen, Veröffentlichen von Videos oder Posten in Social Media, die auf das Medium Podcast angewendet werden. Wer hier über die Grundkenntnisse verfügt, der kann nicht viel falsch machen. Wer jedoch ganz neu dabei ist und vorher nicht publiziert hat, sollte sich hier einlesen oder alternativ beraten lassen.

10.4 Podcasting und Werbung

Welcher Fehler könnte einem beim Podcasten teuer zu stehen kommen?

Aufpassen muss man bei der Musik. Auch wenn sie nur kurz oder als Bett eingesetzt wird, muss man prüfen, ob der Titel Gema-pflichtig ist. Wenn man die Rechte nicht vorher einholt, werden im schlimmsten Fall nachträglich Gebühren und ein Aufschlag von 100 Prozent fällig.

Macht es einen Unterschied, wie ich die Musik einsetze? Zum Beispiel freistehend oder als Soundbett?

Die Art der Nutzung ist grundsätzlich egal. Bei Werken, die weniger als 50.000 Abrufe haben – das gilt für die meisten Podcasts – berechnen sich die Gema-Gebühren nach der Länge. Dabei muss man im Auge behalten, dass sich durch ein Hosting auf einer Plattform die Abrufzahlen erhöhen können. Wenn man dadurch über die Grenze von 50.000 kommt, kann das finanzielle Folgen haben. Und man sollte die Folgekosten immer mitbedenken: Wenn ich Gema-pflichtige Musik als Intro verwende, fallen für jede Folge wieder Kosten an.

Können sich Podcaster auf ein Zitatrecht berufen?

Das Zitatrecht erlaubt es, kurze Ausschnitte aus dem Musikstück im Rahmen des Zitatrechts zu verwenden. Diese Ausnahme ist allerdings sehr streng und nur selten gegeben. Voraussetzung ist, dass das Zitat unbedingt erforderlich ist, um eigene musikalisch-inhaltliche Auseinandersetzung mit dem Werk zu belegen (sog. „Belegfunktion"). In Frage kommen zum Beispiel Rezensionen von Musikstücken, Musikern oder der Musikgeschichte. Nicht ausreichend wären eine Top-Liste oder bloße Aussagen wie „das finde ich schön". Ferner gibt es keine feste Zeitgrenze für die Zitate, aber sie sollten so kurz wie möglich sein. Wird über die Entwicklung einer Gitarrentechnik in den 90ern gesprochen, dann sollten nur die maßgeblichen Akkorde und nicht 30 Sekunden aus dem Musikstück wiedergegeben werden.

Da gibt es ja Alternativen: Musik, die unter Creative Commons Lizenz fällt.

Da muss man allerdings aufpassen, weil sich bei Creative Commons jeder Rechteinhaber in einer Art Baukastenmodell aussuchen kann, was mit der Musik gemacht werden darf: Muss der Name des Urhebers genannt werden, darf die Musik bearbeitet werden, darf sie auch für kommerzielle Zwecke verwendet werden? Andere stellen die Forderung, dass ein Werk, das mit Creative Commons arbeitet, selbst wieder unter Creative Commons fällt – das wäre dann mein ganzer Podcast. Der Kurzschluss, mit Creative Commons kann ich alles umsonst machen, wäre gefährlich.

Gibt es auf Fallstricke bei Musik, die unter Public Domain fällt?

Public Domain oder „gemeinfrei" bedeutet, dass man die Urheberrechte behält, aber darauf verzichtet, sie geltend zu machen. Unter den Begriff fallen auch Stücke, deren Urheberrecht erloschen ist, weil die Rechteinhaber seit mehr als 70 Jahren tot sind. Man muss aber wirklich die Rechte aller Beteiligten beachten. Denn zu dem Urheberrecht kommen die „Leistungsschutzrechte" der ausübenden Künstler oder der Tonträgerhersteller. Wenn ein Pianist ein Stück von Bach neu einspielt, entstehen für ihn und den Musikverlag für 50 Jahre neue Schutzrechte.

Musik ist juristisch das schwierigste Thema. Wie ist das denn beim Wort? Darf ich da alles sagen?

Es gelten auch für Podcasts die Regeln der sogenannten Sorgfaltspflicht im Presserecht – Beleidigungen und Falschaussagen sind auch im Podcast verboten, Persönlichkeitsrechte dürfen nicht verletzt werden. Ein Sonderfall sind True-Crime-Podcasts. Für die gelten zusätzlich die Regeln der Prozessberichterstattung.

Was bedeutet das?

Bei laufenden Verfahren oder solchen, die nicht mit einer Verurteilung beendet wurden, sollte man sich strikt an die Tatsachen halten. Man darf nicht suggerieren, dass jemand ein potenzieller Täter ist, obwohl er freigesprochen wurde. Wenn jemand noch nicht angeklagt ist, darf man nicht von Angeklagten sprechen. Sondern von einer Person, gegen die eine Untersuchung läuft.

Kann ein Gast im Nachhinein abspringen und sagen: Mir war gar nicht klar, dass dieses Interview veröffentlicht wird?

Nein. In dem Moment, wo ein Gast sich vors Mikrofon setzt, entsteht ein vertragsähnliches Verhältnis, das auch die Verarbeitung und Veröffentlichung des Interviews umfasst. Man kann das Interview zur Sicherheit freigeben lassen. Aber es gibt keine Pflicht dazu. Was man auch wissen sollte: Wenn es in einem Podcasts zwei Hosts gibt, entsteht rechtlich gesehen eine GbR, also eine Gesellschaft bürgerlichen Rechts. Sie sind dann so etwas wie ein Unternehmen.

10.4 Podcasting und Werbung

Was hat das für Folgen?

Erst mal keine, solange der Podcast das bleibt, was man juristisch „Liebhaberei" nennt. Sobald aber Geld verdient wird, muss man die GbR beim Finanzamt anmelden. Und im Idealfall klärt man auch, was im Falle eines Streits passiert. Wer darf den Titel des Podcasts behalten und damit weitermachen? Außerdem sollte man darauf achten, dass der Gema-Nutzungsvertrag – falls es einen gibt – wirklich auf alle Beteiligten abgeschlossen wird.

Was muss man bei Werbeinhalten beachten?

Die müssen klar gekennzeichnet werden – egal ob sie vom Host vorgelesen oder eingespielt werden. Das kann man verbal machen, oder indem man den Werbeinhalt akustisch mit einem „Werbung"-Jingle klar trennt. Ist der gesamte Podcast gesponsert, dann sollte darauf schon in der Beschreibung und am Anfang des Podcasts hingewiesen werden. Das sind Regeln, die sich vom Radio ableiten. Eigene Podcast-Werberichtlinien gibt es noch nicht, weil das Medium neu ist. Es wäre aber denkbar, dass das noch nachreguliert wird, so wie es zum Beispiel bei YouTube der Fall war. Vor allem, wenn es Schwarze Schafe gibt, die Schleichwerbung oder Sponsoring nicht kenntlich machen.

Wie komme ich als Podcaster meiner Impressumspflicht nach? Die kann ich ja schlecht am Ende jeder Folge einsprechen.

Das Impressum auf einer zugehörigen Website genügt. Oder ich lege ein Textdokument in Google Docs an und verlinke das in den Shownotes, die über die Podcast-Plattformen eingespielt werden.

Verbreitung und Marketing 11

Wenn Ihre Podcastfolge als MP3-Datei auf der Festplatte liegt, ist die Arbeit noch nicht getan. Der Podcast muss nun zu den Hörerinnen und Hörern. Dafür laden Sie die Datei zunächst auf einen Server, Ihren persönlichen Webspeicher im Netz. Von dort aus gelangt der Podcast auf die eigene Website, aber auch per RSS-Feed auf die Podcast-Plattformen, auf denen er gehört wird. Ein kleiner Schritt für Sie – aber ein großer für den Podcast.

Wer Kosten sparen will und gern ein wenig tüftelt, der kann eine eigene Seite mit Wordpress aufsetzen. Noch einfacher geht es mit dem All-in-one-Service von Podcast-Hostern. Wenn Sie auf Wordpress setzen, sparen Sie Geld und haben mehr Möglichkeiten, die Website zu Ihrem Podcast zu gestalten. Dafür ist die Anmeldung bei den Podcast-Plattformen etwas umständlicher. Hoster bieten einfache Lösungen mit eigenem Webspeicherplatz, generieren einen RSS-Feed und melden Ihren Podcast automatisch bei den entsprechenden Plattformen an – gegen eine entsprechende Gebühr.

Den Podcast auf seiner Website zu bewerben, ist aus Gründen des Marketings sinnvoll. Der Link lässt sich schnell kopieren und auf sozialen Netzwerken teilen. Gehört werden Podcasts auf Websites aber selten. Streamingdienste und Podcast-Apps sind hier klar im Vorteil. Wer Musik auf dem Smartphone hört, nutzt Spotify und Co. ohnehin schon. Der nächste Podcast ist nur einen Fingertipp entfernt. Die Zahlen sprechen für sich: Mehr als 70 Prozent der jungen Zielgruppe hören Podasts über den Musikstreamingdienst Spotify (vgl. Abb. 11.1).

Aus diesem Grund werde ich mich im Folgenden auf die Distribution von Podcasts über RSS-Feeds an Streamingdienste wie Spotify, Deezer und Audible sowie an Podcast-Apps wie Apple Podcast und Google Podcasts fokussieren. Aber auch

© Der/die Autor(en), exklusiv lizenziert an Springer Fachmedien Wiesbaden GmbH, ein Teil von Springer Nature 2022
P. Eins, *Podcasts im Journalismus*, Journalistische Praxis,
https://doi.org/10.1007/978-3-658-34269-2_11

11 Verbreitung und Marketing

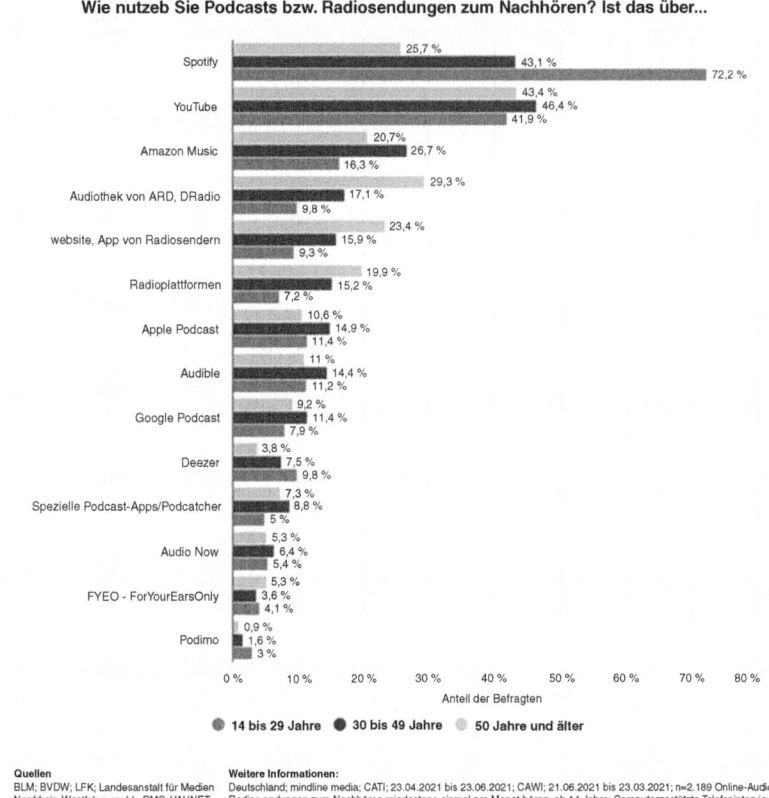

Abb. 11.1 Plattformen für den Zugriff auf Podcasts. (Bild: Statista, https://de.statista.com/statistik/daten/studie/913569/umfrage/genutzte-plattformen-zum-zugriff-auf-podcasts-und-radiosendungen-auf-abruf-nach-alter-in-deutschland/ (Abgerufen am 28. Februar 2022))

YouTube spielt eine Rolle. Der Videostreamingdienst wird von jüngeren Usern auch zum Musikhören genutzt, was die Plattform für Podcasts interessant macht. Die Verbreitung über Websites spielt eine untergeordnete Rolle, ebenso die Distribution über die ARD-Audiothek, die den öffentlich-rechtlichen Sendern vorbehalten ist.

11.1 Podcast-Hosting mit Wordpress und Plug-ins

Wordpress ist eines der verbreitetsten Content-Management-Systeme der Welt. Gründe für den Erfolg gibt es viele. Wordpress ist frei verfügbar und relativ einfach zu bedienen. Zur Installation kann die Software über Wordpress.com heruntergeladen und auf dem eigenen Webspace installiert werden. Webspace gibt es gegen eine monatliche Gebühr bei sogenannten Webhostern wie 1&1 oder Strato. Diese großen Dienstleister bieten Wordpress häufig schon vorinstalliert an. Daneben ist es auch möglich, sich auf Wordpress.com einen kostenfreien Account anzulegen. Soll die eigene Website für den Podcast werbefrei erscheinen oder unter einer eigenen Webdomain erreichbar sein, werden aber auch hier Gebühren fällig.

Ist Wordpress aufgesetzt, wird über einen Log-in das Back-End erreicht. Unter Back-End verstehen wir die Administrationsoberfläche, auf der Inhalte erstellt und gepflegt werden. Front-End ist die sichtbare Website, die von den Nutzerinnen und Nutzern im Webbrowser angesteuert wird. Im Back-End von Wordpress gibt es nun die Möglichkeit, Plug-Ins zu suchen und zu installieren. Einige solcher Plug-Ins ermöglichen es, RSS-Feeds zu erzeugen, die wir für unseren Podcast brauchen. Ein bekanntes Tool ist der Podlove Publisher. Aber auch Seriously Simple Podcasting oder PowerPress sind weit verbreitete Plug-Ins. Sie sind alle kostenfrei.

Die Plug-Ins ermöglichen es, neben der Sounddatei auch ein Cover für den Podcast sowie die Shownotes inklusive Titel, Untertitel, Podcastbeschreibung, Folgeninfo und weiteren Links hochzuladen. Für das Cover gibt es formale Beschränkungen. Ein Podcast-Cover ist immer quadratisch, Apple verlangt eine Auflösung von 3000 × 3000 Pixel bei 72 dpi im RGB-Farbraum. Als Dateiformate werden JPG und PNG akzeptiert. Einige Podcatcher akzeptieren auch individuelle Cover für einzelne Episoden. Ein Beispiel: der Podcast „Wer hat die Wahl" von der Bundeszentrale für politische Bildung. In Talks haben Schriftsteller und Medienschaffende Wählerinnen und Wähler aus ihrem persönlichen Umfeld interviewt. In animierten Grafiken wurden alle Gäste in den jeweiligen Episoden noch einmal gesondert hervorgehoben (vgl. Abb. 11.2). Die Folgen heben sich dadurch auch optisch voneinander ab.

Wenn kein eigener Designer hilft, kann man sich mit Tools wie Canva behelfen (canva.com). Webkampagnen, Logos oder Cover – hier braucht man keine Grafikkenntnisse, um loszulegen. Canva bietet Zugriff auf eine Datenbank mit kostenfreien Stock-Fotos von Pixabay. Einige Leistungen können aber zahlungspflichtig sein. Wie das Cover selbst gestaltet wird, ist Geschmacksfrage. Die „Zeit" setzt bei ihren Podcasts auf abstrakte grafische Gestaltung. Andere Podcasts bilden vor allem ihre Hosts ab – auch hier wird ein Trend zur Personalisierung deutlich.

Abb. 11.2 Titel- und Episoden-Cover des Podcasts „Wer hat die Wahl" von der Bundeszentrale für politische Bildung. (Bild: Bpb / https://www.bpb.de/mediathek/podcasts/wer-hat-die-wahl/ (Abgerufen am 28. Februar 2022))

Wenn Sie die erste Episode hochgeladen und alle Informationen eingetragen haben, können Sie Ihren RSS-Link aus dem Back-End von Wordpress kopieren und in den entsprechenden Verzeichnissen eintragen. Bei Apple läuft das über die Schnittstelle Apple Podcasts Connect (podcastsconnect.apple.com). Hier loggen Sie sich mit Ihrer Apple-ID ein und werden durch den Anmeldeprozess geleitet. Wenn Sie noch keine ID haben, können Sie kostenfrei eine erstellen. Ganz ähnlich läuft es bei Spotify. Über Spotify for Podcasters (podcasters.spotify.com) können Sie Ihr Projekt anmelden. Fast alle Plattformen haben mittlerweile solche Tools. Denken Sie bei Ihrer Anmeldung an folgende Distributoren.

> **Übersicht**
> - Spotify
> - Apple Podcasts
> - Google Podcasts
> - Audible/Amazon Music
> - Deezer
> - Podimo
> - Audio Now

Daneben gibt es auch noch kleinere Podcatcher und Verzeichnisse, bei denen Sie ihre Show manuell anmelden können. Dazu zählen Podcast.de, Pocket Cast oder Castro. Auch bei Radio-Aggregatoren wie Radio.de kann man seine Show eintragen lassen.

Bei der Anmeldung auf den Plattformen sollten Sie sich auch für passende Kategorien entscheiden. Bei Apple können Sie eine Hauptkategorie und zwei weitere Kategorien auswählen, unter denen Ihr Podcast gelistet wird. Durch mehrere Einträge verbessert sich die Auffindbarkeit. So ließe sich das „Coronavirus-Update" unter der Kategorie „Gesundheit", aber auch unter „Nachrichten" und „Wissenschaft" sortieren. Manchmal ist es sinnvoll, besonders hart umkämpfte Kategorien mit starker Konkurrenz zu umgehen und auf kleinere Kategorien zu setzen, in denen der eigene Podcast sichtbarer wird.

11.2 Hostingservice mit Podigee und Co.

Spezialisierte Hoster nehmen Podcasterinnen und Podcastern die Arbeit ab, denen der Weg über Wordpress, ein Plug-In wie Podlove und die händische Anmeldung in den Portalen zu kompliziert oder zeitaufwendig ist. Ab zwölf Euro monatlich bekommen Sie bei Podigee (podigee.com) Speicherplatz auf einem Server, ein Upload-Tool, einen einbettbaren Webplayer und eine Landingpage für den Podcast (vgl. Abb. 11.3). Sie können also entscheiden, ob Sie über Podigee eine simple Homepage für Ihren Podcast eröffnen oder lediglich den Player auf Ihrer schon vorhandenen Website einbinden. Viel wichtiger aber: Podigee ist mit den Portalen von Apple, Spotify, Deezer und anderen verbunden. Das manuelle Einkopieren des RSS-Feeds in den entsprechenden Verzeichnissen entfällt. Auch die Kategorisierung Ihres Podcasts bei den Plattformen können Sie direkt aus Podigee heraus vornehmen.

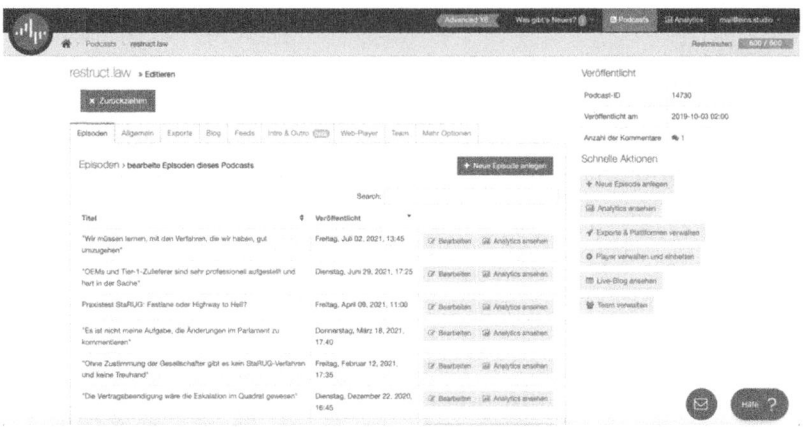

Abb. 11.3 Ansicht des Back-Ends von Podigee. (Bild: Eigene Darstellung/Screenshot)

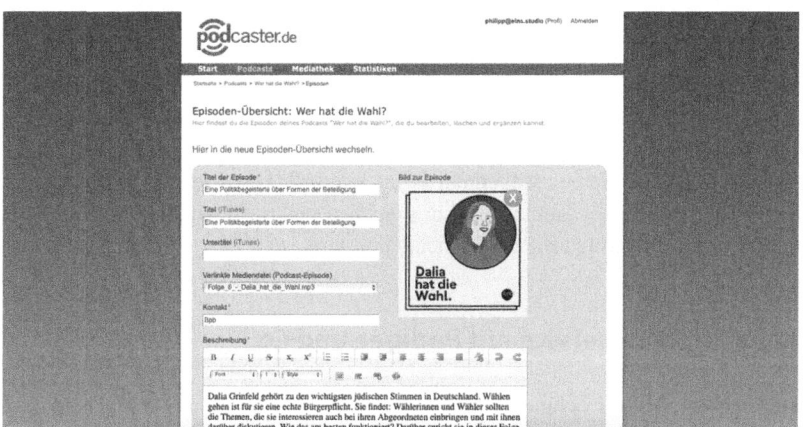

Abb. 11.4 Ansicht des Back-Ends von Podcaster.de. (Bild: Eigene Darstellung/Screenshot)

Einen ähnlichen Service bietet die kostenfreie Plattform Anchor, die sich bislang eher an ein US-Publikum richtet. Ganz ähnlich auch Libsyn. Hier kostet der Einsteigertarif sieben US-Dollar pro Monat, dafür bekommt man 50 Megabyte Speicherplatz für vier Wochen. Dafür werden Nutzer beim Einführen einer Paywall unterstützt. Für Produzentinnen und Produzenten, die mehrere Feeds managen, dürfte Podcaster.de interessant sein (vgl. Abb. 11.4). Während Podigee ab drei Feeds vierstellige Jahresgebühren verlangt, nimmt Podcaster.de für fünf Feeds gerade mal ein paar Euro im Monat. Zur Gestaltung einer Landingpage wird Wordpress eingebunden.

Die wichtigsten Funktionen aber sind überall gleich: Es können Podcasts, Shownotes und Cover hochgeladen, Feeds erstellt und an die Verzeichnisse und Podcatcher ausgeliefert werden.

11.3 Kleintexte, Shownotes und Kapitelmarken

Oft unterschätzt werden die Kleintexte eines Podcasts. Spätestens bei der Anmeldung bei den Portalen sollten Sie sich darüber Gedanken machen. Als erstes brauchen Sie einen finalen Titel. Erlaubt ist alles, was zum Klicken und Hören motiviert. Der Titel ist das Aushängeschild Ihres Podcast. Hier ein paar Anregungen.

Übersicht
1. Seien Sie klar und vermeiden Sie allzu kryptische Headlines. Mit einfachen Botschaften erreichen Sie mehr Hörer und vermeiden Missverständnisse. „Das Coronavirus-Update von NDR Info" ist ein schlichter, aber funktionaler Titel – und erklärt in einem Satz, was wir von diesem Podcast erwarten dürfen.
2. Arbeiten Sie mit Signalwörtern. Bei einem Podcast über Yoga sollte ein passendes Stichwort in den Titel. Das bietet Orientierung und erleichtert die Auffindbarkeit im Web. „Raus aus der Depression" oder „Meditation für jeden Tag" – diese Titel muss man nicht erklären.
3. Keine Versprechen, die man nicht halten kann. Versuchen Sie nicht, allein mit einem reißerischen Titel mehr aus Ihrem Podcast rauszuholen und vermeiden Sie Widersprüche.
4. Arbeiten Sie mit zweigeteilten Titeln. Lange war es möglich, Ihrem Podcast bei Apples iTunes einen Untertitel zu verpassen. Darauf verzichten mittlerweile die meisten Podcatcher. Einige Podcaster packen daher Titel und Untertitel zusammen: „Die Spur der Täter – Der True Crime Podcast des MDR" erzeugt Spannung und gibt zugleich Orientierung.
5. Formulieren Sie für jede neue Episode einen Episodentitel. Auch hier wird oft mit zweigeteilten Titeln gearbeitet. Die zentrale Leitfrage, Gesprächspartner, Zitate aus dem Talk, Headlines mit Nachrichtenwert – das alles kann in den Episodentiteln auftauchen.

Neben dem Titel braucht Ihr Podcast eine Kurzbeschreibung, außerdem eine weitere Folgeninfo pro Episode. Hier gelten die Regeln des klassischen Online-Teasers. Geben Sie in der Beschreibung Ihres Podcasts Orientierung, nennen Sie die wichtigsten beteiligten Personen – und wecken Sie Interesse für Ihren Podcast. Arbeiten Sie mit Geheimnissen, offenen Fragen und Cliffhängern. Das

Ziel der Kleintexte ist es, zum Hören zu animieren. Hier eine beispielhafte Kurzbeschreibung aus dem Podcast „Verbrechen" von der „Zeit".[1]

> „Warum lässt eine Frau ihren Mann erschießen? Wie kommt ein Kommissar an ein Geständnis? Und warum lügen Zeugen manchmal? Was, wenn Polizisten kriminell handeln oder Sachverständige versuchen, ihre Irrtümer zu kaschieren? Und was, wenn Unschuldige in die Mühlen der Strafjustiz geraten – und niemand ihnen glaubt …? Sabine Rückert aus der ZEIT-Chefredaktion ist Expertin für Verbrechen und deren Bekämpfung. Sie saß in großen Strafprozessen, schrieb preisgekrönte Gerichtsreportagen und ging unvorstellbaren Kriminalfällen nach. Durch ihre Berichterstattung deckte sie außerdem zwei Justizirrtümer auf. Sie beschäftigt sich mit Rechtsmedizin und Kriminalpsychiatrie ebenso wie mit Glaubwürdigkeitsbegutachtung und Profiling. Rückert kennt die Welt der Verbrechensbekämpfung von der Polizeiwache bis zum Bundesgerichtshof. Mit Andreas Sentker, dem Leiter des Wissensressorts der ZEIT, spricht Sabine Rückert über die Fälle ihres Lebens."

Die gleichen Regeln gelten auch für die Folgeninfos, in denen die jeweiligen Episoden kurz angeteast werden. Hier wieder ein Beispiel von „Verbrechen":[2]

> „Der 18-jährige David tötet anscheinend anlasslos neun Zufallsopfer in München. Später findet man in seinen Hinterlassenschaften haufenweise Beweise für seine Radikalisierung zum Rassisten und Rechtsterroristen. Woher kommt so viel Hass? Und warum blieb er unbemerkt? In Folge 85 sprechen Sabine Rückert und Andreas Sentker mit dem Reporter Bastian Berbner über einen isolierten 18-Jährigen, der zum Massenmörder wird. (…)"

In den Shownotes können Sie neben der Folgeninfo auch weiterführende Hintergründe, Links oder sogar ganze Transkripte von Gesprächen einfügen. Bei unserem Beispiel von „Verbrechen" wurden die Shownotes für Werbung in eigener Sache genutzt: der Link zur neuen Ausgabe des gleichnamigen Kriminalmagazins aus dem Zeitverlag und ein Link zu einem Artikel aus der „Zeit", der mit der Folge zusammenhängt.

Bei einigen Hostern wie Podigee können Shownotes wie Links und Transkripte in separaten Feldern eingefügt werden. Ausgespielt werden sie dann auf der Landingpage oder dem Blog zum Podcast, der über den Webbrowser erreichbar ist. Da viele Podcatcher diese Extra-Shownotes nicht anzeigen, sollte man die wichtigsten Links oder auch Hinweise zu Sponsoren direkt in die Folgeninfo kopieren.

Doch auch auf der Landingpage erfüllen Shownotes ihren Sinn. Die Auffindbarkeit des Podcasts über Suchmaschinen wie Google wird so verbessert. Denn Goo-

---

[1] https://www.zeit.de/serie/verbrechen, abgerufen am 28. Februar 2022.
[2] https://www.zeit.de/gesellschaft/2021-07/rechtsterrorismus-amok-muenchen-radikalisierung-rassismus-kriminalpodcast, abgerufen am 28. Februar 2022.

11.3 Kleintexte, Shownotes und Kapitelmarken

gle & Co. erkennen noch immer keine Audioinhalte. Zwar gibt es Suchmaschinen wie Fyyd, Spaactor und Listen Notes, die ihre Inhalte teils per Spracherkennung erfassen (vgl. Meineck 2020). Die Verfahren sind aber bislang fehleranfällig.

Ob Talk-Podcasts aus Gründen der Suchmaschinenoptimierung (SEO) tatsächlich transkribiert werden müssen, ist in der Szene umstritten. Der Aufwand ist hoch, die Texte sind unleserlich. Gesprochene Sprache und geschriebenes Wort unterscheiden sich einfach zu stark. Für News-Podcasts könnte ein Transkript wegen der besseren Listung auf Google aber tatsächlich hilfreich sein. Podigee bietet daher gemeinsam mit Auphonic einen automatischen Transkriptionsservice gegen Bezahlung an – zahlreiche Rechtschreibfehler inklusive. Die Transkripte müssen unbedingt gegengelesen werden. Alternativ sollte es ausreichen, die SEO-Regeln in den Shownotes zu beachten: Schaffen Sie Strukturen in ihren Texten und arbeiten Sie mit Keywords.

Ein weiterer Service für die Hörer sind Kapitelmarken. Mit ihnen lassen sich Podcasts in Abschnitte untergliedern und per Klick ansteuern – ähnlich wie Kapitel in einem Buch. Für längere Podcasts ab 60 Minuten, die sich thematisch unterteilen lassen, sind Kapitelmarken hilfreich. Der Politik-Podcast „Lage der Nation" von Philip Banse und Ulf Buermeyer baut seit Jahren darauf. Ihre Podcasts bestehen gelegentlich aus 20 Teilen und mehr. Bei Storytelling-Formaten, die ihre Kraft aus der Erzählung schöpfen, sind Kapitelmarken nicht unbedingt sinnvoll.

Eingefügt werden die Marken schon beim Schnitt mit dem Audioeditor – oder aber über Hoster wie Podigee. Damit können aus der Schnittsoftware exportierte Kapitelmarken hochgeladen oder manuell per Hand nachgetragen werden (vgl. Abb. 11.5). Vorsicht: Nicht alle Podcatcher können mit Kapitelmarken umgehen. Für die meisten ist das aber kein Problem mehr.

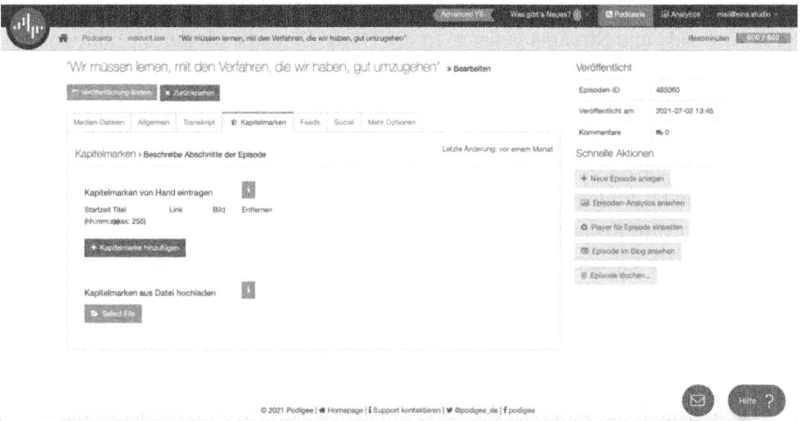

Abb. 11.5 Nachträgliches Hinzufügen von Kapitelmarken in Podigee. (Bild: Eigene Darstellung/Screenshot)

11.4 Wie man den Erfolg eines Podcasts misst

Als weiteren Service bieten die Hoster statistische Auswertungen zu den veröffentlichten Podcasts an. Das Problem: Lange fehlte ein einheitlicher Zählstandard. Grund sind die unterschiedlichen Distributionswege der Plattformen und Apps. Die einen rechnen mit Downloads, die anderen mit Streams. Auch zwischen Kontakten und Hörern lässt sich unterscheiden: Ein Kontakt entsteht schon, wenn ein Hörer wenige Sekunden auf Play klickt. Mehrere Klicks hintereinander werden als mehrere Kontakte gezählt.

Eine Lösung will das IAB schaffen, das Interactive Advertising Bureau. Es hat im Jahr 2019 die „Podcast Measuerement Guidelines 2.0" eingeführt. Sie rechnen mit einer Größe aus Downloads und Streams nach 60 Sekunden Hörzeit, exklusive automatisierter Downloads. Damit sollen die echten Hörer ermittelt werden, keine durch Bots künstlich gepuschten Zahlen. Die großen Hosting-Anbieter erstellen ihre Analytics nach den IAB 2.0-Standards. Allerdings unterscheiden sich die Anbieter teils in der Darstellung.

Am umfassendsten sind bislang die Analysen von Podigee. Der Hoster unterscheidet zwischen:

1. Downloads und Streams
2. Hörern
3. Abonnenten

Downloads und Streams sind alle Kontakte mit einer einzelnen Episode – sowohl on-demand als auch per Download. Wenn ein User eine Episode auf seinem iPad abspielt und später auf sein Smartphone herunterlädt, wird jeder Kontakt unter Downloads und Streams gelistet. In der Hörer-Statistik wiederum zählt nur ein Kontakt pro IP und Tag. Diese Zahl ist also zwangsläufig kleiner. Auch wenn jemand an einem Tag zwei Episoden hört, dann wird diese Person nur als ein Hörer gezählt. Die Abonnenten beschreiben die geschätzte Anzahl an Personen, die den Podcast über einen Feed abspielen. Abonnenten sind also eine Teilmenge der Hörer.

Der Anbieter Podcaster.de unterscheidet ebenfalls zwischen Hörern und Abonnenten. Als dritte Komponente analysiert er „Zugriffe", also Downloads. Die Formel lautet: Die Gesamtanzahl der übertragenen Daten einer Datei geteilt durch Dateigröße ergibt die Anzahl der Downloads. Wenn eine Datei eine Größe von 10 MB hat und insgesamt 150 MB dieser Datei vom Server übertragen wurden, ergibt das 15 Downloads. Das Problem: Statistiken von Spotify werden bei Podcaster.de bislang nicht mit eingerechnet.

Bei den großen Podcast-Verzeichnissen können die Statistiken allerdings separat eingesehen werden. Spotify (podcasters.spotify.com), Apple Podcasts

11.4 Wie man den Erfolg eines Podcasts misst

(podcastsconnect.apple.com) und der Google Podcasts Manager (podcastsmanager.google.com) weisen die Zahlen mit eigenen Tools aus. Die Zahlen sind hier oft detaillierter, da Spotify als Streamingdienst genauere Analysen liefern kann. Auch Google liefert Ein- und Ausstiegspunkte, die nachvollziehbar machen, wann die Hörerinnen und Hörer einen Podcast abbrechen.

Welche Zahlen aber sind nun relevant? Wann ist ein Podcast erfolgreich? Anhaltspunkte geben die Vermarkter. Sie müssen Werbekunden für Podcasts akquirieren – und die brauchen belastbare Zahlen, um den Sinn ihres Investments zu beurteilen. Tina Jürgens von Zebra Audio meint dazu:

> „Podcasts mit einer Reichweite bis 10.000 Downloads/Streams pro Episode zählen zu sogenannten ‚Nischen-Podcasts'. Formate, die 75.000 pro Episode vorweisen, gelten als Podcast-Erfolge. Alles ab 100.000 Downloads/Streams pro Folge sind veritable Podcast-Hits." (In: Hammerschmidt 2020, S. 143)

Die viel wichtigere Frage ist aber: Was wollen Sie tatsächlich mit Ihrem Podcast erreichen? Und vor allem: Wen wollen Sie erreichen? In der Betriebswirtschaft werden Erfolge gern in KPI gemessen, in Key Performance Indikatoren. Wenn Sie schnelle Erlöse durch Anzeigenverkauf planen, sind möglichst hohe Zahlen bei Downloads und Streams relevant für Ihr Projekt. Es muss aber nicht immer die maximale Reichweite sein. Vielleicht haben Sie Ihren Podcast entwickelt, um Ihre Medienmarke zu stärken und in einer für Sie relevanten Zielgruppe im Gespräch zu bleiben. Zum Beispiel bei Führungskräften, Politikerinnen oder Meinungsmachern. Oder Sie versuchen, Ihr Medium zu verjüngen und zielen auf eine bestimmte Altersgruppe ab. Dann reichen vielleicht schon einige tausend Hörerinnen und Hörer, damit Sie Ihr Ziel erreichen.

Neben blanken Zahlen sind daher auch qualitative Erhebungen wichtig. Das sind zum einen Rezensionen bei Apple Podcasts. Viele Rezensentinnen und Rezensenten sind leidenschaftliche Podcasthörer. Sie beschäftigen sich mit den Formaten, schreiben ausführliche Kritiken und Kommentare. Rezensenten sind die Aktiven und die Qualitätsbewussten in Ihrer Community. Versuchen Sie zu erfassen: Wer schreibt dort? Was kommt gut an, was eher nicht? Woran stören sich die Hörerinnen und Hörer, wo steigen sie aus? Die Rückmeldungen geben Podcastern eine Anregung für Verbesserungen und eine Weiterentwicklung des Formats.

Schmeißen Sie aber nicht bei einzelnen negativen Feedbacks Ihr gesamtes Konzept um. Achten Sie eher auf Trends und reagieren Sie nicht hektisch beim ersten Verriss. Halten Sie Ihr Format durch und machen Sie sich nicht abhängig von den schnellen Werturteilen der Hörerinnen und Hörer. Erst mit Abstand können Sie Ihr Format beurteilen und sinnvoll nachbessern.

Auch am Feedback per E-Mail oder auf Social Media können Sie den Erfolg Ihres Podcasts beurteilen. Der Vorteil: Auf Apple Podcasts können Sie Rezensionen nicht beantworten. Auf Facebook, Instagram, Twitter oder per Mail aber schon. Nehmen Sie dieses Angebot zum Austausch unbedingt an und integrieren Sie Feedback-Routinen in Ihre Redaktionsabläufe.

11.5 Community Building und Marketing

Ihren Podcast unter einer relevanten Zielgruppe bekannt zu machen, ist jedoch nicht allein von inhaltlicher Relevanz und einer Portion Glück abhängig. Sie können nach der Veröffentlichung einiges tun, um Ihr Angebot zu vermarkten. Hier fünf Tipps aus der Praxis.

1. Prominenz nutzen

Nicht nur prominente Hosts können einem Podcast Aufmerksamkeit verschaffen. Das gleiche gilt auch für prominente Gäste und Co-Hosts. Wir sollten unsere Gesprächspartnerinnen und -partner nach der Aufzeichnung immer bitten, die Episode nach Veröffentlichung auf ihren Social-Media-Kanälen zu teilen. Wenn eine prominente Schauspielerin, ein Schriftsteller oder ein Fußballer unseren Podcast empfehlen – was kann uns Besseres geschehen? Über prominente Empfehlungen erweitern wir unsere Community auf schnellstem Weg. Überlegen Sie daher folgendes.

Fragen
- Gibt es zielgruppenrelevante prominente Gäste, die zu unserem Podcast passen?
- Welche eigenen Kanäle und Reichweiten bringen sie mit?
- Haben wir reichweitenstarke Reporterinnen und Reporter in der Redaktion, die wir aufbauen können?
- Ist Influencer-Marketing eine Option?
- Wenn ja: Wer passt zu unserem Konzept?

Bezahlte Influencer sind in der Unternehmenskommunikation eher üblich, im Journalismus nicht. Für größere Projekte lohnt es sich aber, über bezahlte Werbeträger nachzudenken – auch für Podcasts.

2. Kampagnen einsetzen

Denken Sie in Kampagnen, auch nach Veröffentlichung Ihres Podcasts. Organisieren Sie zum Beispiel Live-Talks mit Ihren Hosts auf Instagram. Der Podcast

11.5 Community Building und Marketing

„Die Zeichen des Todes" mit dem Rechtsmediziner Michael Tsokos konnte mit einem Insta-Talk über die Geheimnisse der Rechtsmedizin rund 100.000 User mobilisieren – darunter auch einige, die den Podcast neu erschlossen haben. Folgende Fragen sollten Sie sich stellen.

> **Fragen**
> - Welche zielgruppenrelevanten Social-Media-Kanäle werden regelmäßig bespielt? Welche Events und Kampagnen können wir darüber laufen lassen, um unseren Podcast zu promoten?
> - Gibt es Newsletter in unserem Medienhaus, in denen wir einmalig oder regelmäßig auf unseren Podcast hinweisen können?
> - Welche Möglichkeiten für Kampagnen bieten sich auf Websites, Rundfunk- und Bewegtbildprogrammen und in klassischen Printprodukten?
> - Gibt es Live-Events, auf denen wir unseren Podcast featuren können?

Nicht immer sind Instagram, Facebook oder Twitter die Social-Media-Kanäle der Wahl, um eine passende Community zu erreichen. Ein Businesspodcast findet über LinkedIn womöglich eine passgenauere Hörerschaft als auf Facebook. Ein True Crime Podcast kann neue Zielgruppen erschließen, wenn in klassischen Online-Krimiforen darauf aufmerksam gemacht wird. Denken Sie auch hier immer von der Zielgruppe aus.

Die schlechte Nachricht: Audios laufen auf Facebook & Co. miserabel, Videos dagegen recht gut. Hier helfen Apps wie Headliner (headliner.app). Mit dem Tool werden Audio-Trailer oder Podcast-Snippets ganz einfach in Videos verwandelt, auch ohne Kenntnisse im Videoschnitt. Einfach das Cover oder ein paar Bilder aus der Studio-Session über die Audiospur packen und eine animierte Hüllkurve auswählen – fertig. Die Audiospur wird automatisch transkribiert und die Slideshow untertitelt. Das fertige Produkt kann im Videoformat MP4 ausgespielt und auf Social Media geladen werden. Auch die Plattform Anchor ermöglicht es, dreiminütige Audio-Slideshows zum Podcast zu erstellen.

3. Kooperationen schmieden

Genial einfach ist der „Channel Takeover": In einer Ausgabe des RBB Morgenformats „Wach und wichtig" moderierte plötzlich der Host von „Apokalypse und Filterkaffee". Und andersrum das Gleiche: RBB-Moderatorin Julia Menger kaperte den Kanal von Micky Beisenherz. Warum? Die Zielgruppen beider Formate sind ähnlich. Mit der „freundlichen Übernahme" – in der Branche auch

„Channel Takeover" genannt – können Podcasterinnen und Podcaster ihren Hörerkreis zusammenlegen und erweitern. Und das kostet im besten Fall nicht einmal Geld. Haben Sie eine Idee für eine Kooperation? Dann überlegen Sie mal.

Fragen
- Gibt es Partnermedien, die für unsere Zielgruppe relevant sind?
- Welchen Vorteil hätten sie, unseren Podcast zu teilen?
- In welchen fremden Podcasts könnte unser Host als Gast auftreten?

Viele Podcaster haben sich in ihrem Fach eine Expertise aufgebaut. Sie können sich dann als Gäste für andere Podcasts anbieten – und dort auf ihr eigenes Projekt aufmerksam machen.

4. Podcasts bewerben

Natürlich geht es auch klassisch: mit Werbung. Besonders attraktiv für journalistisch herausragende Projekte und sogar kostenfrei ist eine redaktionelle Empfehlung des eigenen Podcasts. In der Kategorie „Entdecken" schlägt Apple regelmäßig besondere Produktionen vor. Auch hier ist wichtig, dass nicht nur Inhalt und auditive Qualität stimmen, sondern das gesamte Erscheinungsbild inklusive Cover und Kleintexten.

Aber auch bezahlte Spots in anderen Podcasts sind neben den klassischen Tools des Online-Marketings wie Ads bei Google und Social Media wichtige Bausteine in der Marketingstrategie. Der Trend von Downloads hin zu Streaming hat neue Möglichkeiten für datengetriebene Podcast Ads geschaffen – vor allem bei Spotify. Im Spotify Adstudio (adstudio.spotify.com) lassen sich Kampagnen detailliert planen. Die Spezialisten des Streaingdienstes helfen auch bei der Produktion von Werbung – gegen Bezahlung natürlich.

Für einen durch die Hosts gesprochenen Native Ad können Sie selbst eine Textvorlage erstellen, der Host passt sie sich an und liest – angekündigt durch einen Jingle oder einen Werbehinweis – in der Episode vor. Native Ads von bis zu einer Minute sind durchaus üblich.

5. News generieren

Wenn der eigene Podcast nachrichtliche Relevanz bekommt – warum sollte man nicht den Podcast als Quelle benennen? Erfolgreich war damit zum Beispiel der „F.A.Z. Podcast für Deutschland". Dort äußerte der ehemalige Ostbeauftragte

11.5 Community Building und Marketing

der Bundesregierung, Marco Wanderwitz (CDU), in Ostdeutschland gebe es eine Tendenz zur Wahl rechter Parteien. Die AfD-Wähler seien dort „nach 30 Jahren nicht in der Demokratie angekommen". Das Zitat sorgte für reichlich Wirbel. Die FAZ nannte als Quelle explizit den eigenen Podcast – und schaffte es damit bis in die „Tagesschau". Ein besseres Marketing dürfte es für einen News-Podcast kaum geben. Noch dazu ist es gratis.

> **Checkliste: Die fünf wichtigsten Schritte zur Verbreitung**
> Hier zusammengefasst die wichtigsten Punkte zu Verbreitung und Vermarktung Ihres Podcasts.
>
> 1. Verbreitung mit oder ohne Hoster?
>
> Entscheiden Sie, wie der Podcast über den RSS-Feed auf die Plattformen kommt. Ob mithilfe Ihrer hausinternen IT, mittels Wordpress und Podlove oder per Hoster wie Podigee oder Podcaster.de – machen Sie es sich an dieser Stelle so einfach und kostengünstig wie möglich. Auch wenn Sie schon eine eigene Website haben, können Hoster sinnvoll sein. Sie bieten einen Podcastplayer, den Sie recht einfach auf Ihre Website einbinden. Selbst Apple Podcasts und Spotify haben mittlerweile sogenannte Embedded Player im Angebot, die sich per HTML-Code in Ihren Webauftritt integrieren lassen.
>
> 2. Legen Sie Wert auf Titel, Cover und Shownotes
>
> Kleintexte für den Podcast? Das ist nicht nur lästiges Beiwerk. Ohne einen griffigen Titel, ein überzeugendes Cover und spannende Shownotes wird es schwierig, die Hörerinnen und Hörer von Ihrem Projekt zu überzeugen. Planen Sie daher genug Zeit dafür in Ihrem redaktionellen Workflow ein. Wer liefert die Texte an, wer pflegt sie ein?
>
> 3. Zielgruppenspezifische Plattformen definieren
>
> Überlegen Sie sich im Vorfeld, über welche Plattformen Sie Ihr Publikum erreichen wollen. Das gilt sowohl für Podcast-Apps als auch für Social-Media-Auftritte. Was passt zu meinem Zielpublikum? Müssen wir neben Spotify, Apple Podcasts und Facebook auch YouTube, LinkedIn oder TikTok mitdenken?

4. Welche KPI sind für uns wirklich relevant?

Definieren Sie Ziele für Staffeln oder Zeiträume, aber bleiben Sie realistisch. Einen Podcast aufzubauen, braucht einen langen Atem. Hier unterscheidet sich das Format vom Video, mit dem höhere Klickzahlen in kurzer Zeit erreicht werden. Doch brauchen Sie wirklich 10.000 Downloads und Streams pro Episode? Oder reicht es Ihnen, eine ausgewählte Premium-Zielgruppe zu erreichen?

5. Entwickeln Sie Marketingstrategien

Planen Sie rechtzeitig Kampagnen zum Start Ihres Podcasts und darüber hinaus. Falls Ihnen und Ihrem Team die Zeit oder die Kenntnisse dafür fehlen, holen Sie sich Unterstützung durch Dienstleister. Spezialisierte Vermarkter helfen dabei, einen Auftritt für Ihr Produkt zu entwickeln.

Interview mit Vincent Kittmann, Podcast-Manager der Online Marketing Rockstars

Herr Kittmann, wie genau unterstützt Podstars by OMR Podcasterinnen und Podcaster?

Unser Angebot gliedert sich in drei Bereiche: Publishing, Auftragsproduktion und Vermarktung. Unsere Kunden kommen aus den verschiedensten Bereichen. Wir verstehen uns als Ansprechpartner für alle, die sich in dem Gebiet schlau machen wollen.

Neigen Journalistinnen und Journalisten dazu, das Marketing beim Podcasten zu vernachlässigen? Nach dem Motto: Guter Inhalt verkauft sich von selbst?

Das bemerken wir bei vielen unserer Kunden, egal mit welchem Background. Es wird viel über das Produkt nachgedacht, aber wenig darüber, wie es bekannt werden soll.

Das kann man dann ja noch nachholen, wenn der Inhalt fertig ist …

Kann man. Viel sinnvoller ist es aber, die Hörer von Anfang mitzudenken. Wer will das hören? Und wie findet meine Community den Podcast? Spätestens zum Launch muss das Verbreitungskonzept stehen. Der Start entscheidet über den Erfolg eines Podcasts.

11.5 Community Building und Marketing

Warum ist die Marketingstrategie von Beginn an so wichtig?

Viele Plattformen und Charts bevorzugen neue Formate. Es gibt dafür eigene Rubriken, bei Apple heißt die „Neu und beachtenswert". Wenn man dort mit seinem Podcast platziert wird, kommt man eher in die Charts. Was dann wieder dazu führt, dass mehr Hörer den Podcast finden.

Aber mal angenommen, ich habe diesen Moment verpasst. Mein Podcast ist nicht mehr neu, aber ich wünsche mir trotzdem mehr Hörerinnen und Hörer?

Dann muss man sich schon was ausdenken, zum Beispiel einen besonderen Gast oder eine aufsehenerregende Recherche, die Nachrichtenwert generiert.

Wenn die Empfehlung auf den Plattformen so wichtig ist – wie kommt man denn da rein?

Das wüssten wir alle gerne. Wir haben manchmal Kunden, die fragen: Kann man sich da eine Platzierung kaufen? Aber die Empfehlungen bei Apple, Spotify und Co. sind kuratiert. Die Redakteure lassen sich da nicht reinreden. Es hilft aber, die richtigen Infos mit der Einreichung mitzuschicken: Fotos, Texte etc. Das sind keine Geheimnisse – man kann die jeweiligen Anforderungen auf den Infoseiten der Plattformen nachlesen. Bei Apple kann man sich auch als Publisher listen lassen, wenn man mehrere Formate macht. Das kann ein Vorteil sein.

Im Corona-Jahr 2020 gab es eine richtige Podcast-Schwemme. Wie kann man da überhaupt noch Aufmerksamkeit generieren?

Die Algorithmen ändern sich ständig. Spotify hat vor Kurzem die Charts so programmiert, dass neue Formate mit hohem Wachstum höher gerankt werden. Das führt dazu, dass statt „Fest & Flauschig" oder „Gemischtes Hack" auch ein jüngeres Format vorne landet. Für Neueinsteiger ist das eine gute Nachricht, sie können entdeckt werden. Man merkt zwar, dass die Konkurrenz größer und auch professioneller wird. Doch zeitgleich wächst auch die Zahl der älteren Hörer. Ich glaube, da ist noch Platz für mehr Angebote.

Wie wichtig ist der Titel für die Vermarktung des Podcasts?

Der Titel und das Cover sind entscheidende Erfolgsfaktoren. Man muss einen Eindruck bekommen, was im Podcast passiert. Die Menschen hören nicht in mehrere Podcasts zwei oder drei Minuten rein und entscheiden, ob ihnen das gefällt. Sie wollen sofort überzeugt werden. Deswegen müssen Name und Cover auf den ersten Blick ansprechen. Was funktioniert, sind Gesichter auf Covern. Aber die Personalisierung muss zum Format passen.

Gibt es auch Trends bei Titel und Grafiken? Viele Talkformate heißen ja gerade „Fest & Flauschig", „Dick & Doof" ...

So ein Titel muss zeitgemäß sein. Ich empfehle sowieso immer eine Marktrecherche bei ähnlichen Formaten, um sich inspirieren zu lassen.

Wie wichtig sind Teasertexte, Folgeninfos und Shownotes? Muss man da so viele Schlagworte reinpacken wie möglich?

Ganz wichtig sind die Episodentitel. Wenn man einen Gast hat, muss der Name in den Titel. Entweder, weil er schon bekannt ist oder weil er noch bekannt werden kann. Podcasts werden oft nach Personen durchsucht. Wenn der Name nur im Episodentext steht, wird der Podcast nicht gefunden.

Viele Hosts sind Promis. Da ist die Hoffnung, dass Influencer ihre Fans mitnehmen und den Podcast erfolgreich machen.

Das kann funktionieren. Muss aber nicht sein. Wir haben bei Podstars by OMR viele Podcasts mit unbekannten Hosts, die erst durch den Podcast bekannt geworden sind. Matze Hielscher zum Beispiel. Der hatte keinen Namen und kein großes Medienhaus im Rücken. „Hotel Matze" ist mittlerweile trotzdem einer der erfolgreichsten Interviewpodcasts in Deutschland. Weil er das einfach sehr gut macht und schon sehr lange. Und dann verstärkt sich so ein Effekt irgendwann: Mit dem Erfolg kommen prominente Gäste und die machen den Podcast dann noch bekannter.

Also zählen beim Podcasten Expertise und Persönlichkeit mehr als viele Follower auf Instagram?

Die Expertise und das Können, aber auch Durchhaltevermögen. Das müssen schon Menschen sein, die langfristig Lust darauf haben, ein Format aufzubauen und die nicht beim nächsten spannenden Projekt wieder abspringen. Es gab während der ersten Corona-Lockdowns eine Schwemme an Promi-Podcasts, weil Konzerte, Filme oder Shows abgesagt wurden. Aber ich denke, das wird sich wieder zurückentwickeln.

Wie baue ich mir eine Reichweite auf? Brauche ich zwingend große Werbeetats?

Nein, man kann auch andere Podcasts bitten, dass man gegenseitig Werbung füreinander macht, sodass beide von der Reichweite des anderen profitieren. Ich

11.5 Community Building und Marketing

rate allen Hosts und Producern bei uns, ihr eigenes Netzwerk zu nutzen und die Reichweite ihrer Gäste, wenn sie viele Follower auf Social Media mitbringen. Wichtig ist, alle Kanäle zu nutzen, um ein organisches Wachstum zu erzeugen. Das bezahlte Wachstum über Instagram oder Facebook-Ads funktioniert auch, aber eher für große Medienhäuser oder Brands. Welche Privatperson hat schon 10.000 Euro, um sich Werbung zu kaufen?

In Studien wird immer wieder genannt, wie wichtig persönliche Empfehlungen beim Entdecken eines Podcast sind. Wie kann man die Community stärken?

Die Community ist bei erfolgreichen Podcasts ein unglaublich starker Wachstumsmotor. Einige verkaufen sogar Merchandise-Artikel oder bekommen Spenden über Patreon. Das kann auch für kleinere Podcasts Sinn machen – vor allem, wenn sie eine Nische besetzen.

Können Sie dafür ein Beispiel nennen?

Im Bereich Gaming ist es üblich, dass die Community erfolgreiche Spieler mit Cent-Beträgen unterstützt. Dieses Prinzip lässt sich auch auf Podcasts übertragen. Oder man kann sich einen kreativen Mehrwert für Unterstützer ausdenken. Ein Angelpodcast könnte zum Beispiel eine digitale Karte mit den besten Angelplätzen verschicken. Die Voraussetzung für eine gut funktionierende Community ist aber, dass man die Hörer wirklich ernst nimmt und mit ihnen interagiert.

Da sollte man also Zeit investieren?

Das lohnt sich. Man kann nach Meinungen zum Podcast fragen, Sprachnachrichten einbinden oder den Hörern ermöglichen, Fragen an den Host oder an Gäste zu stellen. Wichtig ist, an die Orte zu gehen, an denen die Zielgruppen aktiv sind. Unser Podcast „Doppelgänger Tech Talk" hat zum Beispiel eine unglaublich rege Community auf Discord. Das hat sich organisch ergeben, weil die Hosts auf der Plattform selber aktiv sind. Oder unser Fußball-Podcast MML – der hat eine so starke Community, dass wir um den Podcast herum eine eigene GmbH gegründet haben. Über die veranstalten wir Live-Events, zu denen über 500 Leute kommen. Oder wir vertreiben Merchandising-Artikel. Einmal haben wir innerhalb von wenigen Stunden 700 MML-Tassen verkauft. Das hat uns selbst überrascht, wie stark die Fans den Podcast unterstützen.

Das sind beides Formate, die Jahre gebraucht haben, um da anzukommen. Braucht man einen langen Atem, um mit einem Podcast erfolgreich zu sein?

Alle richtig erfolgreichen Podcasts in Deutschland sind seit Jahren auf dem Markt und erscheinen regelmäßig. Die haben einen dementsprechend großen Katalog an alten Folgen, den sie jetzt dank Ad-Insertion-Technologie auch als Werbefläche verkaufen können. Es lohnt sich also, ein bisschen länger dranzubleiben.

Tipps aus der Praxis: Dos and Don'ts 12

Bei Tonaufnahmen kann schnell mal was schiefgehen. Manche Fehler lassen sich korrigieren, bei anderen ist die Aufnahme verloren. Damit es nicht so weit kommt, hier einige der größten Fettnäpfchen – und wie Sie sie umschiffen.

12.1 Vor der Aufnahme

Der Fehler: Sie wollen für Ihren Podcast einen Mitarbeiter Ihres Unternehmens interviewen. Ganz grob wissen Sie, welche Aufgaben er in seiner Abteilung hat. Einen genauen Plan für das Gespräch brauchen Sie aber nicht. Ein Podcast lebt ja von Spontaneität – das Interview wird sich schon entwickeln. Doch später stellen Sie fest: Trugschluss. Der Einstieg wirkt unbeholfen, das Gespräch konturlos. Eine Planung wäre wohl doch ganz gut gewesen.

Die Lösung: Vor einem Interview müssen Sie recherchieren: Wer ist Ihr Gesprächspartner, welche Biografie hat er? Sie beschäftigen sich mit den für den Podcast relevanten Themen, anschließend erarbeiten Sie einen Leitfaden für Ihr Interview. Darin stehen die An- und Abmoderation und einige Fragen, die wie ein roter Faden durchs Gespräch führen.

Die Aufgabe eines Moderators besteht allerdings nicht darin, stur Fragen abzulesen. Nutzen Sie Ihre Struktur als Basis, aber lassen Sie Raum für ein echtes Gespräch. Arbeiten Sie vor allem mit offenen Fragen, denn damit bringen Sie Menschen zum Erzählen: Wie sind Sie Werkzeugmechaniker geworden? Was macht Ihnen am meisten Spaß an dem Job?

12.2 Während der Aufnahme

Der Fehler: Sie schalten Ihr mobiles Aufnahmegerät ein, der Akku ist schwach – sollte aber noch reichen. Den Windschutz für das integrierte Mikrofon haben Sie vergessen – macht aber nichts, ist ja eh nicht windig im Büro. Sie sitzen mit Ihrem Interviewpartner an einem Konferenztisch, das Fenster ist gekippt – aber draußen ist es schön ruhig. Das Gerät steht vor Ihnen auf dem Tisch – man muss den Rekorder seinem Gast nicht direkt vor die Nase halten, das behindert nur das Gespräch. Einen Kopfhörer brauchen Sie nicht – sie sitzen dem Interviewpartner ja gegenüber und verstehen laut und deutlich, was er sagt.

Später beim Abhören merken Sie, was alles schiefgegangen ist. Die Stimme klingt dünn und hallt. Von draußen hupt ein Auto – das hatten Sie bei der Aufnahme gar nicht mitbekommen. Und bei jedem Windzug rauscht es. Ein Windschutz wäre wohl doch ganz gut gewesen. Zu guter Letzt fehlen auch noch die letzten 90 Sekunden. Der Akku hat es wohl doch nicht geschafft.

Die Lösung: Machen Sie sich vor der Aufnahme mit Ihrem Equipment vertraut und laden Sie die Akkus. Nichts ist ärgerlicher als ein Technikausfall während des Interviews. Während des Gesprächs gehen Sie mit dem Mikrofon oder Aufnahmegerät nah ran an die Schallquelle, etwa zwei Handbreit. Ein Podcast lebt von der Intimität der Stimmen. Am besten verwenden Sie zwei Mikrofone und Stative.

Und ganz wichtig: Nutzen Sie Windschutz und Kopfhörer. Wenn das Handy Geräusche macht oder der Gesprächspartner ins Mikrofon pustet, bekommen Sie es mit. Ein Tipp noch zum Raum: Wählen Sie für die Aufnahme eine ruhige Umgebung mit wenig Hall. Teppichböden, Bücherregale, abgehängte Decken im Konferenzraum machen sich gut.

12.3 Nach der Aufnahme

Der Fehler: Sie verbinden Ihr Aufnahmegerät per USB-Kabel mit dem Computer und schieben alle Dateien ins Schnittprogramm. Dann machen Sie sich an die Arbeit. Denkpausen, Atmer, Versprecher werden rigoros rausgeschnitten. Stört nur den Redefluss. Und das Interview ist ja eh schon zu lang. Zum Schluss noch eine Musikstrecke drunterlegen, alles im WAV-Format abspeichern und ab auf den Server damit.

Die Lösung: Beim Schneiden sollten Sie behutsam vorgehen. Lassen Sie Atmer unbedingt drin! Wir atmen nun einmal beim Sprechen, das klingt ganz natürlich. In Werbespots werden Atmer oft aus Zeitgründen rausgeschnitten, die Stimmen wirken dadurch verdichtet und gepresst.

Auch Denkpausen gehören zu einem Gespräch und können im Zweifel gekürzt werden. Versprecher, Stotterer und „Ähms" können geschnitten werden, wenn sie unangenehm auffallen. Fügen sie sich jedoch in den Gesprächsfluss, können sie getrost stehen bleiben. Streichen Sie stattdessen lieber inhaltlich schwache Passagen.

Wenn Sie mit Musik arbeiten, legen Sie das Musikbett nicht unter die ganze Episode. Das wirkt werblich und strengt beim Zuhören an. Wählen Sie eine Musik für Intro und Outro, bei nachträglich eingesprochenen Zwischenmoderationen können Sie ebenfalls Musik drunterlegen. Wenn Sie den Podcast zum Schluss exportieren, wählen Sie das Format MP3 in hoher Auflösung. Es frisst nicht so viel Speicherplatz.

12.4 Bei der Veröffentlichung

Der Fehler: Sie nehmen Ihre mp3-Datei und laden Sie über die Distributionsplattform Podigee auf die üblichen Kanäle hoch: iTunes, Spotify, Deezer. In die Titelzeile schreiben Sie einfach den Namen des Interviewpartners. Wird schon reichen. Dann lehnen Sie sich entspannt zurück und lassen es bis zur nächsten Episode gut sein.

Die Lösung: Nach der Produktion der Podcastepisode ist die Arbeit noch nicht vorbei. Gehen Sie sorgsam mit Überschriften und Kleintexten um, sie sind die Visitenkarte für Ihren Podcast. Die Überschrift könnte neben dem Namen auch eine Leitfrage oder ein zentrales Zitat enthalten. Der Teaser, also der Vorspann, sollte Lust aufs Hören machen. Wer spricht hier über welches Thema? Was erfahren wir Bedeutendes im Podcast? Klären Sie zentrale Fragen und bieten Sie Orientierung. Verraten Sie aber nicht zu viel. Arbeiten Sie mit Cliffhangern, kleinen Rätseln, damit die Hörer innen und Hörer auf Ihren Podcast klicken. Machen Sie mittels Online-Marketing Ihr Angebot zuletzt noch bekannter. Teilen Sie die neue Episode auf allen für Ihre Zielgruppe relevanten Kanälen und in Newslettern.

Literatur

2020 Podcast Stats & Facts. In: Podcasts Insights. https://www.podcastinsights.com/podcast-statistics/
ARD 2021. Schon gehört? „Sonntag 20:15 Uhr – Der Podcast zu Tatort und Polizeiruf" kommt ab 17. Oktober in der ARD Audiothek. https://www.presseportal.de/pm/153004/5040401
Aristoteles 1982. Poetik. Griechisch/Deutsch. Bibliografisch ergänzte Ausgabe 1994. Stuttgart.
Bal, Mieke 2009. Narratology. Introduction to the Theory of Narrative. 3. Auflage. Toronto.
Bitcom 2021. Boom hält weiter an: 4 von 10 Menschen in Deutschland hören Podcasts. https://www.bitkom.org/Presse/Presseinformation/Boom-haelt-weiter-an-4-von-10-Menschen-in-Deutschland-hoeren-Podcasts
Brecht, Bertolt 1932. Der Rundfunk als Kommunikationsapparat. In: derselbe. Gesammelte Werke in 20 Bänden. Band 18. Frankfurt am Main.
Bundesministerium der Justiz und für Verbraucherschutz 2021. Impressumspflicht. https://www.bmjv.de/DE/Verbraucherportal/DigitalesTelekommunikation/Impressumspflicht/Impressumspflicht_node.html
Campbell, Joseph 1999. Der Heros in tausend Gestalten. Frankfurt am Main (engl. Originalausgabe NY 1949).
Chignell, Hugh 2009. Key Concepts in Radio Studies. London.
Chrisell, Andrew 1996. Understanding Radio. Second edition. London.
Dann, Lance und Spinelli, Martin 2019. Podcasting. The Audio Media Revolution. New York.
Deutschmann, Christian 2011. Treten Sie ein in das System der totalen Überwachung. In: Frankfurter Allgemeine Zeitung vom 26.05.2011.
dpa kooperiert mit der OMS im Podcast-Bereich. 2021. https://www.presseportal.de/pm/8218/4828826?newsletter=true
Dussel, Konrad 2010. Deutsche Rundfunkgeschichte. 3. Aufl. Konstanz.
Ellefson, Lindsey 2020. NY Times' ‚The Daily' Podcast Has Doubled Downloads Since Last Year to 4 Million. https://www.thewrap.com/new-york-times-the-daily/

Engert, Marcus/Schroeder, Sandro 2020. Das Jahr, in dem Professor Drosten das Medium Podcast zum Popstar machte (und umgekehrt). https://uebermedien.de/56114/das-jahr-in-dem-professor-drosten-das-medium-podcast-zum-popstar-machte-und-umgekehrt/
Fasel, Christoph 2008. Textsorten. Konstanz.
Fernholz, Denise 2021. Matze Hielscher hat mir seine Podcasting-Tipps verraten. In: Mixdown vom 14. Mai 2021.
Frühbrodt, Lutz/Auerbacher, Ronja 2021. Den richtigen Ton treffen. Der Podcast-Boom in Deutschland. https://www.otto-brenner-stiftung.de/wissenschaftsportal/publikationen/titel/den-richtigen-ton-treffen/aktion/show/
G+J Mobile 360° Studie. https://www.gujmedia.de/
Gálvez, Cristián 2009. 30 Minuten Storytelling. Offenbach.
Hagedorn, Brigitte 2018. Podcasting. Konzept, Produktion, Vermarktung. Frechen.
Hammerschmidt, Doris 2020. Das Podcast-Buch. Strategie, Technik, Tipps. Freiburg.
Herrmann, Lena 2021. Ist der IAB-Standard die Mess-Lösung? https://www.wuv.de/podcast/ist_der_iab_standard_die_mess_loesung
IHK Wiesbaden 2021. Rechtliche Pflichten für Websites – Impressum, Datenschutz etc. https://www.ihk-wiesbaden.de/recht/rechtsberatung/internetrecht-und-werbung/internetauftritt-rechtliche-anforderungen-und-pflichten-1255572
Irights.info 2020. Musik in Podcasts nutzen. Die GEMA-Lizenz und ihre Alternativen. https://irights.info/artikel/musik-in-podcasts-nutzen-die-gema-lizenz-und-ihre-alternativen/30163
Irights.info 2008. Podcasting: Offene Kanäle im Netz. https://irights.info/artikel/podcasting-offene-kanaele-im-netz/27995
Jacobs, Fred 2021. When Will The Celebrity Podcast Bubble Burst? https://jacobsmedia.com/when-will-the-celebrity-podcast-bubble-burst/
Kiesel, Wolfgang 2015. „...und ein bisschen PR?". https://fuer-freie-gruender.de/und-dann-mache-ich-noch-ein-bisschen-pr/
Kleinsteuber, Hans J. 2012. Radio. Eine Einführung. Wiesbaden.
Knilli, Friedrich 2009. Das Hörspiel in der Vorstellung der Hörer. Frankfurt am Main.
Kolb, Ingrid 2019. Titel & Teaser. Die Kunst der Kleintexte. Eugendorf bei Salzburg.
Kroeber-Riel, Werner/Esch, Franz-Rudolf 2004. Strategie und Technik der Werbung. Verhaltenswissenschaftliche Ansätze. 6. Auflage. Stuttgart.
Krug, Hans-Jürgen 2010. Radio. Konstanz.
Lampert, Marie/Wespe, Rolf 2012. Storytelling für Journalisten. 2. Auflage. Konstanz/München.
Lang, Susanne 2021. Der beste Weg, mit Podcasts Geld zu verdienen. In: Journalismus Lab. Landesanstalt für Medien NRW. https://www.journalismuslab.de/2021/09/14/der-beste-weg-mit-podcasts-geld-zu-verdienen/
Lindner-Braun, Christa 2007. Mediennutzung. Berlin.
Lührmann, Katharina 2019. Podcasts als Raum politisch-medialer Kommunikation. Baden-Baden.
McLeish, Robert 1978. The Technique of Radio Production. Bristol.
Meedia 2021. Podimo lizensiert die Podcast-Produktionen von ProSiebenSat.1. https://meedia.de/2021/10/04/podimo-uebernimmt-die-podcast-produktionen-von-prosiebenat-1/
Meineck, Sebastian 2020. Das Google für gesprochene Worte. https://podcastwelt.at/das-google-fuer-gesprochene-worte/

Online-Audio-Monitor 2020. https://www.online-audio-monitor.de/
Overbeck, Peter 2009 (Hg.). Radiojournalismus. Konstanz.
Statista 2021. Podcasts. https://de.statista.com/statistik/studie/id/50128/dokument/podcasts/
Pompeo, Joe 2018. "We didn't expect to make money": How The Daily's Michael Barbaro unexpectedly became Ira Glass of the "New York Times". https://www.vanityfair.com/news/2018/07/how-the-daily-michael-barbaro-became-the-ira-glass-of-new-york-times
Preger, Sven 2018. Geschichten erzählen. Storytelling für Radio und Podcast. Wiesbaden.
Reichow, Dennis und Schröter, Christian 2020. Audioangebote und ihre Nutzungsrepertoires erweitern sich. Ergebnisse der ARD/ZDF-Onlinestudie 2020. In: Media Perspektiven 09/2020.
Schätzlein, Frank 2012. Theorien. In: Radio. Eine Einführung. Hrsg. von Hans J. Kleinsteuber. Heidelberg.
Schulz von Thun, Friedemann 2021. Miteinander reden: 1. Störungen und Klärungen. Rohwolt. Reinbeck bei Hamburg.
Solleder, Léo 2021. Optimale Kennzeichnung von Werbung und Sponsoring in Podcast. https://www.journalismuslab.de/2021/09/17/optimale-kennzeichnung-von-werbung-und-sponsoring-in-podcast/
Spitzer, Manfred 2007. Lernen. Gehirnforschung und die Schule des Lebens. Heidelberg.
Van Aaken, Gerrit 2005. Ich bin der Sender! Mainz.
Van Wyngaarden, Egbert 2018. Digitale Formatenwicklung. Nutzerorientierte Medien für die vernetzte Welt. Köln.
Von Kleist, Heinrich 2016. Michael Kohlhaas (und andere Erzählungen). Altenmünster.
Von La Roche, Walther/Buchholz, Axel (Hrsg.) 2017. Radio-Journalismus. Ein Handbuch für Ausbildung und Praxis im Hörfunk. 11. Auflage. Wiesbaden.

The manufacturer's authorised representative in the EU is Springer Nature Customer Service Centre GmbH, Europaplatz 3, 69115 Heidelberg, Germany. If you have any concerns regarding our products, please contact ProductSafety@springernature.com

Printed and bound by CPI Group (UK) Ltd, Croydon, CR0 4YY
23/03/2026
02076747-0002